Collection Témoignages
dirigée par Michka Seeliger-Chatelain et Tigrane Hadengue

ISBN 978-2-84594-431-2
Mama Éditions, 1 rue des Montibœufs, 75020 Paris (France)

UN LONG VOYAGE
Le retour à la source

UNE AUTOBIOGRAPHIE
SPIRITUELLE

Guido FERRARI

UN LONG VOYAGE
Le retour à la source

UNE AUTOBIOGRAPHIE
SPIRITUELLE

Préface de Ervin Laszlo
Traduit de l'anglais par Dominique Thomas

MAMA ÉDITIONS

À mes enfants et petits-enfants

L'esprit intuitif est un don sacré,
et l'esprit rationnel est un serviteur fidèle.
Nous avons créé une société qui honore
le serviteur et a oublié le don.

Albert Einstein

Un jour viendra où l'homme se réveillera de l'oubli et comprendra enfin qui il est vraiment et à qui il a donné les rênes de son existence : à un esprit fallacieux et menteur qui le rend et maintient esclave. L'être humain n'a pas de limites et lorsqu'un jour il s'en rendra compte, il sera libre même ici, dans ce monde.

Giordano Bruno

Toutes les philosophies sont des fabrications mentales. Jamais une doctrine n'a permis d'accéder à la véritable essence des choses.

Nagarjuna

Vous n'êtes pas une goutte dans l'océan.
Vous êtes l'océan tout entier dans une goutte.

Rumi

Le savoir est infini, comme les étoiles dans le ciel.
Les sujets que l'on peut étudier sont sans fin.
Mieux vaut aller immédiatement à l'essence,
à la forteresse immuable de la pure présence.

Longchenpa

Je ne suis pas ce que je dis.
Ni ce que je crois ou pense.
Je ne suis pas mes pensées.
Je ne suis pas non plus mon corps.
Ni même ce que j'étais il y a un instant.
Je suis une Présence de silence.

Maître zen

PRÉFACE

De tous les livres que j'ai pu lire, celui de Guido Ferrari, *Un long voyage,* est l'un des plus touchants, des plus sincères et des plus importants. Il retrace le parcours d'une vie – d'une vie passée à s'interroger, à être en quête de sens. L'opportunité de s'adonner à cette recherche intérieure est offerte à toute personne humaine mais, hormis de grands lamas, philosophes et poètes, peu d'entre nous le font. Dans cet ouvrage, un homme extrêmement pragmatique rend compte de sa propre démarche : journaliste travaillant pour un grand média populaire, Guido Ferrari est avant tout un être doté d'une remarquable perspicacité et d'une très grande expérience.

Ce qu'il offre, à travers ce livre, est édifiant à la fois par son contenu et par sa capacité à attirer notre attention sur notre propre dimension intérieure. Il est un exemple à suivre car, en ce moment précis de notre histoire, quoi de plus important que de revenir à nous-mêmes – à ce que nous sommes profondément. Les solutions à nos problèmes, à la crise à laquelle nous sommes confrontés, ne viendront pas de l'extérieur. Elles ne peuvent émerger que du plus profond de notre être, grâce à la reconnaissance de qui nous sommes et de la raison de notre présence sur Terre. Tout au long de sa vie, Guido Ferrari s'est posé ces questions. Et il a trouvé des réponses, mais il a surtout compris combien il est primordial de s'interroger et d'explorer. Tel est le parcours qu'il retrace au fil des pages et qui constitue pour le lecteur une excellente base de réflexion.

Un long voyage n'est pas un ouvrage théorique abstrait. C'est un livre qui relate les expériences d'une vie aventureuse – ainsi que les rencontres avec des personnalités fascinantes, avec des pionniers dans des domaines de recherche aussi divers que celui des OVNIS ou des expériences de mort imminente. Ce témoignage vivant du parcours d'un individu profondément engagé dans l'exploration intérieure, et de ce qu'il découvre, rend la lecture de ce livre fascinante et donne grandement matière à réflexion. Guido Ferrari y aborde aussi bien la psychanalyse que le bouddhisme, la vie quotidienne que la réalité multidimensionnelle, et il donne autant de sages conseils pleins de bon sens pour la vie courante que de moyens de découvrir le chamanisme. Ne serait-ce que pour cette seule raison, ce livre serait unique à la fois par sa vaste portée et son grand intérêt. Mais ce serait oublier de reconnaître également l'importance de ce que l'auteur a lui-même entrepris – sa continuelle et profonde exploration intérieure – qui fait de ce livre une œuvre méritant d'être lue, cogitée, et prise comme source d'inspiration. Ce faisant, le lecteur en bénéficiera lui-même et rendra service à tous ceux inspirés par sa façon de penser, de ressentir et d'être.

Au fil des pages, on éprouve le sentiment de vivre une aventure en pleine conscience et de relever le défi consistant à faire de son mieux pour soi-même, pour les gens autour de soi, et pour la génération de ses semblables. Peu de livres peuvent proposer ce qu'offre *Un long voyage* de Guido Ferrari, car peu de livres possèdent les qualités de cet auteur.

Alors, allez à la rencontre de Guido Ferrari et, à travers lui, acceptez l'opportunité de découvrir qui vous êtes et comment vous pouvez contribuer à porter un regard plus profond sur un monde en proie à des préoccupations superficielles et de court terme. Ce livre, ni vous, ni moi, ni aucun individu responsable, ne peut se permettre de l'ignorer.

Ervin Laszlo[1]

1. Ervin Laszlo est un philosophe des sciences hongrois; théoricien des systèmes, il a exposé la théorie de la conscience quantique. Deux fois nommé pour le Prix Nobel de la paix, il est éditeur de la revue internationale *World Futures: The Journal of General Evolution,* et chancelier de l'Université GlobalShift. Fondateur et président des think tanks internationaux du club de Budapest et du General Evolution Research Group, il est également l'auteur de 83 livres, traduits en 21 langues.

INTRODUCTION

Mon plus vieux souvenir ? Quand j'interroge ma mémoire, des sentiments d'émerveillement et de grande stupéfaction me viennent. Un arc-en-ciel vu quand j'étais tout petit, alors que j'étais assis, sans doute dans une poussette. Une impression de bonheur, de beauté, d'harmonie. Le monde pénétrait en moi sans filtres, avec toute son immédiateté et sa fraîcheur. Mon corps était léger, plein de vie.

Mais en devenant adulte, j'ai perdu, en grande partie, comme pour la plupart d'entre nous, ce sentiment de prendre part à la vie sans filtres mentaux. L'éducation que j'ai reçue a avant tout développé mon côté rationnel et fait parfois de moi la victime d'un esprit désireux de s'approprier beauté, spontanéité et intuition au prix d'une souffrance et d'un sentiment d'altérité, de froideur ou d'aliénation.

Donner un sens à la vie est vite devenu pour moi un processus de redécouverte de la perception directe de la réalité, sans concepts ni explications ou jugements de valeur. C'est un cheminement difficile mais fascinant, où il s'avère qu'il n'y a rien à créer puisque tout est déjà là, prêt à être redécouvert. C'est notre nature profonde qui nous permet de vivre les choses telles qu'elles sont, sans passé ni futur, juste dans l'instant présent, avec joie et émerveillement. Tout semble alors baigner dans l'harmonie, émergeant d'une chose indicible qui n'est qu'équilibre et beauté.

Si nous sommes capables de vivre en éprouvant cette joie dans nos cœurs et en agissant en harmonie avec elle, nous ne rompons pas cet équilibre et prenons part à la danse de la vie. Nous en devenons cocréateurs parce que nous exprimons l'harmonie fondamentale. Sinon, il y a souffrance, fracture, dureté, froideur.

Ce voyage étonnamment difficile n'est pourtant rien d'autre que la découverte de la nature déjà présente en nous. Nous nous apercevons que nos expériences changent, mais pas notre présence consciente ; nous découvrons que celle-ci n'est pas limitée par le temps. Et nous découvrons par conséquent que la mort n'existe pas, que seul le corps meurt, parce qu'il s'inscrit dans le temps. Notre essence, elle, vit hors du temps, dans un éternel présent.

J'ai suivi de nombreuses pistes au cours de ma vie. J'ai étudié les voies spirituelles ; j'ai étudié la pensée scientifique ; j'ai étudié l'histoire et les sciences humaines. Mais, comme le dit Lao Tseu dans le *Tao Te Ching:* « Le Tao que l'on peut exprimer n'est pas le Tao éternel. » De même, vers la fin de sa vie, le Bouddha, au cours d'un sermon, a transmis directement la sagesse à ses disciples en brandissant une fleur de lotus sans dire un mot. La connaissance profonde précède les mots et relève de l'inexprimable, du numineux. La nommer, c'est la limiter, lui ôter la vie.

Toutes les choses que j'ai lues ou apprises – parfois de manière presque obsessionnelle – ont par moments semé la confusion dans ma conscience. Maintenant, j'essaie de laisser reposer les mots et les concepts. Je savoure le goût d'une conscience claire.

J'observe les images, émotions et pensées qui s'élèvent en moi. Je les vois clairement, elles n'ont aucune substance et se dissolvent. Je danse avec elles sans les retenir. Je suis conscient. Je suis dans l'unité, en harmonie. Je suis chez moi, dans la base de tout, dans le non-né.

Dans ses enseignements sur le Mahamudra, Tilopa (988-1069) a écrit :

La base de tout est non née ; elle est donc libre
du conditionnement des empreintes psychologiques.
Demeurez dans l'essence non née, sans orgueil ni calcul.
Laissez les phénomènes apparaître naturellement
et les images mentales se dissoudre.

Par la suite, je fournirai dans ce livre des informations biographiques me concernant, mais pour l'instant, permettez-moi de dire simplement que, durant la plus grande partie de ma vie active, j'ai été journaliste et réalisateur de films et de documentaires pour la télévision nationale suisse. Un bon nombre des expériences que j'ai vécues est dû à ma chance d'avoir pu rencontrer beaucoup de personnes intéressantes et visiter de nombreux pays à travers le monde.

Ce fut un long voyage. Aujourd'hui, j'ai 80 ans, et l'idée que le grand passage menant au-delà de cette vie humaine se rapproche est de plus en plus présente dans mon esprit. J'espère le franchir d'un bond, et vivre heureux dans la pleine conscience et l'harmonie. Mais pour le moment, le voyage n'est pas terminé ; d'autres chemins m'attendent.

*

Au fur et à mesure que j'écris, des pensées et souvenirs surgissent en nombre. Lorsque j'avais 3 ans, j'ai vécu une expérience importante. J'étais malade, j'avais contracté la diphtérie. Je me souviens du Dr Bernasconi, un homme bourru mais bon, en train de me traiter assez rudement. J'étais dans le lit de mes parents et il me raclait la gorge avec une cuillère, puis la badigeonnait à l'aide d'un désinfectant au goût très fort - une expérience qui m'est revenue pendant des années, chaque fois que je me sentais triste ou bizarre. C'était en 1943, pendant la guerre. On ne trouvait ni pénicilline ni d'autres antibiotiques, et j'étais gravement malade, en danger de mort. On m'a alors emmené à l'hôpital de Mendrisio.

De nombreux souvenirs de cette époque me sont revenus plus tard à travers une série de rêves et d'associations faites au cours d'une psychanalyse. Certains de ces éléments ont été vérifiés auprès de ma mère et validés par elle. Cette expérience m'est encore revenue en mémoire avec une grande intensité, lors d'un séminaire au Monroe Institute en Virginie, au début des années 2000 ; puis une nouvelle fois, au cours d'une session avec la chamane Daniela Rupp, à Davos en Suisse, en 2014.

Je me souviens donc d'une grande salle d'hôpital avec de nombreux lits. Ma mère était assise à côté de moi, en silence. J'étais très en colère. Bien des années plus tard, je finirai par comprendre que j'étais en colère contre ma mère parce qu'elle ne m'aidait pas. Comme beaucoup d'enfants, je lui avais attribué l'omnipotence. Aussi avais-je vécu ma maladie comme un abandon, une terrible méchanceté de sa part. Je ressentais le froid au fond de mon corps : ma mère m'avait repris ma chaleur. J'étais seul, abandonné. La vie me quittait.

Autre souvenir étrange lié à cette période : je suis en train de courir dans le jardin de l'hôpital. Je me souviens d'une allée et d'une fontaine – qui existent vraiment, je l'ai vérifié plus tard. Je suis heureux. Puis, des personnes âgées me demandent ce que je fais là. Je ne porte probablement qu'une chemise d'hôpital et elles me disent de retourner dans ma chambre. Ce souvenir a l'intensité d'un fait réel. Longtemps après, dans les années 1980, j'ai réalisé un documentaire sur les expériences de mort imminente et je me suis alors demandé si je n'en avais pas vécu une. Peut-être étais-je sorti de mon corps et avais-je rencontré mes grands-parents décédés ? Je ne sais pas, mais c'est possible. Et est-ce à cause de cette expérience que le thème de la mort m'a toujours intrigué ?

J'ai éprouvé un sentiment similaire à cette douleur de mon enfance, à cet abandon et à cette solitude, lorsque mon père est mort quand j'avais 28 ans. Je n'avais aucune réponse face à la perte et à la douleur. Je me rappelle avoir marché de l'ancien hôpital civil de Lugano – où se trouve l'université aujourd'hui – jusqu'au lac, avec une boule dans la gorge et un mal de tête. En proie à un sentiment de désespoir et de non-sens, je regrettais d'avoir si peu parlé avec mon père ces dernières années.

De façon subtile, ce vieux froid intérieur m'a accompagné pendant une grande partie de ma vie sans que j'en aie conscience, comme s'il faisait partie de moi. Il était un thème central de ma vie. Il a imprégné ma façon de ressentir, de vivre, d'être en relation avec le monde.

Les choses ont radicalement changé, il y a plusieurs années, lors d'une retraite de méditation de dix jours, dirigée par des étudiants du maître bouddhiste S.N. Goenka.

Pour nous aider à faire cesser l'esprit discursif qui, comme un singe, saute d'une pensée à une autre, nous fixions notre attention sur un point situé au niveau des narines, afin de sentir l'air y entrer et en sortir. Puis, nous portions notre attention sur notre corps, en le scannant pour découvrir les tensions et les douleurs à relâcher. Dans cet état, on tente d'accueillir la tension et la douleur corporelles, au lieu de les nourrir en énergie et de s'opposer à elles. Cette pratique méditative dissout les blocages sans qu'il soit nécessaire de remonter jusqu'à leurs causes. Elle m'a libéré de nombreuses tensions. Cette attention toujours plus focalisée, au cours de longues et exigeantes journées, a conduit à une présence et un état de conscience toujours plus aigus.

Vers la fin de la retraite, j'étais sorti un soir sur la terrasse, à l'heure du coucher de soleil. J'avais l'esprit libre, frais, dépourvu de pensées. Je sentais mon corps léger. La vue splendide du ciel flamboyant, la sensation de fraîcheur, m'avaient soudain empli intérieurement du déferlement de bonheur que j'avais connu spontanément dans mon enfance. Une pensée avait alors jailli comme un éclair: « Cette joie ancienne existe toujours ! » Une autre pensée s'était ensuivie: « Je dois le dire à ma mère. » Étonné et incrédule, je m'étais alors demandé pourquoi cette pensée puérile avait ainsi surgi. Quel était le lien avec ma mère ? J'avais totalement oublié cette joie, cette union joyeuse avec ma mère. Elle devait pourtant avoir perduré. C'était un souvenir ancien. Cette expérience était comme une brèche inattendue de lumière dans un ciel nuageux. C'était un signe de changement: une extraordinaire ouverture.

Il ne m'a pas été possible de le dire à ma mère. Elle était morte depuis des années.

L'auteur avec sa mère, 1943

L'esprit s'était libéré de la douleur, des pensées tristes, et la joie émanait de cet espace immuable qui sous-tend toute chose et qui est la base à partir de laquelle tout apparaît. C'est là notre vraie demeure ; c'est là où nous aimerions être chez nous, et pouvoir en sortir pour aller dans le monde. « Ne pas être du monde mais dans le monde. » Avoir le sourire des grands sages qui sont dans le monde sans se laisser emporter par les problèmes de celui-ci.

On retrouve alors l'unité avec la dimension spacieuse et consciente fondamentale qui est joie et harmonie. Les maîtres tibétains disent que le fils revient vers sa mère qui n'est jamais partie, mais a toujours été là. C'est une belle métaphore. Nous redécouvrons le lien avec l'amour inconditionnel. Nous redécouvrons la mère cosmique dont nous sommes tous issus. Elle est l'essence que notre mère terrestre a tenté de manifester avec son amour dans sa propre quête d'infini, à travers les difficultés de son existence. Sa quête, ses difficultés, ses limites la rendent vivante et proche de nous. Elles nous permettent de la sentir présente dans notre cœur.

*

Les pages qui suivent relatent le parcours qui a été le mien pour découvrir le grand secret dont nous sommes porteurs : il y a en nous une harmonie indestructible. Ce cheminement, je le poursuis encore aujourd'hui. En écrivant ce livre, je souhaite non seulement apporter mon témoignage, mais tenter de clarifier, pour moi-même et en toute humilité, le sens profond de mes expériences si nombreuses. J'entreprends cette tâche tout en sachant que ce mystère est immense et insondable, que les mots ne peuvent en exprimer la révélation, et que celle-ci ne peut être qu'un sentiment de présence consciente, d'harmonie profonde, d'unité avec toute chose. Encore une fois, je n'ai pas l'intention de convaincre quiconque, je voudrais juste faire part de mon témoignage, à travers mon vécu.

Ce livre est en quelque sorte une autobiographie spirituelle - revisitant les moments de transformation et les périodes charnières de ma vie, et faisant émerger des souvenirs, des rêves et des visions pour ensuite y réfléchir, en quête de sens. Aussi, bien que mon écriture relève quelque peu de la libre association d'idées, j'ai essayé de conserver malgré tout une continuité de temps et de lieu, tout en suivant une logique intuitive, d'association et de synchronicité, allant souvent du cas particulier à la généralité.

CHAPITRE 1

Le tournant

La joie et la mort furent donc les deux thèmes centraux de ma vie.

Au début des années 1980, je réalisai pour la télévision un documentaire portant sur l'euthanasie, sujet que l'on n'abordait pas ouvertement à l'époque. Je fus donc confronté à la douleur, la maladie, la mort et son acceptation. Le film parlait des soins palliatifs, des décisions concernant l'arrêt des appareils de maintien artificiel en vie, du suicide assisté et de l'euthanasie active où l'on met volontairement un terme à la vie pour faire cesser la douleur et la souffrance. Je pus rencontrer des personnes malades, les interroger, parler avec leurs proches et les médecins – une situation privilégiée qui me permit de m'investir profondément dans le sujet tout en gardant une certaine distance.

Des questions fondamentales restaient pourtant sans réponse : qu'est-ce que la mort ? Que se passe-t-il quand on meurt ? Est-ce que tout prend fin ou la vie continue-t-elle ? Ces questions, j'aillais les traiter en 1982, dans un documentaire ultérieur intitulé *La Vie au-delà de la vie.*

J'avais trouvé quatre personnes qui me racontèrent leur expérience de mort imminente. Elles me dirent que, sur le point de mourir, elles avaient quitté leur corps et traversé un tunnel baignant dans une vive lumière emplie d'amour et de rencontres avec leurs proches défunts et des êtres angéliques. Puis elles avaient réintégré leur corps - comme si elles revêtaient avec douleur une combinaison étroite, me dirent-elles. Suite à cette expérience intense, elles n'avaient plus été les mêmes qu'avant. Elles s'étaient ouvertes à l'amour infini et éprouvaient un fort sentiment de responsabilité envers elles-mêmes, leurs voisins et la planète. Leur vie, m'expliquèrent-elles, était devenue plus pleine.

Je fus aussi très frappé par les phénomènes dont beaucoup d'êtres aux portes de la mort font l'expérience - se voir d'en haut, comme s'ils étaient à l'extérieur de leur corps ; entendre parler les gens qui s'affairent autour de leur corps sans vie ; être capables de se mouvoir dans l'espace et le temps par leur seule pensée ; rencontrer d'autres défunts, ainsi que des êtres de lumière ; avoir la sensation que leur corps est plus jeune, plus sain, plus complet.

Pour ce documentaire, j'interviewai la célèbre psychiatre suisse, Dr Elisabeth Kübler-Ross, sur les étapes de la mort. Elle compléta les quatre témoignages précédents avec ses propres observations : des individus aveugles de naissance qui avaient vu dans les moindres détails les médecins qui les soignaient ; des personnes amputées qui percevaient à nouveau la présence de tous leurs membres. Je prenais note de ces déclarations avec beaucoup d'étonnement et d'intérêt, mais je ne savais pas comment les interpréter. J'étais tiraillé entre la force du phénomène constaté et l'incrédulité qui m'amenait parfois même à refuser d'y croire.

Qu'est-ce que la réalité ? Qu'est-ce que la conscience ? La conscience est-elle liée au corps ou en est-elle indépendante ? Et dans ce dernier cas, qu'est-ce que cela signifie ? Les différentes traditions spirituelles qui parlent de la survie de l'âme après la mort ont-elles raison ? Mon éducation scientifique, positiviste et matérialiste s'opposait à de telles données. Sans en être vraiment conscient, j'étais imprégné de scientisme.

Toujours en vue de ce documentaire, j'avais longtemps cherché un lama tibétain pour qu'il me parle du passage de la vie à la mort, puis à la renaissance, et de la façon dont la conscience se libère du corps et parvient à l'illumination. *Le Livre des morts tibétain* contenant sur ce sujet beaucoup d'informations susceptibles de m'être utiles pour le documentaire, j'avais trouvé en France un lama disposé à se laisser interviewer: Lama Denys Teundroup Rinpoché du monastère bouddhiste Karma Ling, en Haute-Savoie. Il m'avait toutefois conseillé de continuer à chercher, du côté de la Suisse, avant d'aller le voir.

*

En 1982, je lus dans un journal de Lugano, où je vis encore, qu'un lama tibétain du monastère de Rikon près de Zurich donnerait le soir même une conférence publique en ville. Je me rendis sur les lieux et, à la fin de son exposé, pris contact avec ce lama et lui demandai s'il était possible de l'interviewer.

Envoyé par le Dalaï-Lama pour venir en aide à la communauté de réfugiés tibétains en Suisse, Lama Sherab Gyaltsen Amipa Rinpoché résidait au monastère bouddhiste tibétain de Rikon. À la demande de certains Occidentaux, il donnait également des enseignements publics. Il me proposa un rendez-vous pour le lendemain chez une dame qui l'accueillait.

Cette femme m'avait demandé à la fin de la conférence si je pouvais raccompagner en voiture une de ses amies qui habitait dans mon quartier. Et c'est au cours de ce bref voyage que je fis la connaissance d'une personne qui allait être un témoin extraordinaire pour mon documentaire – coïncidence qui me stupéfia. Avec moult détails, cette femme me parla de deux expériences vécues alors qu'elle était sur le point de mourir. Je me souviens en particulier qu'elle m'avait dit qu'inquiète d'être morte, elle avait aussitôt pensé à son mari. Elle s'était approchée de lui et avait tenté de le consoler sans pouvoir communiquer. Elle comprenait ce qu'il pensait ; elle n'avait pas de corps et se déplaçait par la pensée.

Vers trois heures de l'après-midi, je me rendis donc à l'adresse indiquée et retrouvai Lama Sherab installé dans un salon. Très gentil et sympathique, il me suggéra d'écouter d'abord, avec trois ou quatre autres personnes que je ne connaissais pas, son bref enseignement sur les principes du bouddhisme. Nous pourrions ensuite préparer l'entretien éventuel destiné à mon documentaire. Je connaissais très peu le bouddhisme et fus donc content de sa proposition.

Lama Sherab s'exprimait dans un allemand élémentaire mais il put nous présenter de manière simple et naturelle les thèmes de l'amour, de la compassion, de l'interdépendance de toutes choses, et de notre monde intérieur porteur de la sagesse capable de nous guider dans la vie.

Je me souviens avoir senti une émotion profonde croître en moi tandis que je prenais des notes ; elle s'accompagnait d'une forte chaleur qui se propagea lentement du plexus solaire dans tout mon corps. C'était un sentiment d'amour que je n'avais jamais perçu avec autant d'intensité et de force.

À la fin de son bref exposé, Lama Sherab nous demanda si nous avions des questions. Je me rappelle lui avoir demandé si je pouvais lire à haute voix les points les plus importants pris en notes pour être sûr d'avoir bien compris. À peine avais-je commencé à parler que je sus immédiatement qu'une chose extraordinaire m'arrivait.

Je sentis la présence puissante et douce de Lama Sherab ; je ressentis son énergie comme si je me trouvais près d'une centrale électrique. Je me rendis compte qu'il avait remarqué mon émoi et qu'il m'envoyait en retour des ondes chaleureuses. Je pris conscience d'être en train de communiquer avec lui sans paroles : il y avait entre nous un échange télépathique.

Il répondait à mes questions intérieures. Il me semble que nous parlions dans mon dialecte régional italien, langue dans laquelle j'exprime les choses les plus intimes. J'étais heureux et surpris.

Certain d'avoir déjà connu ces enseignements et sentiments dans le passé – car ils n'étaient pas nouveaux pour moi –, je me demandai avec consternation pourquoi je les avais oubliés. Qu'était-il arrivé ? Comment avais-je pu oublier un si précieux trésor ? Qu'est-ce que cela signifiait ? Quand avais-je vécu pour la première fois ces sentiments si puissants et si doux ? Peut-être avec ma mère au départ, ou bien dans une autre vie ? Je n'en avais aucun souvenir.

Mon esprit était incapable de trouver des réponses, mais je ne pouvais nier une expérience aussi profonde et vraie. Le modèle de pensée auquel j'avais adhéré pendant la plus grande partie de ma vie s'effondrait.

Lama Sherab nous guida ensuite dans une courte méditation. Comme j'ignorais tout de cette pratique, je lui demandai de me donner des instructions. Il me dit de m'asseoir en position du lotus, le dos droit, puis de visualiser un objet qui m'était familier et de le voir avec autant de détails que je le pouvais. Après cela, il nous demanda de visualiser une personne pour qui nous ressentions de l'amour, et de demeurer présent à ce sentiment. Pour finir, il nous dit de choisir une personne qui était pour nous source de problèmes et de maintenir ce même sentiment d'amour à son égard.

Je me sentais mal à l'aise. Une partie de moi disait : « Que fais-tu ici, assis par terre les jambes croisées, devant un lama tibétain ? Es-tu devenu fou ? » Une autre partie rétorquait : « Si tu n'essaies pas, tu perds une occasion de faire quelque chose d'extraordinaire. Ce lama est extraordinaire. » Heureusement, je finis par écouter la seconde voix.

Dans mon esprit apparut le chandelier en argent qui avait la forme d'une colonne et se trouvait sur la cheminée de la maison où vivait ma mère. J'en vis les moindres détails. Puis je pensai à ma mère, à ma femme, à mes enfants et éprouvai un sentiment d'amour. Je visualisai ensuite quelqu'un m'ayant causé du tort et je le vis pour la première fois comme un homme fait de chair et de sang, avec sa propre montagne de difficultés. La colère ou même la haine qu'il m'était arrivé d'éprouver pour lui dans le passé laissèrent alors place à la compréhension. Je fus surpris de voir comment un sentiment négatif pouvait se transformer en positif : une grande découverte. Tout semblait facile.

Et à un certain moment, je me rendis compte que je survolais une vallée alpine et de grandes forêts de sapins, dans la région suisse du San Bernardino. Tout se passait sans que j'intervienne. Je m'élevai dans l'espace et, rapidement, tout devint noir, mais pas dépourvu de lumière : c'était comme une nuit étoilée ou éclairée par la lune. Je vis alors un grand carré dans le ciel, avec deux lignes blanches en diagonales, aussi claires que des néons. En volant, je me dirigeai vers le centre, au croisement des diagonales, et passai de l'autre côté. Le paysage était toujours noir mais, devant moi, il y avait un nuage blanc qui tourbillonnait. Je le traversai puis tournai à gauche, j'ignore pourquoi.

Je me retrouvai alors dans une salle ancienne aux couleurs rouges et aux colonnes décorées. De nombreux jeunes m'y accueillirent chaleureusement. Je les connaissais ! C'étaient de vieux camarades de classe. Je les serrai dans mes bras, en criant ma joie. Ils me firent signe d'être silencieux et m'indiquèrent que quelqu'un d'important était tout proche : un lama assez grand, en profonde méditation, portant sur la tête une coiffe noire. En le regardant, j'eus presque peur, tant son énergie était puissante. Je me sentis tout petit. Il me regarda et je me sentis en inadéquation.

Ensuite, j'eus l'impression de tomber : une longue chute au cours de laquelle je vis de nombreux moments de ma vie où j'étais très en colère. Celle-ci se consuma et se dissolut avant que je me retrouve dans la salle de méditation où Lama Sherab avait commencé à réciter une mélodieuse prière. J'étais profondément ému. J'avais envie de pleurer.

Toute l'expérience semblait réelle ; ce n'était pas un rêve. Elle était bien sûr subjective mais il s'agissait d'une réalité absolument complète. Mon cœur était empli d'amour, ma conscience était vivante, lucide, fraîche, libre. Je sentais la vie en toute chose. Durant le mois qui suivit, ma capacité d'empathie fut très forte, mon centrage très stable, mon calme grand et mon espace intérieur vaste. Cet état de grâce était incroyable et, peu à peu, il se dissipa. C'est depuis cet épisode que le but de ma vie fut de retrouver cette dimension et d'essayer d'y demeurer le plus longtemps possible.

Que m'était-il arrivé ? Cette question occupa mon esprit pendant des années.

Tout avait été si réel. J'avais volé dans l'espace comme si j'avais été appelé dans une autre réalité. Ce n'était pas moi qui avais dirigé ce vol. J'avais pénétré une dimension de solitude – non pas synonyme d'isolement, de peur ou d'abandon, mais d'espace, de présence totale et harmonieuse. J'étais retourné dans un temple que j'avais dû connaître mais dont je ne me souvenais pas. Je connaissais ces camarades de classe, mais j'ignorais qui était le lama à la coiffe noire. Avais-je migré dans le passé, dans une vie antérieure ? Pourtant, nous demeurons toujours dans le présent. C'est depuis le présent que nous vivons le passé et le futur. Qu'est-ce donc alors que le temps ? Pendant longtemps, je cherchai une explication.

*

Des années plus tard, je lus dans des textes bouddhistes que la conscience de base, ou l'état naturel, peut ressembler à mon voyage et se présenter comme un vaste ciel noir lumineux. Ces écrits expliquent que, de cet espace, naissent des lumières colorées, puis des émotions, des pensées et des images qui sont en lien avec les expériences de la vie présente et de celles antérieures. Ensemble, elles constituent notre réalité et sont le reflet de nos vécus, mais elles n'ont pas d'existence inhérente et sont seulement le résultat d'un processus de cause à effet. C'est précisément pour cette raison que l'on parle de la nature illusoire de la réalité. La vraie partie qui ne change pas, qui ne meurt pas, c'est la conscience ouverte : celle qui est liberté, harmonie, présence, espace. Hors du temps, elle est le présent éternel.

Plus tard, en étudiant des textes bouddhistes et hindous, je compris que le carré avec ses diagonales dans le ciel noir était un mandala, exprimant la complétude, l'équilibre intérieur. Le mandala n'est pas une construction intentionnellement créée, il apparaît spontanément dans notre conscience. Comme d'autres formes et symboles, il relève du langage fondamental de l'esprit. Il signale un passage, une transformation, lorsque l'on s'ouvre à de nouvelles expériences, à de nouveaux états de conscience.

Le mandala est un portail vers d'autres dimensions, de même que le tunnel qui apparaît aux mourants et aux voyageurs, tels que les chamanes, qui explorent les mondes intérieurs.

Au cours de cette expérience, je m'étais retrouvé dans un environnement qui m'avait semblé être un temple bouddhiste. Les camarades rencontrés étaient de jeunes moines et j'étais l'un des leurs. Quant à l'enseignant, il s'agissait probablement du Karmapa, le chef de l'école Kagyupa du bouddhisme tibétain, portant la coiffe noire traditionnelle.

J'avais été incapable de rester à ses côtés, tellement mon cœur encore empli de rage n'y était pas prêt. Ce qui m'avait peut-être amené à me réincarner.

Au terme de cette méditation, véritable voyage de purification d'une bonne partie de ma colère, j'étais revenu dans la pièce où se trouvait Lama Sherab en train de prier.

Les personnes ayant vécu une expérience de mort imminente parlent, elles aussi, de ce voyage de relecture et de bilan de leur existence. Peut-être étais-je revenu parce que je devais terminer mon cheminement spirituel.

J'avais eu une expérience similaire à celle des mourants. Les textes bouddhistes affirment que cela peut se produire également au cours d'une méditation, et cela avait été mon cas. J'avais donc vécu un épisode essentiel de ma vie antérieure, me disais-je avec stupéfaction : une expérience fulgurante, inattendue, bouleversante, incompréhensible, extraordinaire et belle, que j'eus du mal à accepter bien qu'elle m'ait paru absolument vraie et réelle. Jusqu'alors, ma réalité, c'était ma vie quotidienne. Mais cette expérience-là avait été tout aussi réelle. Qu'est-ce que cela signifiait ?

Cette expérience et ces questionnements marquèrent mon cheminement non seulement intérieur, mais aussi professionnel. J'eus la chance extraordinaire de pouvoir réaliser de nombreux documentaires et interviews sur ces sujets.

Lama Sherab devint pour moi celui qui savait, qui connaissait ces dimensions ; un être spécial et mystérieux. Il émanait de lui un amour d'une force et d'une pureté qui m'étaient inconnues. Je compris que ce sentiment

Lama Sherab Gyaltsen Amipa

est la porte menant à une conscience infinie et je crois que c'est ce que Lama Sherab me transmit ce jour-là. Je pris conscience que notre vrai devoir est de développer l'amour, en surmontant les obstacles qui sont une entrave à cette profonde connexion.

À mon retour dans la salle de méditation après ce voyage extraordinaire, Lama Sherab comprit ma profonde émotion. Je perçus son soutien et ne lui demandai aucune explication. J'aurais d'ailleurs été incapable de poser la moindre question. Je voulais juste rester présent à cette chaleur dans mon cœur, et laisser les pensées, images et intuitions s'élever en moi.

Je fis tout mon possible pour rester auprès de Lama Sherab et le revoir afin de poursuivre cette exploration. Aux questions que je lui posai, il me répondit que l'important était de cultiver l'ouverture du cœur, c'est-à-dire l'espace intérieur uni à la conscience. M'attacher aux expériences constituerait un obstacle à l'expérience elle-même, me dit-il. Comprendre cet enseignement me fut difficile. Je devais encore apprendre de quelle façon l'esprit fonctionne, et comment de l'espace intérieur naissent les émotions, pensées, souvenirs, etc. Celui qui les retient crée un enchevêtrement qui bloque la spontanéité et l'intuition.

Quelques semaines plus tard, lors d'une méditation, je m'intériorisai profondément, en essayant de reprendre les étapes de base qui m'avaient été enseignées. Je sentis la présence de Lama Sherab près de moi, sa main douce se poser sur la mienne. Ce fut une vraie sensation physique. Mais Lama Sherab se trouvait dans son monastère à Rikon. Ma sensation était-elle l'expression de mon désir ?

Était-ce le fruit de mon imagination ou le lama avait-il mystérieusement touché ma main ? Lorsqu'il fut de retour à Lugano, Lama Sherab me regarda avec sympathie et je repensai immédiatement à cette expérience. Il prit ma main et la caressa comme dans cette méditation. Je me dis alors que l'expérience avait donc été un fait vrai. Il en allait ainsi, mais comment l'expliquer ? Le cœur ressent des émotions, et cela lui suffit. L'esprit, lui, veut toujours des explications rationnelles.

Quand on médite profondément, pensais-je, on entre dans un état de conscience qui est commun à tous et qui permet une communication à distance, allant même jusqu'à éprouver des sensations physiques. Cette explication, certes audacieuse, semblait plausible et reposait sur ce que je connaissais de la science à l'époque. Des années plus tard, des arguments relevant de la physique quantique viendraient l'étayer.

Cette expérience fut un enseignement m'indiquant que la conscience se manifeste même lorsque les organes sensoriels ne sont pas activés, comme c'est le cas lors d'une méditation profonde ou dans les expériences ayant trait à la mort. Comme je l'ai déjà mentionné, une perception nouvelle prend place, sans le soutien du corps. Mais alors, qui sommes-nous ? Qu'est-ce que la conscience ? Qu'est-ce que le corps ? Quelle relation y a-t-il entre le corps et la conscience ? Sommes-nous tous reliés ? Et si oui, comment ? Qu'est-ce que cela implique ? Bien sûr, à cette époque-là, je n'étais même pas en mesure de formuler ces questions. Pour cela, il me fallut des années.

*

Cette expérience fit pour moi office de préparation à un évènement ultérieur tout aussi surprenant, que je vécus lors d'une visite à Lama Sherab à Kuttolsheim, un beau petit village à la campagne, non loin de Strasbourg. Il y avait créé là son centre, dans une maison blanche. Je m'étais inscrit à un court séminaire de formation sans même en connaître le thème, je voulais juste être proche du lama.

Distrait et nerveux, j'avais du mal à suivre l'enseignement comme je l'aurais voulu. L'après-midi, je dis à Lama Sherab que j'étais fatigué et que j'avais mal à la tête, et il me conseilla d'aller me reposer. Je m'allongeai donc sur le lit et fermai les yeux.

Au bout d'un moment, je crus entendre clairement Lama Sherab prier dans la salle qui servait de temple, au rez-de-chaussée. Ma chambre étant située au deuxième étage, il me paraissait impossible de pouvoir l'entendre. Sa prière parvenait pourtant à mes oreilles et entrait dans ma tête avec une vibration intense, doublée d'une sensation jamais ressentie auparavant. Lama Sherab était en train de répéter un mantra. Au bout de quelques minutes, la vibration cessa.

Je me sentis léger ; ma tête était reposée, libre, spacieuse. La migraine et la confusion avaient disparu. Lama Sherab avait nettoyé mon esprit des émotions qui me tenaillaient. Maintenant, j'étais présent. J'éprouvais un sentiment de paix et de joie. Un grand espace et une pleine présence m'habitaient. Aussi étrange que cela puisse paraître, pensai-je, Lama Sherab avait centré son attention sur moi tout en récitant un mantra de guérison pour m'aider, et il y était parvenu. Peut-être sa grande concentration lui avait-elle permis de me voir et de me transmettre le mantra, voire de sortir de son corps et de s'approcher de moi pour me murmurer la prière. À l'heure du dîner, lorsque je le rencontrai, je le regardai, ébahi. Il me demanda seulement si j'allais bien. Je répondis oui, sans oser l'interroger sur ce qu'il s'était passé.

Cette nuit-là, je dormis d'un sommeil apaisé. Dès mon réveil au petit matin, je ressentis le désir d'aller me promener dans le village et les prés environnants. Disposant de deux heures de libre avant le petit-déjeuner, je descendis l'escalier en essayant de ne pas faire de bruit.

J'étais sur le point de sortir lorsque la porte de la chambre de Lama Sherab s'ouvrit. Il me proposa d'assister à ses prières, j'entrai dans sa chambre. Il y avait là un lit avec une couverture colorée, une table avec des objets rituels, un mince filet de fumée d'encens s'élevant vers le plafond et emplissant la pièce d'un doux parfum, et une thangka – peinture sur toile accrochée au mur – représentant un maître spirituel. Je m'assis en position de lotus, sur un coussin devant le lama. Les yeux clos, je tentai de m'intérioriser, de laisser mes pensées se dissiper, et de m'établir dans mon espace intérieur. Comme je ne connaissais aucune technique de méditation particulière, j'essayai de retrouver l'expérience vécue lors de ma première rencontre avec le lama, en suivant intuitivement ma propre voie.

Lama Sherab récita des prières, sa voix entrait profondément en moi. J'ouvris alors les yeux et le vis entouré d'un tourbillon de lumière. Son visage se transforma en celui d'une autre personne. Et quelques instants plus tard, j'eus devant moi un lama au physique imposant, âgé d'une cinquantaine d'années, au crâne rasé et brillant, totalement différent de Lama Sherab qui à l'époque était jeune et athlétique. Cette silhouette n'était ni stable ni solide ; elle semblait émaner d'une lumière vibrante. Cet être priait et sa présence était aussi massive qu'une montagne. J'étais étonné mais pas effrayé. J'étais témoin d'une chose absolument nouvelle pour moi. En signe de respect, je refermai les yeux et lorsque je les rouvris, Lama Sherab se tenait de nouveau devant moi, récitant des prières et lisant de longs textes.

J'eus le sentiment d'avoir reçu de sa part un immense cadeau en me permettant de participer à ce moment vécu.

Je sentis que j'avais de nouveau pénétré quelque chose de sacré, de réel, que je ne pouvais pas comprendre ; qu'il y avait là une vérité que je devais faire mienne. Ayant expliqué à Lama Sherab que je l'avais vu sous une autre forme, celui-ci me sourit d'un air pudique et répondit simplement qu'il avait prié.

Peut-être était-ce cette récitation des prières qui avait transformé Lama Sherab en ce maître qu'il invoquait dans son esprit, et m'avait permis de voir son image intérieure. Ou peut-être avait-il repris son apparence originelle, celle actuelle n'étant que la forme de sa réincarnation. Peut-être apparaissait-il à présent de manière stable à mes yeux alors qu'en réalité cette apparente stabilité n'était due qu'à la très grande fréquence de la vibration. Qu'est donc notre corps, capable d'apparaître et de disparaître dans notre conscience – et surtout, qu'est-ce donc que cette conscience qui nous permet de faire l'expérience de ces phénomènes ?

*

Au fil des ans, je compris certaines choses. La conscience qui nous permet de voir d'innombrables images sujettes à mutation est elle-même immuable. Je reviendrai à plusieurs reprises sur ce point essentiel. Pour employer une métaphore, la conscience est comme un écran sur lequel des images apparaissent et disparaissent. Nous sommes cette conscience qui, dans les moments de grand calme, se présente comme un espace illimité que seule une pleine conscience peut percevoir. Ce qui apparaît en son sein est en constante transformation, n'a donc pas d'existence stable et est semblable à un mirage. Si nous prenons ce mirage comme étant réel et solide, et que nous adhérons pleinement à cette croyance, nous commettons une grave erreur. Nous finissons par souffrir car, tôt ou tard, le mirage se dissipe et nous laisse seuls avec notre déception et notre peine. Nous lui avons attribué une réalité qu'il n'a pas.

En vérité, nous sommes le miroir sur lequel tout apparaît : cet espace infini d'où surgissent les images, les visions et toutes les perceptions et expériences ; cet espace nous procure un sentiment de fraîcheur, de lucidité, de joie simple et d'émerveillement enfantin, car il n'est pas contaminé par des pensées et des concepts, mais est, au contraire, spontané et direct.

Quant au corps, lui aussi il ne cesse pas de changer. En ce sens, il est également une illusion créée par notre esprit. La mort du corps n'est donc pas synonyme de fin, elle est seulement le signe d'un changement vers de nouveaux scénarios, de nouvelles expériences. Nous sommes par conséquent une conscience ou un esprit qui vit dans l'illusion d'un corps et d'un temps. Ce corps est comme un hôtel dans lequel nous vivons temporairement.

Alors, que sont toutes les images et émotions qui se présentent à nous ? Ce sont des stimuli, des restes du présent et du passé qui n'ont pas été traités ni perçus comme illusoires, et qui nécessitent au contraire d'être vus à la lumière de la conscience vive et laissés libres de se dissiper.

Nous devons nous efforcer de rester dans cette dimension d'espace de la conscience, sans laisser la confusion nous leurrer ; agir depuis cet espace où nous sommes en harmonie, sans nous laisser prendre par l'illusion. Cela ne veut pas dire renoncer à la vie, sombrer dans la passivité ou l'insensibilité. Cela signifie délaisser les causes de la souffrance - notre attachement ou notre aversion à toutes les perceptions et expériences de notre vie - et vivre en ayant pour base ce point de connexion avec notre nature essentielle.

C'est une inversion de notre façon habituelle de voir la réalité. La primauté est ici accordée à la conscience - et non au monde extérieur qui nous semble concret et auquel nous devons nous adapter. Il s'agit là d'un grand pas à accomplir : dépasser la vision du monde matérialiste et scientifique qui prédomine aujourd'hui, vision si ancrée en nous que le plus souvent nous ne nous en rendons même pas compte. Cette vue matérialiste nous prive de notre dimension la plus vitale, du sens le plus profond.

Toutes ces considérations sont le reflet de ma longue recherche entreprise au cours des années qui suivirent mes premières expériences auprès de Lama Sherab - une recherche faite de doutes, de trébuchements, de moments de confusion, de lectures et d'enseignements donnés par des lamas ou d'autres êtres de sagesse.

*

Ce matin-là, à Kuttolsheim, Lama Sherab s'était transformé devant moi tandis qu'il méditait. J'avais éprouvé un immense étonnement, et même de l'incrédulité. Pourtant, j'avais vécu cela comme absolument réel. Bien des années après, je vis une peinture et une statue de Sachen Kunga Nyingpo (1092-1158), l'un des cinq vénérables grands maîtres de la lignée spirituelle Sakya, à laquelle appartenait Lama Sherab : c'était le moine que j'avais vu lors de cette transformation ! Peut-être Lama Sherab en était-il la réincarnation ? Ou s'était-il fondu en lui pour en recevoir les qualités et bénédictions et les partager avec nous ? Des années durant, je ne trouvai aucune réponse à ces questions, mais lors d'un enseignement plus récent, l'un des principaux représentants de la lignée Sakya affirma que Lama Sherab était effectivement une émanation de Sachen Kunga Nyingpo – et je l'avais vue.

Là encore, je m'abstins de demander une explication à Lama Sherab. Par son sourire, je perçus qu'il avait bien partagé cette expérience spirituelle avec moi et qu'il comprenait ma stupéfaction. Il m'avait de nouveau transmis un très grand enseignement, un cadeau magnifique – non pas de manière verbale et conceptuelle, mais en me permettant de l'expérimenter, d'y goûter directement. Un enseignement sans paroles, d'esprit à esprit, comme il est dit dans les textes.

Sachen Kunga Nyingpo (1092-1158)

Des explications verbales auraient facilement réorienté mon attention vers le mental. Elles m'auraient éloigné de la conscience lucide qui permet de vivre sans filtre. Elles m'auraient détourné de la source la plus authentique. Les mots sont certes précieux et peuvent aider. Mais ils ne peuvent remplacer la saveur de l'expérience.

J'étais toutefois en quête d'explications. Les Tibétains, qui grandissent dans cette culture, pouvaient probablement se relier plus facilement à une vision du monde incluant le concept d'illusion et de réincarnation. Mais en ce qui me concernait, ce monde restait encore à découvrir. J'avais de la réalité une vision positiviste et scientifique où seul ce que la science disait était vrai. Or, la science est incapable d'expliquer ces expériences subjectives, invérifiables et non reproductibles, et elle les nie même parfois, faute de pouvoir les comprendre. Pour moi, ces expériences étaient tout à fait réelles, même si nous ne savions pas comment les expliquer.

J'avais besoin d'en savoir plus et je dois avouer que, derrière ce besoin, se cachait un piège dans lequel il m'arriva de tomber plusieurs fois. Mon désir d'explication rationnelle se traduisit par une lecture quasi obsessionnelle qui finit par supplanter l'expérience. Le cœur se desséchant, le mental reprenait alors le dessus. Je me perdais.

Lama Sherab ne me donna qu'au compte-gouttes quelques explications de ces expériences, ce qui suscita parfois ma déception, voire ma colère. Les règles monastiques lui recommandaient de ne pas entraver l'expérience de l'étudiant. Sa présence solide et douce me procura cependant l'aide et le soutien dont j'avais besoin. Au fil du temps, je compris que le chemin consiste à pénétrer plus profondément en nous-mêmes, sans rien attendre, en laissant apparaître ce qui doit apparaître, sans l'évaluer; en essayant d'accéder à notre espace intérieur de façon totalement présente et en laissant notre intuition retrouver l'harmonie originelle et naturelle.

Les enseignements de Lama Sherab consistaient essentiellement en des pratiques de méditation visant à redécouvrir notre propre nature, ce qui permet à notre potentiel d'émerger. Des explications d'ordre philosophique étaient ensuite données pour servir de structure à ces enseignements, et ce toujours dans le but d'encourager l'expérience.

Chaque lignée tibétaine a ses propres aspects prépondérants, et chaque lama a une personnalité qui lui est propre. Certains, très intellectuels, sont de grands maîtres de la logique. Lama Sherab était l'enseignant plein d'amour – l'amour était sa porte vers le cœur, vers l'expérience d'être un avec tout.

*

Les expériences que je viens de mentionner m'avaient transformé : elles avaient ouvert ma conscience à des perceptions inattendues qui me surprenaient beaucoup.

Je vécus quelque temps dans une ancienne maison de village que j'avais rénovée. Un soir, en sortant de la salle de bains, je vis, dans ma grande salle de séjour faiblement éclairée, des bancs sur lesquels étaient assises des personnes au teint gris et à l'air abattu. Les hommes portaient des chemises sans col : peut-être étaient-ce de vieux paysans qui avaient vécu autrefois dans cette maison ou qui s'y étaient rassemblés. Ils semblaient être là depuis longtemps, en attente de quelque chose. Je compris qu'ils étaient morts et coincés dans cette situation. Je ne fus pas épouvanté et ressentis un profond chagrin pour eux. Spontanément, je leur dis qu'ils étaient morts et qu'ils devaient entrer dans la lumière, c'est-à-dire sentir l'amour dans leur cœur, que cette lumière ou cet amour était la porte leur permettant de poursuivre leur chemin.

Un autre jour, dans la même maison, assis derrière mon bureau, je pris conscience d'être intérieurement en train de parler avec un vieux fermier qui se lamentait d'être triste et de se sentir dans une impasse. Je me tournai vers lui - intuitivement je connaissais son nom - et lui dis d'entrer dans la lumière.

Ces deux rencontres avec des morts furent possibles grâce à l'ouverture de ma conscience, suscitée par mes rencontres avec Lama Sherab. Face à ce phénomène nouveau qui m'aurait certainement effrayé auparavant - ou que je n'aurais probablement même pas perçu -, je me sentis en sécurité et calme.

Puis une nuit, j'eus une vision: je vis un Bouddha bleu avec sa consort blanche apparaître devant moi. La force de cette scène me stupéfia mais je n'en compris pas la signification. Je découvris ensuite qu'il s'agissait du Bouddha primordial Samantabhadra, ou Vajradhara, et de sa consort, tous deux représentant l'union parfaite de la sagesse et de la compassion. Cette vision s'inscrit dans un long processus de découverte de l'union du masculin et du féminin en nous-mêmes et de l'unité avec autrui. J'allais à maintes reprises retrouver ce thème dans ma vie.

Samantabhadra ou Vajradhara, le Bouddha primordial

*

Lama Sherab vivait au monastère de Rikon, près de Winterthur. Sa chambre était une petite cellule dotée d'un lit et d'une table, avec des livres de prières et une thangka accrochée au mur. Je lui avais demandé s'il était possible de lui rendre visite. « Bien sûr, m'avait-il dit, et vous pourrez dormir dans l'une des cellules si vous le souhaitez. » Je me rendis donc plusieurs fois au monastère, y passant même la nuit. Je fis la connaissance de beaucoup de lamas et pus les voir dans leur vie quotidienne ponctuée de prières.

C'est à cette époque-là qu'une vieille femme à l'aspect bien peu avenant commença à apparaître dans mes méditations et mes rêves. Malgré mes efforts pour m'en débarrasser, cette vision revenait sans cesse. Peut-être représentait-elle la vilaine mère associée au traumatisme de mon enfance, déjà évoqué. Un jour, j'en parlai donc à Lama Sherab et, l'après-midi même, pendant que je me reposais dans ma cellule, j'eus une vision : je vis en face de moi un grand espace vide et une vieille femme y apparaître tel un mannequin inanimé qui me rappela la femme désagréable de mes rêves. D'une voix tonitruante, Lama Sherab émit le son P'ET, et la femme fut repoussée. Puis il continua à répéter avec force P'ET, P'ET... Et elle disparut.

Je dois avouer que je fus surpris et déconcerté par ce qui s'était passé : le lama était entré dans mon espace intérieur et en avait même expulsé un personnage ! Il avait aussi cette capacité-là. Heureusement que Lama Sherab était une personne de bon cœur, me dis-je, et qu'il avait fait cela pour m'aider.

Par la suite, un vieux lama, qui vivait au monastère et était au courant de mon problème avec cette vieille femme, m'expliqua avec beaucoup de douceur qu'étant jeune, il avait dû lui aussi se confronter à cette même difficulté. Il me raconta également qu'un grand maître du passé avait médité toute sa vie sur ce même sujet et atteint l'illumination, ce qui revient à être libre de toute illusion.

La vieille femme reparut toutefois dans mes rêves et méditations. Petit à petit, je commençai à comprendre les enseignements de Lama Sherab. Il ne pouvait certainement pas accomplir le travail à ma place ; c'était à moi de le faire. Son intervention avait pour but de me faire comprendre que cette vieille femme n'était qu'une construction mentale, que je pouvais donc lâcher prise et qu'elle n'avait aucun pouvoir sur moi. C'était à moi de trouver la force de crier P'ET, de rompre cet état de confusion dans mon esprit. En devenant de plus en plus conscient du fait que cette vilaine femme était une de mes constructions mentales, je pourrais l'observer sans crainte ni haine, et la laisser disparaître. Je devais descendre plus profondément en moi. Lama Sherab m'avait donné un autre enseignement d'esprit à esprit.

*

À mesure que j'écris ces lignes, de nombreux autres souvenirs remontent à la surface. Sachant que le Dalaï-Lama viendrait à Strasbourg, je demandai à Lama Sherab s'il me serait possible de l'interviewer pour la télévision. Le Dalaï-Lama devait en effet résider à Kuttolsheim, dans le centre de Lama Sherab. Celui-ci me répondit qu'il allait y réfléchir.

À Strasbourg, le Dalaï-Lama prononça un important discours devant le Conseil de l'Europe et il rencontra une grande partie de la communauté tibétaine en exil. Nous étions en 1984. Des centaines de Tibétains en exil s'étaient rassemblés dans un parc, vêtus de leurs costumes traditionnels, les femmes portant de grands bijoux sertis de turquoises. Je ne connaissais ce peuple qu'à travers des photos et des documentaires et je fus frappé par leur modestie et leur sérieux.

Au terme d'une rencontre très intense entre le Dalaï-Lama et cette communauté tibétaine, quelqu'un demanda une bénédiction. Je me souviens que le Dalaï-Lama eut des paroles d'encouragement, d'une grande douceur, mais qu'il rappela ensuite que chacun devait trouver en lui-même la force de répondre aux épreuves de l'existence, en la cherchant dans son propre cœur. Ces paroles respectueuses et d'une grande maturité me touchèrent profondément.

Le lendemain, j'eus un bref entretien avec le Dalaï-Lama : une présence forte, directe et très amicale. Auprès de cet homme jovial et gai, je me sentis immédiatement à l'aise. Je l'interrogeai sur le sens que pouvait avoir le bouddhisme pour nos contemporains, et pour les Occidentaux en particulier, et sur la façon dont nous pouvions mieux nous connaître et nous améliorer.

Je me revois revenant de Strasbourg en train : assis seul dans un wagon aux sièges en bois, je ne cessais de repenser aux moments les plus émouvants de ces derniers jours, et en particulier à ce que le Dalaï-Lama avait dit aux réfugiés tibétains. Je sentais une émotion croître en moi. Il me semblait que le Dalaï-Lama était en moi, que je fusionnais avec lui de manière complètement spontanée. J'avais le sentiment d'être de plus en plus léger, mon corps était chaud, mon esprit lumineux, fort, apaisé, en harmonie. En descendant du train à Bâle, j'avais l'impression de voler, tant ma sensation de légèreté était grande. Je souriais joyeusement. J'étais totalement présent. Il n'y avait pas de pensées. Lorsque, plus tard, j'en parlai à Lama Sherab, il me regarda avec joie et dit : « Bien ! » Puis il raconta cela à un autre lama et ils se mirent à rire, amusés.

Quelque temps après, je pris conscience que cette expérience spontanée était ce que nous tentons de réaliser à travers la pratique de la fusion avec le maître, dite pratique du gourou yoga.

Un an après, en 1985, j'assistai à un grand enseignement du Dalaï-Lama à Rikon. Pendant dix jours, il transmit le Kalachakra, l'une des initiations les plus profondes du bouddhisme tibétain. Cela introduit le pratiquant à la relation existant entre microcosme et macrocosme, c'est-à-dire à notre relation harmonieuse avec l'infini. Cette transmission du Kalachakra est complexe et, lors de cette première initiation, je ne fus pas capable d'en comprendre la vraie signification. J'eus par la suite deux fois l'occasion de la recevoir de nouveau.

Au cours d'une pause, j'allai saluer le Dalaï-Lama qui, à ce moment-là, était facilement accessible, et j'aidai un collègue autrichien à l'interviewer. En 2000, lors de mon dernier entretien avec lui, qui dura toute une heure, j'éprouvai toujours ce sentiment d'être face à un homme profondément authentique, au rire stimulant. Je me sen-

L'auteur avec Sa Sainteté le Dalaï-Lama

tais tellement à l'aise que j'en oubliais presque que j'étais en présence d'un être extraordinaire.

Le thème de cette dernière interview concernait le nouveau millénaire et les tâches auxquelles l'humanité serait confrontée - tant sur le plan individuel que collectif, et vis-à-vis de la planète. Avec grande clarté, le Dalaï-Lama exposa les principes du bouddhisme, en soulignant qu'ils sont communs à toutes les grandes traditions. Il mit l'accent sur l'importance du dialogue interreligieux, la valeur de l'éducation et notre responsabilité envers la planète.

Autre expérience très forte ces jours-là à Rikon: en arrivant sur le lieu de l'enseignement, je vis une grande tente qui abritait plus d'un millier de personnes, et fus stupéfait de percevoir la présence d'une barrière invisible tout autour. Pour préparer les enseignements du Dalaï-Lama, les lamas avaient pratiqué des rituels de protection contre les forces adverses et établi une sorte de mur protecteur invisible. Je sentis que j'entrais dans un lieu lumineux, un lieu sacré, dans un temple qui incitait au recueillement. Des années plus tard, j'allais réaliser un documentaire sur les lieux de puissante énergie spirituelle et sur la connaissance des grands bâtisseurs de cathédrales qui surent créer des espaces élevant l'esprit.

Nouveau souvenir à présent: c'est le soir, l'enseignement du Kalachakra est terminé pour aujourd'hui. Après une pause, il y aura une prière collective. Lama Sherab est assis avec d'autres lamas; il est en méditation profonde et je vois une lumière bleue autour de son corps. Elle émane aussi de ses yeux comme si elle provenait de l'intérieur. J'ai l'impression qu'il a laissé là son corps, sur sa chaise, comme s'il s'agissait d'une enveloppe, et qu'il est parti, peut-être pour aider ou pour rencontrer d'autres maîtres. Il est dans un état supérieur de conscience.

Pour pouvoir voir cette lumière, moi aussi, je devais être à un niveau de conscience différent – comme je le comprendrai plus tard. Sur le moment, évidemment frappé par cette expérience, je me demandais si j'avais bien vu.

*

Des mois plus tard, en vacances au bord de la mer avec ma famille, je profitai du calme et du temps dont je disposais pour réfléchir aux expériences étranges et fascinantes que j'avais vécues. En méditation, je repris contact avec la présence de Lama Sherab et ressentis un puissant amour en moi. Je décidai d'aller retrouver Lama Sherab à Rikon dès mon retour, car j'éprouvais le besoin de le revoir, de m'intérioriser en sa présence, de m'ouvrir à l'intelligence intérieure, et de recevoir de nouveaux enseignements.

Par une chaude journée d'été, je me rendis donc à son monastère. Ne voulant pas arriver les mains vides, j'achetai un peu de nourriture dans un petit magasin, avec l'intention d'accomplir une sorte d'offrande. J'entrai dans sa petite chambre et il me fit asseoir sur son lit qui servait de canapé pendant la journée. Il se plaça en face de moi et m'offrit du thé. Une atmosphère de grand calme régnait.

Une délicieuse senteur de lotus embaumait la pièce. Je regardai autour de moi pour voir d'où elle provenait. Peut-être d'un flacon de parfum, pensai-je, mais il n'y avait rien. Expliquant à Lama Sherab que je sentais quelque chose de très agréable, je lui en demandai l'origine et il me dit à voix basse : « Je me suis préparé pour vous. » Il s'était préparé à notre rencontre en méditant et sa pureté se traduisait en une senteur de lotus ! Je ne comprenais pas, mais je pouvais le sentir, et j'en fus stupéfait. Plus tard, je sus qu'une image souvent employée dans le bouddhisme tibétain pour exprimer la pureté est celle du lotus, qui émerge des eaux boueuses sans en être lui-même souillé.

Lama Sherab commença à lire une prière. Je me sentis de plus en plus calme, lucide et présent. Je me vis voler dans une vallée au milieu de montagnes dont les pentes étaient couvertes de pins. Une rivière argentée coulait dans la vallée. Puis la vision se transforma : les flancs montagneux devinrent les jambes d'une femme, la rivière son vagin. Une femme accouchait devant moi. Elle prit le nouveau-né dans ses bras et le serra fort contre sa poitrine. Ensuite, sur une crête, j'aperçus mes parents, très jeunes ; je ne me souvenais pas d'eux ainsi. Ils étaient assis, enlacés, ils faisaient l'amour avec une plénitude et une douceur qui me frappèrent. Cette belle scène m'émut jusqu'aux larmes. Puis la vision prit fin et je me retrouvai face à Lama Sherab terminant ses prières. Une fois encore, j'étais bouche bée.

J'eus le sentiment d'avoir vécu une chose essentielle, une grande initiation. En m'observant, je vis que j'étais couvert de sueur. Mes pantalon et chemise d'été étaient trempés, je n'avais pourtant pas ressenti la moindre chaleur. Gêné d'être aussi peu présentable devant le lama, je lui expliquai que j'avais vécu quelque chose d'absolument incroyable et doux. J'étais complètement sous l'emprise de cette émotion ; elle était si forte que je ne pouvais même pas la regarder un tant soit peu pour tenter de la comprendre. Je sentis que je n'avais pas à demander d'explications, mais qu'il fallait laisser cette précieuse expérience se dérouler en moi. Il n'y avait pas de mots. Je restai silencieux. Puis Lama Sherab me conseilla d'aller me reposer dans ma chambre et me dit qu'il m'appellerait plus tard.

Ce soir-là, il m'annonça que nous allions descendre au village de Rikon pour accueillir de nouveaux réfugiés tibétains qui venaient d'arriver. Il y avait sept ou huit personnes, certaines plutôt âgées, d'autres d'une quarantaine d'années, et quelques enfants : probablement une famille. Tous me regardèrent avec surprise et crainte. Lama Sherab me présenta et du thé fut servi. Ils se parlèrent en tibétain, mais je pus comprendre qu'ils étaient heureux. Le lama s'exprimait avec beaucoup de chaleur et il leur fit cadeau des aliments que je lui avais apportés en offrande. J'en fus heureux.

L'expérience vécue dans la cellule de Lama Sherab cet après-midi-là me marqua profondément. Ce n'était certainement pas un vieux souvenir qui me revenait ; selon moi, c'était plutôt Lama Sherab qui m'avait transmis un enseignement, une émotion fondamentale, encore une fois d'esprit à esprit. Cela m'avait permis de percevoir ce que signifie l'amour pur, sans attachement - un don immense, un sentiment précieux à chérir et à nourrir, la raison d'être d'une vie. De cet amour naissait un enfant pur, un enfant non pas fruit d'un désir de possession, mais du don inconditionnel de l'amour. Je compris que je pouvais me transformer en un nouveau fils, si seulement je parvenais à vivre ce sentiment. Je serais alors porteur de cette joie, cette harmonie, cette aisance naturelle.

Le lama m'avait emmené au-delà de l'espace et du temps. Je m'étais élevé dans le ciel, vers une dimension fondamentale où le vécu n'est pas conditionné. Il m'avait initié à un grand mystère, à un enseignement essentiel très similaire à celui du Kalachakra qui nous guide vers une renaissance dans la pureté.

Cet enseignement illustrait également un passage fondamental du bardo, la période s'écoulant entre le moment de la mort et celui de la renaissance. Il est dit que, dans le bardo, la conscience du défunt qui n'a pas su se libérer de ses erreurs, et demeure donc dans la confusion, est alors à la merci des anciennes passions de sa vie précédente ; elle se retrouve par conséquent entraînée dans le processus de renaissance. Si sa tendance est de renaître dans la dimension humaine, elle est attirée par l'étreinte d'un couple, dispose d'un nouveau corps et entre dans une nouvelle vie, croyant toujours que son existence illusoire est réelle.

Dans ma vision, l'étreinte de mes parents correspondait à celle des peintures tantriques où deux êtres de sexe différent sont assis face à face, unis dans une étreinte de don mutuel inconditionnel. Ce don résultait du fait qu'ils avaient uni en eux-mêmes le masculin et le féminin, et atteint ainsi l'équilibre intérieur, la complétude. En terme bouddhiste, cette complétude est l'union de la sagesse et de la compassion. L'étreinte de mes parents était donc une vraie offrande, un véritable échange.

Là encore, à travers une expérience fondamentale, Lama Sherab me transmit un enseignement précieux que je pus intégrer peu à peu au fil des ans. Il donna une direction claire à mon évolution, une autre façon de comprendre la vision du Bouddha primordial Samantabadra, ou Vajradhara : ce Bouddha bleu uni à sa consort blanche, qui m'était apparu une nuit, quelque temps auparavant.

*

En 1984, Lama Sherab organisa à Kuttolsheim la transmission de l'enseignement le plus élevé de la tradition Sakya, le *lamdré* : un cheminement permettant de passer progressivement de l'état de confusion à l'état dit d'éveil. Durant un mois, Sa Sainteté Sakya Trizin, chef de l'ordre Sakya, lut et commenta ce texte, conférant aussi de nombreuses initiations. Vu la complexité du texte, je ne pus en comprendre qu'une partie.

Vers la fin de ces semaines chargées, durant laquelle nous méditions beaucoup également, je vécus spontanément une autre expérience incroyable. Assis en méditation, je me sentais calme, léger, présent. Sa Sainteté Sakya Trizin nous faisait face. Je remarquai qu'il nous observait attentivement et, soudain, je vis nettement autour de mon corps des cercles colorés s'élevant depuis mes pieds jusqu'à ma tête : des cercles aux couleurs de l'arc-en-ciel.

Sa Sainteté Sakya Trizin les perçut immédiatement et me sourit. Il lança un coup d'œil aux autres lamas présents qui me regardèrent étonnés en voyant ces lumières.

Pendant la pause, je rencontrai S. S. Sakya Trizin dans la cour. Avec son rire communicatif, il me dit : « Gut ! »

Je savais ce que sont les auras, mais j'ignorais ce que signifiaient ces cercles de couleur ; je compris bien longtemps après que ces lumières colorées sont l'aspect subtil des éléments qui composent notre corps et qu'elles sont en lien avec nos chakras – les lumières des cinq éléments :

terre, feu, eau, air et espace. Chaque élément a sa couleur et correspond à un aspect de notre conscience ; l'élément terre, par exemple, correspond à l'énergie de stabilisation et de concrétisation. L'équilibre de ces éléments équivaut à celui de la conscience. Les cercles colorés traduisaient donc l'harmonie intérieure à laquelle j'étais parvenu au cours de cette méditation. Je tiens à préciser que c'était l'expression de « la chance du débutant », celle de ceux qui vivent leurs premières expériences.

La perspective bouddhiste est fondamentalement différente de celle de la plupart des Occidentaux : pour la majorité d'entre nous, les éléments sont ceux de la chimie et n'ont rien à voir avec des lumières et des états de conscience. Notre point de vue est matérialiste.

Dans le bouddhisme, tout découle d'une conscience spacieuse. Le corps dans ses divers aspects est le résultat physique de la combinaison d'éléments reconnus comme étant des caractéristiques de la conscience. Au moment de la mort, ces combinaisons se démantèlent et, pour les êtres éveillés, tout redevient conscience. Quant aux êtres qui ne le sont pas, ils restent tributaires de leur karma accumulé et non purifié.

Les grands maîtres éveillés savent comment transformer, purifier les éléments qui composent leur corps pour qu'ils reviennent à leur lumière originelle. Au moment de la mort, ces êtres sont capables de manifester leur « corps d'arc-en-ciel », leur corps de lumière. Les personnes présentes peuvent voir des lumières colorées sortir de la pièce où le maître est mort, ou les apercevoir dans le ciel. Du corps matériel de ces défunts ne restent que les cheveux et les ongles. Des livres et autres médias dûment documentés rendent compte de certains de ces évènements extraordinaires. Lama Sherab me fit lire un jour un article d'un journal népalais ou indien relatant le cas d'un méditant qui avait atteint le corps de lumière. Il est possible de considérer ces faits comme des preuves que tout est énergie, que la vision bouddhiste a sa propre cohérence et que la conscience pure est notre plus grande richesse. Nous sommes réellement un esprit dans un corps ; nous ne sommes pas le corps.

*

Et puis un jour où j'avais décidé de rendre visite à Lama Sherab à Rikon, cette rencontre fut pour moi comme une gifle infligée à mon orgueil. Je reçus une grande leçon dont le souvenir cuisant me marqua longtemps et dont l'effet dure toujours.

Assis devant le lama, je m'attendais à une expérience qui me ferait éprouver une joie intérieure profonde ; j'avais complètement tort. Je tentais d'apaiser mon esprit comme les autres fois mais, à ma grande surprise, et déception, un sentiment puissant de colère à l'égard de Lama Sherab s'éleva rapidement en moi. J'essayai de surmonter cette rage en me disant qu'elle n'avait vraiment aucune raison d'être, mais je n'y parvins pas. Ce sentiment était trop fort. Je ne savais que faire. Je pense avoir dit à Lama Sherab que j'étais vraiment désolé de ressentir cette colère. Je me sentais mal à l'aise, mis à nu. Lama Sherab me sourit alors ; il comprenait mon embarras.

J'avais escompté de grandes et belles expériences et ma déception s'était transformée en colère. On ne doit pas pénétrer son espace intérieur avec des désirs mais s'efforcer de rester ouvert, d'accueillir tout ce qui se manifeste. Il faut juste demeurer présent, quoi qu'il arrive.

Lama Sherab avait fait office de miroir, me renvoyant ma propre image ; j'avais donc ressenti les énergies négatives qui obscurcissaient mon esprit et avaient besoin d'être purifiées. Je n'avais aucune idée de leurs causes possibles. J'avais vu la confusion qu'elles avaient générée en moi.

Lors des rencontres précédentes, Lama Sherab m'avait indiqué le sommet à atteindre et aidé à en goûter la saveur. Mais pas cette fois-là. À présent, c'était à moi de faire face aux émotions perturbatrices. Cela signifiait regarder à l'intérieur de moi-même. Mais comment ? Je me rendis vite compte que ces émotions n'étaient pas des problèmes qu'un raisonnement subtil pourrait résoudre. En fait, ces émotions ne disparaissaient pas et il m'apparut clairement que je devais les aborder différemment, m'ouvrir à elles avec discipline et méthode. Jusqu'alors, j'avais agi intuitivement, mais maintenant j'étais coincé. Il me fallait laisser passer ces émotions, sans les juger, sans leur donner de l'énergie. Je compris qu'ainsi, et avec beaucoup de patience et d'application, elles finiraient par partir, par se dissoudre. Combien de fois dus-je m'y reprendre...

C'est à cause de ces difficultés que, dans ce livre, je réitère de temps à autre ce même discours. Trouver la clé, démêler le sac de nœuds, ne pas succomber au mental ou à l'ego qui pense pouvoir tout expliquer et tout plier à ses besoins, exigent en effet beaucoup d'humilité !

Je me mis à pratiquer la méthode consistant à observer les pensées et les sensations, à les voir s'élever et à les laisser partir. Si nous pouvons les observer, c'est que nous ne sommes pas nos pensées et qu'elles n'ont donc pas à nous dominer. En les laissant juste passer, notre conscience se purifie, devient plus harmonieuse et nous ressentons la paix, la joie. Notre conscience, notre présence, devient plus forte et nous percevons de façon plus lucide, non obscurci par des sentiments ou des pensées qui sont source de confusion. Nous redécouvrons la vraie nature de l'esprit.

J'appris plus tard que cette méthode est celle du Dzogchen - ou du Mahamoudra, selon la lignée. J'eus l'occasion de recevoir par la suite de Lama Sherab des enseignements sur le Mahamoudra et de traduire un petit livre sur ce sujet.

J'étais donc allé chez Lama Sherab dans l'espoir d'avoir de nouveau une expérience enrichissante et j'étais ainsi fermé à l'expérience. Les Tibétains utilisent une très belle image pour expliquer cela: quand votre tasse est déjà pleine, il n'y a pas de place pour un autre thé et vous ne pouvez pas y goûter. Ma frustration avait allumé en moi le feu de la colère contre le lama, comme si c'était sa faute. Il n'y avait plus de place pour autre chose que la rage. J'avais encore beaucoup à apprendre intérieurement! Ce soir-là, je quittai le monastère de Rikon triste et confus.

Ce monastère est situé sur une colline, dans les bois. J'avais laissé ma voiture à la gare, à une quarantaine de minutes à pied. Au moment précis où je quittai le monastère, une voiture s'arrêta. Il y avait à bord plusieurs jeunes Tibétains que je ne connaissais pas et qui me proposèrent de me conduire jusqu'au parking. Le lama les avait sans doute convoqués mentalement, pensai-je; les yeux du conducteur me le confirmèrent et je sentis la présence affectueuse de Lama Sherab entourer la voiture. Pendant plus de vingt minutes, il m'accompagna ainsi, tandis que nous roulions vers la gare.

Je pris l'étrange coïncidence de la voiture et la forte présence informelle du lama comme des signaux qu'il m'envoyait pour atténuer ma déception et me donner confiance dans le cheminement intérieur. Je sentais son énergie dans mon corps.

Quelque temps après, j'eus un bref entretien privé avec Sa Sainteté Sakya Trizin, que j'avais connu gentil et amical. Là encore, la surprise fut grande. Il afficha devant moi un visage en colère, aux yeux menaçants ! Il ressemblait à l'une de ces divinités courroucées que j'avais vues représentées sur des thangkas. Mais pourquoi était-il ainsi ? Il s'était transformé en une divinité courroucée, mais je ne ressentais pas sa colère. J'éprouvai au contraire une nouvelle impulsion en moi pour lutter contre mes obstacles mentaux. Avec son aspect terrifiant, il m'avait communiqué la détermination de me battre. Son intention était de protéger mon esprit de toute négativité, de dissoudre les obstacles.

Sa Sainteté Sakya Trizin voulait exprimer sa compassion et m'aider. La divinité courroucée n'avait rien à voir avec les démons ou les diables de la tradition occidentale. Il m'avait transmis le type d'énergie dont je devais me servir. Mais c'était à moi de faire le travail. Ni miracles ni cadeaux. On m'avait montré la voie, une fois de plus.

*

Sa Sainteté Sakya Trizin

Au cours des années 1980, je me rendis en Inde. Lors d'un vol, j'eus une nouvelle preuve que quelque chose en moi avait changé. Je fis une découverte des possibilités qui se révèlent au fil du cheminement intérieur.

Quatre rangs devant moi, une femme eut un malaise : une crise de claustrophobie. Elle sentait qu'elle s'étouffait. Le steward lui apporta de l'eau et la réconforta. Pour lui venir en aide, je me concentrai spontanément sur elle et tournai mon esprit vers Lama Sherab, le Dalaï-Lama et Sa Sainteté Sakya Trizin. Je les vis venir vers moi à travers l'espace, comme s'ils volaient ; ils riaient et semblaient amusés. Je ressentis cette même harmonie en moi, la douceur de leur présence. Une forte chaleur agréable se mit à envahir ma poitrine, puis un rayon couleur rubis sortit de mon plexus solaire et toucha la femme souffrante. Elle se tourna vers moi et me regarda avec étonnement et joie.

J'éprouvai alors un sentiment d'amour, et je pense qu'elle l'éprouva également. Son cœur s'était ouvert, et sa respiration aussi ; son angoisse s'était dissipée. Quelques instants plus tard, elle se leva et, en passant à côté de moi, me dit : « Merci. » Ce qui venait de se produire m'émerveilla.

Le plus important était bien sûr d'avoir pu me rendre utile. Mais qu'était ce rayon et comment cette femme avait-elle pu y être sensible ? Ce phénomène était-il en lien avec les lumières colorées autour de mon corps ? Les émotions se transmettent-elles comme des filaments de lumière ? Il me fallait en savoir plus sur les énergies : un passionnant domaine d'étude venait de s'ouvrir devant moi.

Après avoir atterri à Delhi, je repris immédiatement un vol à destination du Rajasthan et, dans cet autre avion, vécus une nouvelle expérience très étrange. Je voyageais déjà depuis de nombreuses heures. Comme j'étais seul, j'en avais profité pour méditer longtemps et laisser ma conscience descendre toujours plus profondément en moi. Et là, je me rendis soudain compte que je me trouvais dans un immense espace noir, infini, qui ressemblait à une nuit éclairée par la lune. Je n'avais pas peur mais j'étais totalement stupéfait et complètement présent. Je me sentais rafraîchi, comme après une douche. Sur ma droite, je vis surgir de cet espace et venir vers moi un filament rouge, lumineux, incandescent.

Quand je me retournai pour regarder l'intérieur de la carlingue, elle avait disparu, avalée par la même obscurité. Les passagers étaient des filaments rouges ! À l'exception de deux passagers indiens assis quelques rangées derrière moi. Je vis leur visage, leur corps, leur stupeur. L'un était jeune, l'autre était vieux et me parut être son maître spirituel. Je pense que nous étions dans un état de conscience similaire : dans notre corps subtil ou hors de notre corps, comme en témoignent les personnes ayant vécu une expérience de mort imminente. Ces deux hommes avaient eux aussi accès à cette obscurité et pouvaient la voir. Dans l'avion me menant à Delhi, j'avais vu Lama Sherab, le Dalaï-Lama et Sakya Trizin, et maintenant je rencontrais ces deux hommes dans cette même dimension. Ils me saluèrent en joignant les mains, je répondis avec un sourire.

Depuis lors, il m'arriva plusieurs fois de pénétrer cette obscurité que je dirais originelle, relevant d'un temps sans commencement, mystérieuse et régénératrice. Cette même nuit lumineuse évoquée dans d'autres expériences déjà décrites. J'eus par la suite confirmation de ces visions et de nombreuses explications de cette lumière dans les enseignements bouddhistes tibétains portant sur la mort, notamment dans les ouvrages de Dzogchen Ponlop Rinpoché.

Mais que sont ces filaments rouges ? Je pense que de cet espace noir émanent des brins d'énergie autour desquels se condense l'énergie formant le corps humain. Peut-être ce filament correspond-il à l'ADN ou à son épine dorsale : l'énergie se densifiant, suivant une matrice donnant lieu à un corps humain, une condition humaine. Cette matrice me fait penser aux champs morphogénétiques de Rupert Sheldrake ; les éléments constitutifs du corps humain étant les énergies des cinq éléments, dont j'ai déjà brièvement parlé.

Cette vision me permit de vivre une expérience directe que je considère comme fondamentale. L'espace est notre nature fondamentale. Il se révèle à nous lorsque notre conscience est pleinement lucide, présente à l'harmonie originelle. C'est de là que naissent les émotions, les pensées et les concepts qui se densifient en une sorte de toile d'araignée dans laquelle nous finissons par tomber si nous croyons que ce que nous percevons est concret et non pas illusoire. Nous entrons alors dans un corps qui semble solide et sommes dans la dualité.

Maintenant que nous avons un corps humain, notre tâche consiste donc à retrouver notre nature originelle. Nous devons faire marche arrière, dissoudre l'énergie des cinq éléments dans l'énergie primaire, retrouver l'unité. Et c'est grâce à la sagesse qui reconnaît notre nature unifiée que le corps va se dissoudre dans l'harmonie fondamentale, laissant place au corps de lumière, ou corps d'arc-en-ciel.

Si l'on va plus loin, quand nous nous trouvons réellement établis dans l'énergie fondamentale, dans la pleine conscience, nous pouvons voir qu'elle génère de nombreuses formes de réalités différentes, autres que la dimension humaine - animales, végétales, autres formes d'existence et autres mondes - qui correspondent à diverses matrices. Il y a aussi des formes de vie dépourvues de corps, dominées par l'ignorance, et d'autres également sans corps qui sont pure lumière. La réalité se manifeste donc de façon multidimensionnelle. Dans les années qui suivirent ces expériences, j'eus l'occasion d'expérimenter quelques-unes de ces dimensions, et il en sera question plus tard.

La vision scientifique prédominante, qui mesure les phénomènes et les reproduit en laboratoire, ne permet pas de comprendre ces expériences subjectives. Elle ne prend pas en compte la conscience dans laquelle tout surgit. Si l'on comprend que la réalité intérieure et celle extérieure sont toutes deux l'expression de la conscience et qu'elles sont donc en corrélation, tout commence à prendre sens. Il n'y a plus fracture mais continuité, intégration - tout est un.

Nous devons opérer une transition : passer de la vision matérialiste à la vision spirituelle, même si ce dernier terme est souvent galvaudé. Les grandes traditions spirituelles, en particulier celles orientales, ont su maintenir cette vision vivante. Elles se basent pour cela sur l'expérience intérieure. Malheureusement, leurs modes d'organisation ont parfois abouti à des structures rigides qui ont fini par prendre le pas sur les expériences essentielles.

La source initiale, très riche en inspiration et qui est sans doute à la base de toutes les traditions religieuses, est le chamanisme. C'est la voie de l'expérience personnelle, libre de toute structure institutionnelle : elle n'a pas de livre sacré et elle est transmise oralement. Au fil des ans, je me suis donc intéressé à la psychanalyse, au bouddhisme et au chamanisme, sujets que je développerai plus loin dans ce livre.

J'ai toujours considéré les cheminements intérieurs comme des voies de liberté et non comme des moyens d'accès à des vérités révélées, auxquelles il faudrait adhérer de façon dogmatique : ce serait là une contradiction évidente. La vérité ou le sens ultime est une quête et il importe d'être en route vers elle, et suffisamment vigilant pour y rester sans accepter les échappatoires ni confondre les messagers ou enseignants avec leur message. Il faut toujours observer les maîtres et les considérer comme des guides de montagne capables d'indiquer la voie, que nous pouvons alors suivre ou ne pas suivre. Le but est d'atteindre la liberté intérieure.

*

Les expériences dont j'ai parlé jusqu'à présent furent vécues entre 1983 et 1990 environ, années au cours desquelles l'intérêt pour les traditions orientales commençait à se développer en Occident. Depuis, la situation a beaucoup évolué. Le bouddhisme, par exemple, s'est largement répandu; beaucoup d'enseignements profonds auxquels il était difficile d'avoir accès autrefois sont maintenant largement diffusés. De nombreux grands lamas les transmettent et bon nombre de scientifiques se sont ouverts à la spiritualité.

Durant les années 1980, ma curiosité, mon désir de comprendre ce qui m'arrivait et mon métier de réalisateur de documentaires télévisés m'ont amené à entrer en contact avec beaucoup de réalités différentes et à vivre une foule d'émotions. Les mettre par écrit aujourd'hui me permet de revenir sur les expériences qui sont au cœur de ma vie, de les revisiter avec plus de détachement, sur la base de nombreuses expériences ultérieures. C'est une manière de mettre de l'ordre dans ma vie, de redécouvrir le fil rouge qui la sous-tend, le chemin intérieur que nous devons trouver et suivre pour donner un vrai sens à notre existence. Ce n'est évidemment pas un exposé aux vertus explicatives définitives – ce qui, de par sa nature même, est impossible. Ces expériences ne sont que des éléments d'une grande mosaïque.

Je voudrais conclure ce chapitre en citant Albert Einstein :

> *La réalité n'est qu'une illusion, bien que très persistante. Un être humain est une partie d'un tout que nous appelons « Univers », une partie délimitée dans le temps et l'espace. Par une sorte d'illusion d'optique de sa conscience, l'humain se sent lui-même, avec ses pensées et ses sentiments, comme séparé du reste. Cette illusion est une sorte de prison pour nous, qui nous restreint à nos désirs personnels et à notre affection envers quelques proches. Notre tâche consiste à nous affranchir de cette prison en élargissant notre cercle de compassion pour y inclure toutes les créatures vivantes et toute la nature dans sa beauté.*

CHAPITRE 2

Flash-back

À ce stade, il me paraît utile d'en dire un peu plus sur moi et sur mon passé.

La spiritualité occupa toujours une place importante dans ma vie. Je me souviens avoir fréquenté l'Église catholique comme la plupart des enfants de mon village, dans le sud de la Suisse ; j'y chantais dans la chorale et je jouais au football sur son parvis.

Je pensais que le prêtre me présenterait vraiment Dieu et je garde toujours en mémoire la déception et l'ennui que j'éprouvais en écoutant les sermons et le catéchisme. Il y avait si peu de chaleur et tellement de notions et de règles. Je ne ressentais aucune joie, mais un sentiment croissant de frustration. J'avais l'impression de devoir assumer un rôle et abandonner ma spontanéité. Aujourd'hui, je dirais que cette forme d'enseignement renforçait le mental et affaiblissait le cœur. C'est ainsi que je m'éloignai de l'Église dès que je pus. Mais mon désir de recherche intérieure ne me quitta jamais.

Je n'oublierai jamais ce dimanche matin où j'étais à la messe avec ma mère. J'avais alors 7 ou 8 ans et je ne comprenais pas le sens du rituel mais, voyant que beaucoup de gens fermaient les yeux, concentrés, je fis de même. Et à ma grande surprise, je me retrouvai en haut d'une colonne, en train de regarder l'autel en bas, avec le prêtre et les fidèles. Je vécus cette expérience calmement et avec amusement, me disant que cela devait arriver à tout le monde. Des années plus tard, je découvris que j'avais en fait quitté mon corps.

Ma famille était catholique, mais guère pratiquante. Ma mère allait à la messe le dimanche, et mon père uniquement à Pâques. Il disait qu'il était possible de s'adresser directement à Dieu sans l'intermédiaire des prêtres. Je me souviens encore de lui, le soir, assis à côté de mon lit en train de se recueillir quelques instants. Il me croyait endormi mais, maintes fois, je fermais juste les yeux et me demandais à quoi il pensait.

Je me rappelle aussi ma joie quand il me prenait dans ses bras. Et comment, en grandissant, je pris conscience qu'il n'était pas le géant que j'imaginais, mais juste un homme anxieux, préoccupé par son travail.

L'idée de devoir l'aider s'imposa alors dans mon esprit, jusqu'à devenir étouffante au fil des ans, en particulier au moment de sa maladie et de sa mort. Ma mère contribua aussi fortement à ce sentiment de suffocation, car elle me répétait que ma réussite dans mes études aiderait beaucoup mon père. Je voulais vraiment aider mon père. Je pensais même pouvoir le guérir. Cette pensée d'omnipotence ne relevait pas du possible. Obnubilé comme je l'étais par l'idée que ma réussite aux examens procurerait beaucoup de bonheur à mon père et que cela l'aiderait, ce conflit intérieur me provoqua de fortes migraines et créa des difficultés au cours de mes études universitaires.

Lors du passage à l'âge adulte, en assumant mes propres responsabilités et en acceptant mes propres limites, je compris que, si l'affection entre les êtres peut être une aide, chacun doit toutefois se prendre en charge, cultiver son sentiment intérieur de liberté, percevoir et suivre son propre chemin. Un tel processus d'affinement progressif nous accompagne continuellement, peut-être inconsciemment.

Ma mère avait bon cœur ; elle était gentille et affectueuse avec moi, mais pendant longtemps un voile subtil nous sépara. Je pense qu'il était dû au traumatisme que j'avais vécu à l'âge de 3 ans, lorsque j'avais eu la diphtérie. Le sentiment d'être protégé me faisait profondément défaut. Mais il faut dire que la séparation progressive d'avec la mère est toujours un processus long et complexe, rendu encore plus difficilc par les valeurs sociales dont nous sommes imprégnés.

Parvenir à l'autonomie intérieure, découvrir en nous-mêmes la source capable à elle seule de subvenir à nos besoins, est la condition pour accéder à la maturité. Dans nos échanges avec autrui, nous ne manipulons pas en vue d'acquérir de la puissance, mais nous donnons et nourrissons notre force intérieure. C'est un objectif qui est atteint, ou dont on s'approche, après des années de travail, en s'extrayant de bon nombre de schémas familiaux, sociaux, psychologiques et religieux.

Enfant, je cherchais parfois le réconfort auprès de ma mère. Lorsque j'étais déçu, je me souviens qu'elle me disait que le problème qui me faisait souffrir aujourd'hui deviendrait demain plus petit, puis disparaîtrait. Je me disais alors que ma mère faisait preuve d'indifférence ou de désintérêt. Mais elle avait raison : le problème disparaissait de lui-même. Je ne devais le comprendre que bien plus tard : ma mère me donna ainsi une grande leçon sur l'impermanence.

L'impermanence est un concept essentiel du bouddhisme – dans nos vies, rien n'a une existence permanente en soi, parce que tout est le résultat d'un processus de cause à effet. Tout est assujetti au changement. Ignorer ce fait est source de beaucoup de souffrances, car nous nous attachons à des personnes ou à des choses qui, inévitablement, se transforment ou disparaissent. Nous devons donc apprendre à vivre avec le changement, à vivre la vie comme si nous dansions avec des individus et des choses qui viennent et puis s'en vont.

Il y a quelque temps, une femme me raconta que sa grand-mère, une très vieille paysanne, restait assise toute la journée sur un banc devant sa maison. Elle disait avoir appris à regarder et laisser passer toutes les choses, qu'elles soient bonnes ou mauvaises, sans se laisser emporter par elles, en restant présente à elle-même, sereine, jouissant d'un bonheur calme et durable. Cette femme était une sage.

*

En tant qu'adolescent et jeune adulte, je ne pouvais que partiellement compter sur ma force intérieure et, comme je ne suivais aucun chemin spirituel, je me mis à chercher dans la vie des autres des exemples susceptibles de me servir de modèles. Je me sentais connecté à la nature, certes, et j'étais aussi attiré par l'art - enfant, je peignais beaucoup -, mais ces connexions étaient fragiles, insuffisantes pour nourrir mon cœur. Mes études universitaires avaient fait de moi un matérialiste et j'étais devenu un adepte de la méthode scientifique. Pour moi, seul était vrai ce qui était scientifiquement prouvé. Et j'en souffris beaucoup. Ma recherche du sens profond des choses était vouée à l'échec. La science ne pouvait pas apporter les réponses dont j'avais besoin: seul le cœur sait. Mais comment l'écouter?

Convaincu que cela m'aiderait à comprendre le fonctionnement de la société et des relations entre les individus, j'avais étudié l'économie et les sciences sociales à l'Université de Berne. Quelle déception en découvrant que la base du modèle économique enseigné à l'époque - et c'est toujours le cas - était le triomphe de l'égoïsme sur la solidarité et l'ouverture aux autres. Je suivis également des cours de psychologie. Le modèle de référence était le comportementalisme, basé sur la loi du stimulus et de la réaction, sans analyse ni sentiment. Je m'intéressai aussi à la sociologie, présentai un projet de fin d'études en ce domaine et obtins un diplôme en économie et en sciences sociales. Le modèle sociologique en question était le fonctionnalisme - la société en tant que trame de rôles prescrits, constitués de comportements répétitifs.

Mais dans tout cela, où se cachait la personne vivante, celle qui lutte, qui se sent libre, qui aime? L'être humain de ces modèles-là était une sorte de robot sans âme, égoïste, docile et aliéné. Il était forgé pour se plier au besoin des modèles scientifiques. Et malheureusement, il avait souvent remplacé la vraie personne humaine.

Si les études universitaires m'apprirent beaucoup, c'est principalement dû au difficile et douloureux processus consistant à réfuter ce qu'on m'enseignait. La vie ne pouvait pas se réduire à cela ; il devait y avoir autre chose. Il me fallait chercher. Mais où ? Durant quelques mois, j'interrompis mes études et partis travailler dans l'industrie pharmaceutique. J'effectuai d'abord un stage en entreprise, dans différents services, dont celui chargé de l'exportation, puis travaillai à l'Office fédéral de la statistique. Ce furent des expériences utiles qui me permirent de découvrir de l'intérieur le monde du travail et de comprendre comment fonctionnent les organisations.

Très vite, je compris que les réponses à mes interrogations concernant la vie, ces réponses si difficiles à trouver, résidaient en moi. Mais quel était leur chemin d'accès ? Quels étaient les outils ? Où trouver les moyens de s'orienter pour ce voyage ? Quand je m'observais intérieurement, je ne trouvais guère de réconfort. Je me sentais étouffé, en cage. Une grande tension s'accumulait en moi.

Ces années-là coïncidaient aussi avec les graves problèmes de santé de mon père, qui allaient être la cause de sa mort. Mon besoin de sortir du moule, de trouver un nouveau mode de vie, impliquait également de desserrer l'emprise des liens familiaux et de pouvoir me sentir indépendant de mon père et de ma mère.

La tension que je ressentais se traduisait dans mon corps par de forts maux de tête que j'attribuais au départ à une cause organique. Un médecin m'expliqua qu'ils étaient l'expression de ma colère intérieure et me conseilla quelques séances de psychothérapie. Je suivis son conseil.

En entreprenant cette démarche d'introspection, je découvris comment des forces, que nous ne connaissons pas et dont nous ne sommes pas conscients, circulent au plus profond de notre être. Je compris que, pour se sentir mieux, plus complet, il faut essayer d'intégrer ces énergies et de vivre avec elles : un chemin certes douloureux et difficile, mais fascinant.

Je pris conscience de l'importance des mots, mais aussi de leurs limites. Ils peuvent traduire une émotion, mais l'émotion elle-même a souvent du mal à s'exprimer verbalement. Elles évoluent dans des dimensions qui précèdent les mots et se manifestent à travers le corps. Or, dans cette forme de thérapie, le corps était exclu.

J'appris donc à me souvenir de mes rêves et à les analyser. Je compris l'importance de la relation avec un psychothérapeute et d'un transfert puissamment vécu : dans la relation avec le psychothérapeute, nous reproduisons les modèles relationnels que nous n'avons pas clarifiés et qui nous guident de façon subtile. Je revécus ma relation avec mon père et pus finalement le voir juste comme un homme avec ses problèmes du quotidien. Percevant un lien de réel partage, je ressentis de l'amour pour lui. Cela me permit de développer mon autonomie, mais ce n'était certainement pas une solution définitive ; ça ne pouvait pas l'être. À mesure que les voiles de plus en plus fins se dissipent, on perçoit derrière eux le grand sentiment d'amour qui unit tout. Et la complète unité reste le but à atteindre.

Je garde une profonde reconnaissance pour le Dr Friederich Jaggi de Berne. « Cette psychothérapie, m'avait-il dit en conclusion, s'est transformée en psychanalyse. » Comme je souhaitais en connaître davantage sur la personne qui était ma mère, restée un peu dans l'ombre, et sur ce qui a trait à l'intuition, il me conseilla de poursuivre auprès de son maître, le professeur Ernst Blum de Berne, ce que je fis. Ce professeur Blum avait fait son analyse didactique avec le Dr Sigmund Freud à Vienne !

Au terme de cette période, le professeur Blum me remit un certificat précisant que mon analyse était devenue une analyse didactique, ce qui me permettait de suivre éventuellement tout complément de formation. Les migraines, la colère, le sentiment de désarroi avaient disparu. J'avais progressé, j'étais devenu plus mature et terminais brillamment mes études universitaires.

Tout au long de ces années, j'avais certainement fait des progrès. Je sentais pourtant que l'approche freudienne ne pouvait pas satisfaire mon besoin spirituel, et je me mis donc à étudier certains ouvrages de Jung, en y trouvant une ouverture à la transcendance et aux phénomènes paranormaux qui m'intriguaient.

Chez Jung, le monde intérieur s'élargit ; il n'est plus seulement personnel, mais collectif. Nous sommes tous porteurs d'une connaissance ancestrale qui se manifeste à travers de grandes figures archétypales. Et je me demandais d'où elles provenaient, car nous obtenons parfois des réponses à nos questions les plus pressantes, qui se présentent souvent sous la forme de coïncidences. Je sentais la présence d'une cohérence cachée, d'une intelligence secrète. Qu'est-ce qui régit tout cela ? Il me fallait approfondir ce monde-là, non seulement pour laisser son éclat transparaître à travers les mots lors des séances de psychanalyse, mais également pour y entrer de façon lucide.

Je fis de nombreux rêves lucides dans lesquels j'avais conscience de rêver. Pénétrer dans une dimension différente avec des lois différentes et des figures inconnues, sans me laisser emporter, fut un réel défi. J'intégrai profondément le fait qu'une part de nous observe le rêve comme si celui-ci était projeté sur un écran. Je commençai à percevoir que si cela était vrai, la nuit, pour les rêves, c'était aussi le cas pour les évènements vécus durant le jour. Cette découverte suscita de nouvelles interrogations : si « tout est rêve », qu'est-ce que la réalité et qui sommes-nous ? Je rappelle que tout ceci fait référence à une période de ma vie où je ne connaissais pas encore le bouddhisme ni Lama Sherab Gyaltsen Amipa.

À l'époque, je vivais à Berne, dans un foyer pour étudiants inscrits dans diverses universités. Un soir, un ami qui étudiait la médecine me proposa, ainsi qu'à deux autres personnes, de fumer une substance qui nous permettrait de faire un voyage intérieur. C'était dans les années 1960, mais je n'avais jamais eu d'expériences similaires auparavant et ne connaissais pratiquement rien en ce domaine. Ce fut ma première et unique fois. Presque immédiatement, de nombreuses formes géométriques colorées apparurent. J'étais étonné et fasciné. Ensuite, je vis un très vieux vase en faïence, au col étroit. J'eus l'impression de marcher sur son bord, de regarder à l'intérieur du vase, puis de m'y retrouver au fond, sur un sol en terre battue. Il y avait des bâtiments plutôt bas. Tout était recouvert d'une fine poussière sûrement ancienne. Une route passait sous une arche, au-delà de laquelle il y avait un parc.

Je me dirigeai vers l'arche. Sur ma droite, assise sur un rocher, se trouvait une très grande femme. Elle ressemblait à une déesse païenne de la fertilité, avec de gros seins et fesses. Tandis que je l'observais, elle commença à se transformer en animal, en truie, tout en me regardant avec détachement. Je n'éprouvai aucune peur, mais de la stupéfaction. Ma vision se termina ainsi.

J'ignorais ce qu'elle pouvait signifier. J'aurais bien sûr pu trouver dans des livres quelques suggestions d'interprétation, mais cela me paraissait trop mental. Je pensais qu'il valait mieux me fier à mon intuition, ma lecture subjective, puisqu'elle reflétait ma vie. Mais mon esprit scientifique s'opposa à l'emploi de cette méthode. D'ailleurs, tout cela n'était-il pas dû à l'effet hallucinogène ?

Et quelle cohérence pouvait bien avoir cette scène ? Cette femme n'était-elle qu'une image dépourvue de vie ou un être vivant, provenant peut-être d'un lointain passé ? Si c'était le cas, la barrière spatiotemporelle aurait été franchie ! Peut-être aurais-je pu communiquer avec cette inconnue, lui demander qui elle était et ce qu'elle voulait ? Ces questions qui jaillissaient dans mon esprit me fascinaient, révélant des abysses qu'en dépit de ma fascination, je tentais souvent de repousser parce qu'ils m'inquiétaient. Je parlai de cette expérience avec des amis et même avec le professeur Blum. Mais aucun n'eut de réponses susceptibles de m'aider.

*

Quelques semaines plus tard, un évènement allait changer ma vie. Je n'exagère pas. C'était une fin d'après-midi, j'étais dans ma chambre. Je regardais ma table de travail dans la pénombre et vis soudain un grand hibou en train de m'observer, calme, amical, les yeux écarquillés. J'eus beau fermer mes propres yeux puis les rouvrir, l'oiseau était toujours là, posé sur le bureau. Il bougeait un peu, son regard aussi : il étant vivant, oui, bien vivant ! Ce n'était pas du tout comme l'image d'un film : je voyais clairement un hibou.

J'eus le sentiment d'avoir pénétré un grand secret. Le hibou était réel. Mais il appartenait à une autre dimension, dans laquelle j'étais entré, pleinement conscient ; une dimension semblable à celle que j'avais connue dans les rêves lucides. Je me souviens de l'intense sensation de calme et de sécurité ressentie physiquement. Le hibou m'avait transmis cette énergie. Donc, avais-je alors conclu, les visions, les intuitions et certains rêves proviennent de dimensions profondes que nous percevons à travers notre être et avec lesquelles il est possible de communiquer en entrant dans un état particulier de conscience apaisée, comme ce fut le cas en cette fin d'après-midi.

Pendant des années, je ne parlai à personne de cette expérience. Je ne savais pas à qui faire confiance. On ne m'aurait pas cru ou, pire, on m'aurait pris pour un psychotique. Une large part de mes explorations ultérieures furent en fait des tentatives, dans des directions nombreuses et variées, de trouver une réponse à cette expérience. Aujourd'hui, après tant d'années, je synthétise dans ces pages toutes ces démarches. Je pense avoir trouvé une réponse qui donne un sens profond à mes expériences.

Je souhaite maintenant anticiper sur un thème que je développerai plus tard. Dans le chamanisme, la chouette ou le hibou se présente au chamane dans ses voyages, comme un animal de pouvoir et lui apporte son aide. Chez les Indiens d'Amérique du Nord, le hibou est vénéré parce qu'il nous permet de voir dans la nuit de l'âme, dans les profondeurs psychiques, et de redécouvrir la lumière de la sagesse.

Comme je l'ai déjà mentionné, le chamanisme est le chemin spirituel le plus ancien; présent dans la plupart des cultures, il est à la base de nombreuses traditions religieuses majeures. Dans ma vision, je n'étais donc pas seul; j'avais reçu un grand cadeau, une initiation aux dimensions cachées de l'âme. C'était un signe d'une lumière intérieure. Dans un chapitre ultérieur, il sera plus largement question du chamanisme.

*

Une fois terminées mes études à Berne, on me proposa de devenir conseiller fiscal pour un important cabinet d'avocats à Lugano. Comme ce n'était pas ma voie, je refusai. Grâce à mon analyste, le professeur Blum, l'opportunité de faire partie d'une équipe de recherche en sociologie médicale à l'Institut Max-Planck de Francfort fut envisagée. Mais comme, pour ce recrutement, la priorité était donnée aux chercheurs allemands, ce rêve s'évanouit.

C'est à Lugano que je trouvai finalement un emploi qui semblait correspondre à mes centres d'intérêt. Dans le canton du Tessin, je pus travailler dans le domaine de la sociologie de la médecine, en participant à la réforme de la structure psychiatrique destinée aux mineurs. Une partie de mon activité consistait en des entretiens d'accompagnement psychothérapeutique avec des jeunes, sous la supervision du psychiatre en chef. Mais assez vite, je compris que ce n'était pas le bon poste pour moi. Les pressions politiques concernant la recherche en sociologie étaient trop fortes et me perturbaient beaucoup ; on semblait oublier que le but était d'aider des personnes en souffrance à aller mieux, et non pas de promouvoir tel ou tel service. L'écoute psychothérapeutique se heurta bien vite à mon besoin d'être dynamique, de construire, de produire quelque chose par moi-même - besoin dont je n'avais pas conscience auparavant et qui commençait à se manifester de façon de plus en plus intense. En outre, l'ambiance au travail était fortement affectée par les tensions politiques de l'époque, dont le point de convergence était devenu l'affrontement entre psychiatrie et antipsychiatrie. La décision ne fut pas facile, mais je partis.

Heureusement, le hasard voulut que le fondateur de la télévision suisse de langue italienne, Franco Marazzi cherche un assistant. J'avais également étudié la sociologie de la communication de masse. Nous étions en 1972 et la télévision suisse était encore jeune et dynamique. Elle produisait un journal d'information, du théâtre, des documentaires, des films, et elle avait un orchestre. C'était un monde plein de vie. J'y fus embauché.

Au début, je travaillai aux côtés du directeur, un homme plein d'initiatives et d'une grande humanité, pour qui j'avais beaucoup d'estime et d'affection. Puis, je m'investis dans le journalisme télévisuel et devins réalisateur et producteur. Pour moi, ce ne fut jamais un travail mais plutôt une occasion extraordinaire d'approfondir mes centres d'intérêt avec enthousiasme, tout en répondant à ceux du public.

Je réalisai beaucoup de documentaires sur des sujets divers, notamment des thèmes en lien avec la parapsychologie, la spiritualité et l'histoire. Je traçai le portrait de nombreux grands philosophes, écrivains, artistes et scientifiques. Ce fut une longue période heureuse et affairée. Je voyageais beaucoup, explorais de nombreux sujets fascinants et rencontrais une foule de gens formidables. Chaque sujet, chaque documentaire était une découverte. Je ne vais cependant pas détailler toutes ces expériences mais juste évoquer ce qui permet au lecteur de suivre le fil rouge de ma vie – ma quête de sens, mon chemin spirituel.

À 60 ans, je cessai de travailler à plein temps et pris ma retraite, même si un contrat à temps partiel avec la Société suisse de télévision perdura pendant les cinq années qui suivirent. Depuis, j'ai une activité en free-lance, consistant en particulier à produire des DVD portant sur la spiritualité. Je consacre mon temps à l'étude des domaines qui m'intéressent. Je lis, je voyage, je prends part à des séminaires et congrès. Je suis marié, j'ai deux enfants et trois petits-enfants. Je suis un homme chanceux.

CHAPITRE 3

Rencontres

En 1983, peu de temps après avoir fait la connaissance de Lama Sherab et eu une vision, j'assistai au deuxième Congrès mondial de l'ITA, Association transpersonnelle internationale, à Davos. La psychologie transpersonnelle traite d'expériences qui, dépassant le cadre de celles purement personnelles, reflètent une réalité collective dont parlent les grandes traditions spirituelles. Outre la psychologie analytique de Jung, les expériences psychédéliques et celles extrasensorielles, elle intègre aussi d'autres processus.

Je me rendis à Davos dans l'espoir d'obtenir des éléments de réponse à mes questions et d'accroître ma compréhension. Pour moi, une porte s'ouvrit là-bas, révélant de fascinants territoires que, depuis, je ne cessai jamais d'explorer.

J'écoutai des conférences et pris part à des séminaires animés par des personnalités qui par la suite allaient vite devenir célèbres. Parmi celles-ci, il y avait le Dalaï-Lama, chef du bouddhisme tibétain, qui n'était pas encore prix Nobel de la paix; Marie-Louise von Franz, principale collaboratrice de Jung; Dora Kalff, une psychologue jungienne qui créa la thérapie du jeu de sable; Elisabeth Kübler-Ross, psychiatre et chercheuse qui étudiait la mort et les différentes phases de la fin de vie; Jack Kornfield, enseignant de méditation bouddhiste; Stanislav Grof, psychiatre menant des recherches sur les états modifiés de conscience; Michael Harner, anthropologue et chercheur, étudiant le chamanisme; le père Enomiya-Lassalle, prêtre jésuite et maître zen; Irina Tweedie, enseignante soufie; Claudio Naranjo, psychiatre et chercheur dans le domaine spirituel; Chungliang « Al » Huang, maître taoïste; et tant d'autres.

J'eus la chance de rencontrer personnellement et d'interviewer quelques-unes de ces grandes personnalités, pour un long documentaire télévisé portant sur l'exploration intérieure, un documentaire inspiré par ce congrès. À la suite de ces rencontres, d'autres documentaires et amitiés virent le jour.

En me remémorant ces jours-là et la façon dont je les vécus, je sens croître en moi un grand enthousiasme, le plaisir que j'éprouvais à m'entretenir avec des êtres ayant une profonde connaissance de la dimension intérieure.

Le Dalaï-Lama parla de l'amour et de la compassion en tant que chemin vers l'illumination, vers une vue correcte de la réalité. Il transmit une émotion qui toucha le cœur de toutes les personnes présentes, éveillant directement le sens profond de l'amour. Pour beaucoup de gens, ce fut là une initiation à un espace intérieur oublié.

Jack Kornfield enseigna les rudiments de la méditation Vipassana qui permet d'entrer en contemplation et de développer la vision intérieure. Il parla de son expérience de moine theravada dans les forêts de Birmanie et de son vécu d'enseignant de méditation aux États-Unis. Il insista en particulier sur la nécessité de s'en tenir aux enseignements originaux et de ne pas tomber dans la simplification et l'homogénéisation du courant New Age.

Le père Enomiya-Lassalle expliqua la relation entre la méditation zen et la méditation chrétienne, une confluence qui indiquait clairement la présence d'un territoire commun dans le mysticisme, ce qui pouvait ouvrir la voie à un dialogue interreligieux.

Irina Tweedie développa le thème de l'amour dans le soufisme, en commentant certains poèmes du grand mystique soufi Rumi.

Claudio Naranjo exposa les concepts de base de l'ennéagramme, un modèle de la psyché humaine.

Michael Harner donna selon moi la conférence et le séminaire les plus incroyables. Il parla de ses recherches sur le chamanisme auprès de groupes ethniques amazoniens, mongols, sibériens et nord-américains qui, au-delà de leurs spécificités culturelles, ont une méthodologie commune. Il précisa que le chamanisme est la vision spirituelle la plus ancienne à partir de laquelle les grandes religions étaient nées. Je fus fasciné d'apprendre que le chamanisme est uniquement transmis oralement et qu'il est dépourvu de dogme puisqu'il ne repose que sur une expérience personnelle. Au cours de son séminaire, je vis des Occidentaux vivre de puissantes expériences suscitées par le seul son du tambour de Harner ; certains entrèrent en contact avec des animaux de pouvoir, d'autres avec des maîtres. Parmi ces participants se trouvaient des médecins, des psychiatres et des psychologues avec lesquels je passai un long moment à essayer de comprendre ce qui leur était arrivé. Ils furent surpris par leur expérience qui leur semblait très réelle. Je me promis d'approfondir un jour ma découverte du chamanisme, car je sentais que cela m'aiderait beaucoup. Et il en sera ainsi, comme je l'expliquerai plus tard.

Chungliang Al Huang, maître taoïste, calligraphe et professeur de tai-chi, donna une longue et brillante conférence sur le taoïsme, où danse et calligraphie jouèrent un rôle extraordinaire. Le tai-chi est un art martial interne qui est souvent pratiqué comme une méditation en mouvement. À travers lui, le pratiquant essaie de faire un avec toute chose, de se relier aux éléments naturels et de les intégrer dans l'espace du cœur. En calligraphie, le dessin parfait, à l'encre noire, d'un pinceau dansant sur de grandes feuilles de papier blanc exprime cet équilibre intérieur. Cet homme me fascina à tel point que, quelques mois plus tard, je réalisai un long documentaire sur lui. Il y a quelques années, je pus l'accompagner dans un grand voyage en Chine et filmer sa recherche quant à sa famille d'origine et les racines du taoïsme. Ce fut un périple très créatif.

Elisabeth Kübler-Ross, que j'avais connue lors de la réalisation de mon documentaire, *La Vie après la vie,* parla des expériences de mort imminente. Elles se traduisent entre autres par le fait de voir d'en haut son propre corps allongé sur un lit d'hôpital ; d'entendre tout ce que disent les médecins ; d'être capable, par la seule force de la pensée, de se déplacer, libre de toute limite de temps et d'espace ; d'entrer dans un tunnel sombre au bout duquel

Chungliang Al Huang

des parents et des proches, tous défunts, vous attendent, ainsi qu'une lumière accueillante que certains nomment Dieu; de vivre le douloureux retour dans son corps pour poursuivre ce que l'on a encore à accomplir dans la vie, en s'engageant davantage socialement, tout en n'ayant plus peur de la mort.

Cette rencontre avec Elisabeth, avec qui je m'étais déjà lié d'amitié, fut chaleureuse. Je pus lui parler longuement et ouvertement de mes doutes. Je lui demandai si elle avait eu des preuves incontestables des phénomènes vécus par les personnes réellement en fin de vie ou celles qui avaient ainsi approché la mort. Elle m'expliqua que des individus aveugles de naissance avaient vu les médecins les soigner et les avaient parfaitement décrits à leur retour à la vie, ce que les soignants avaient eux-mêmes confirmé. Elle me parla d'un grave accident de voiture dont les blessés avaient été conduits dans des hôpitaux différents. L'un d'eux avait alors vécu une expérience de mort imminente et été accueilli au bout du tunnel uniquement par les personnes décédées dans l'accident, alors qu'il ne pouvait pas savoir qu'elles étaient mortes.

À l'époque, en 1983, l'étude des expériences de mort imminente était encore relativement nouvelle. Aujourd'hui, le phénomène est bien connu et documenté. Lors du congrès de Davos, Elisabeth me confia qu'elle avait des facultés médiumniques lui permettant de voir les morts et de communiquer avec eux. Elle m'en fit la démonstration dans sa chambre d'hôtel.

Plus tard, j'eus l'occasion de l'interviewer à plusieurs reprises et de réaliser des documentaires. Je l'interrogeai notamment sur les étapes de la mort et l'accompagnai au chevet d'une femme mourante, ce qui donna lieu à un documentaire important, intitulé *Silvia*.

Silvia, éducatrice auprès de personnes handicapées, souffrait d'un cancer. Elisabeth et elle parlèrent de la maladie, de la douleur, de l'espoir, des relations avec les médecins, et de la mort. Les propos d'Elisabeth ne relevaient pas d'une simple conversation réconfortante. Le dialogue entre les deux femmes fut intime, vrai, parfois cru : il mobilisa les forces vitales de Silvia, la faisant passer d'une sombre résignation à une meilleure acceptation. Assister à cet entretien fut pour moi un véritable cadeau : l'émotion de ces précieux instants reste aujourd'hui encore aussi vive qu'à l'époque.

Un jour, je rendis visite à Elisabeth Kübler-Ross dans son ranch aux États-Unis, pour l'interviewer au sujet des personnes atteintes du sida, une maladie dont on commençait à peine à parler. Elle me montra fièrement le grand bâtiment en bois qu'elle avait construit pour accueillir les orphelins de parents morts du sida. Malheureusement, certaines personnes des villages environnants, craignant à tort la propagation du sida, allaient par la suite mettre le feu au bâtiment et le détruire totalement. Pour Elisabeth, ce fut une immense douleur qui la marqua profondément.

Elisabeth Kübler-Ross était une femme déterminée, courageuse et bonne qui comptait mère Teresa de Calcutta parmi ses amies. Son amitié fut un honneur pour moi et, chaque fois qu'elle venait à Lugano pour rendre visite à ses enfants qui y étudiaient dans un collège, je l'invitais chez moi pour manger du risotto aux champignons, un plat qu'elle aimait particulièrement.

Elisabeth Kübler-Ross avec l'auteur

Autre rencontre à Davos : le psychiatre Stanislav Grof. À Budapest, il avait mené de nombreuses expériences sur des personnes souffrant de psychose en traitant leur maladie à l'aide du LSD, une substance psychédélique, pour essayer de les aider à surmonter leurs blocages ; il avait également administré cette même substance à des patients atteints de cancer pour soulager leur douleur et atténuer leur peur de la mort. Émigrant aux États-Unis, il dut renoncer à l'utilisation du LSD qui, devenu une drogue largement consommée, avait fini par être interdit. En guise de substitution, il eut recours à la respiration accélérée - appelée respiration holotropique - et à des interventions sur le corps destinées à dissiper les tensions ; il parvint ainsi à des résultats similaires à ceux obtenus avec les substances psychédéliques.

Comme cela avait déjà été le cas à Budapest, Grof constata que ses patients faisaient des voyages intérieurs au cours desquels ils revivaient non seulement des situations de leur vie mais aussi des expériences vécues dans un passé lointain, dans d'autres cultures ou d'autres dimensions. Il comprit également l'importance qu'avaient la vie intra-utérine et l'accouchement dans la personnalité du patient. Sur la base de ces expériences avec des personnes malades, il affirma que de nombreuses crises existentielles étaient l'expression de transformations spirituelles et qu'il ne fallait en aucun cas les bloquer.

À Davos, il donna une conférence et anima un séminaire expérimental. J'interviewai plusieurs participants et certaines des expériences qu'ils y vécurent me rappelèrent les miennes.

Ayant invité Stan Grof à déjeuner pour préparer une interview télévisée, je lui racontai mes expériences auprès de Lama Sherab. Il fut très intéressé et me parla de vécus similaires, tout en me donnant quelques suggestions d'interprétation. En souriant, il me conseilla de ne pas parler de mes expériences à des psychiatres, car ils les auraient interprétées comme des crises psychotiques !

Lors des discours officiels de ce congrès, après les mots du président de l'ITA, Marie-Louise von Franz, la célèbre psychanalyste jungienne de Zurich et principale collaboratrice de Jung, prit la parole.

Elle parla de Nicolas de Flüe, saint suisse sur qui elle avait mené de très complètes recherches. Ce saint eut de nombreuses visions qu'il raconta à son confesseur qui lui-même les transcrivit. Ce témoignage est à présent conservé dans les archives de Sarnen, en Suisse. Marie-Louise von Franz étudia ce texte et en déroula le fil rouge sous-tendant la vie de saint Nicolas, de sa naissance jusqu'à sa mort. Ce fil rouge était le processus d'individuation qui permit à cet homme de trouver l'unité avec Dieu, à travers de nombreuses épreuves, doutes et souffrances.

Je ne savais pas grand-chose de ce saint et l'exposé de Marie-Louise von Franz m'enthousiasma. En allant lui faire mes compliments, je lui dis spontanément : « Il n'est pas nécessaire d'aller dans l'Himalaya – nous avons nous aussi un gourou. Pourquoi ne réaliserions-nous pas un documentaire sur Nicholas ? »

Elle me regarda et répondit immédiatement : « Venez ce soir au bar de mon hôtel, et nous en parlerons. » C'est seulement à ce moment-là que je pris conscience de ce que j'avais initié, du défi qui m'attendait. Mais j'en fus heureux. Ce soir-là, j'expliquai à cette chercheuse la forme que

L'auteur avec Stan Grof

Marie-Louise von Franz

pourrait prendre le documentaire. Le lendemain matin – nous étions dans le même hôtel –, dès qu'elle me vit, elle me confia qu'elle en avait déjà préparé « le livret », c'est-à-dire le scénario.

Dans les mois qui suivirent, je me rendis plusieurs fois dans son cabinet à Küssnacht, pour qu'elle puisse me faire part de certaines interprétations qu'elle avait des visions du saint, et pour préparer le tournage que je ferais par la suite dans les lieux où saint Nicolas de Flüe avait vécu ; nous mettrions en scène ses visions avec une troupe de théâtre locale.

Marie-Louise von Franz était une femme d'une grande culture, mais elle savait s'exprimer avec simplicité et sans aucun jugement, avec une ouverture d'esprit et une fraîcheur que j'avais rarement rencontrées.

En lui exposant mon interprétation de certaines visions du saint, j'en vins à lui parler de moi. De lointains souvenirs ressurgirent et j'eus de nouvelles intuitions. Je me sentais vivant, je me sentais bien. Je lui narrai ma rencontre avec Lama Sherab. Elle écouta attentivement, puis avec un sourire, presque en chuchotant, elle me dit : « Il vous a ouvert le cœur ; il vous a fait un grand cadeau. »

J'étais donc sur la bonne voie – sur mon chemin vers l'individuation, à la recherche de ma source intérieure. C'était à moi de le parcourir, pas à pas, à l'écoute de mon intuition. Cette prise de conscience renforça encore plus ma motivation.

Au terme de sa longue quête, Nicolas eut une vision de la source. Marie-Louise von Franz fit le commentaire suivant : « Nicolas, dans la solitude, a essayé d'accéder au cœur même de l'âme. Il a atteint son but, il s'est réconcilié.

Dans la vision, nous avons le sens de la source. C'est la source de la vie. Dans la tradition chrétienne, elle est aussi le symbole de Dieu, du Christ. Le Christ est la roche d'où jaillit l'eau, l'eau de la sagesse, ou eau de la connaissance. »

Puis elle ajouta : « On pourrait dire que, sous le processus historique de la société et des nations qui disparaissent dans la poussière, se meut un autre courant de devenir - un très lent processus de prise de conscience de l'humanité, qui prend place au fil des siècles. Les personnages importants de l'Histoire sont ceux qui contribuent à cette prise de conscience. Nicolas a sa place dans l'Histoire de ce processus sous-jacent et continu de développement de la conscience ; il a fait progresser le flambeau de l'humanité. »

Saint Nicolas de Flüe accomplit des miracles au cours de sa vie et même après sa mort, comme en atteste la guérison d'une femme paralysée depuis l'enfance, que j'interrogeai. Je demandai à Marie-Louise von Franz ce qu'elle en pensait. Elle m'affirma que, pour elle, c'était possible mais que chacun avait le droit de penser ce qu'il voulait. Selon elle, l'âme de Nicolas était toujours présente et agissait dans le monde.

Je lui fis part alors d'une chose très étrange qui m'était arrivée pendant le tournage du documentaire. Au moment d'établir ma note de frais dans ma chambre d'hôtel, je m'étais soudain aperçu que je n'avais plus mon portefeuille. Je l'avais donc cherché partout et demandé à la direction de l'hôtel si quelqu'un l'avait trouvé. J'étais pourtant certain de l'avoir toujours emporté avec moi. J'avais alors entendu une voix très basse me disant, d'un ton déçu et dans un dialecte allemand que je pouvais à peine comprendre, que j'étais un beau filou. Comprenant immé-

Saint Nicolas de Flüe (1417-1487)

diatement que je venais de faire une erreur, j'en avais été comme foudroyé. J'avais en fait perdu un reçu et reporté le même montant dans ma note de frais sous un autre intitulé. Une fois conscient de cette maladresse, j'avais tout de suite retrouvé mon portefeuille dans ma veste !

Incrédule, je me demandai donc si c'était Nicolas qui m'avait ainsi réprimandé et soustrait pour un instant mon portefeuille. Marie-Louise von Franz me dit que c'était tout à fait possible. Elle ajouta également que mon erreur était vénielle, ce qui m'apaisa. Je me vois encore très embarrassé, secouant la tête d'incrédulité.

Quelque temps plus tard, je rencontrai Silvia Wallimann, une femme voyante et visionnaire, qui habitait dans la région où avait vécu saint Nicolas de Flüe. Profondément spirituelle, elle était l'auteur de plusieurs livres importants traitant de ses expériences. Elle me confia que, dans ses prières, elle sentait la présence du saint et qu'elle écoutait ses conseils ; saint Nicolas de Flüe errait donc encore parmi ces belles montagnes.

Je me vois maintenant dans l'obligation de décrire l'incroyable vision que j'eus le dernier jour du congrès de Davos. Cet après-midi-là, j'étais très fatigué et m'étais allongé pour me reposer un peu. Je pensais aux belles rencontres que j'avais faites et j'en revivais certaines quand, tout à coup, je vis devant moi, comme sur un écran, un grand tableau de l'Annonciation, me rappelant l'œuvre célèbre de Fra Angelico. À la différence près que mon ange annonciateur bougeait et jouait de la harpe ! C'était une musique mélodieuse : chaque note était un fil coloré qui se déplaçait avec grâce dans l'espace.

Il m'est impossible de décrire l'émotion ressentie. L'ange était magnifique ; il avait des traits humains, mais une grâce non humaine. Dès que je me mis à réfléchir à ce que je voyais, la vision disparut. Le mental avait refermé le canal de l'intuition plus profonde, de la présence sans jugement. Pendant un long moment, je restai là allongé, appréciant les traces de cette douce musique. J'avais reçu un incroyable cadeau dont je ne me sentais pas digne.

Sur le moment, je me dis que notre plus important trésor était le cœur et qu'à la base de l'existence régnait une douce harmonie qui ressemblait aux notes jouées par l'ange. Puis je me demandai pour quelle raison l'Annonciation m'était apparue – personne n'y avait fait allusion pendant le congrès. Pourquoi cette vision soudaine ? Bien sûr, je connaissais la fresque, mais je ne l'avais pas vue depuis longtemps.

Peut-être m'annonçait-elle la présence en moi de l'amour inconditionnel de la mère pour son fils, de l'amour le plus pur tel qu'il est représenté dans toutes les grandes traditions spirituelles. Je repensai à mes visions avec Lama Sherab. Les rencontres de Davos m'avaient fait progresser sur la voie.

Des années plus tard, je réalisai un documentaire sur l'ange, sur sa présence souvent oubliée. J'interrogeai des personnes qui avaient vécu des rencontres avec un ange et fus particulièrement frappé par Joa Bolendas (un pseudonyme), une femme âgée qui vivait près de Zurich. Elle avait eu de nombreuses expériences avec des anges, avait écrit des livres sous leur dictée, et les avait représentés en peintures. Humble épouse d'un pasteur évangélique, Joa était une personne modeste qui ne cherchait pas à être célèbre.

Durant notre entretien, elle interrompit notre conversation au bout de quelques instants pour me dire : « Vous avez vu l'ange, je le sens. » Puis elle me sourit. Nous avions goûté la même douceur.

*

Après ce congrès à Davos, je me rendis à Genève pour répondre à l'invitation du Dr Christian Schaller, rencontré et interviewé lors de ce colloque. Il dirigeait un centre de médecine holistique. Nous y eûmes un court entretien, puis il me suggéra de revenir le lendemain matin pour expérimenter un traitement particulier. Une séance axée sur le corps, me dit-il, puisque j'étais très rationnel. Il ne précisa pas davantage, pour que j'évite d'anticiper, ce qui aurait influé sur mon expérience.

Le lendemain matin, je me présentai donc au secrétariat du centre. Une femme d'environ trente-cinq ou quarante ans me demanda de la suivre et nous entrâmes dans une petite pièce. Elle me dit de m'allonger sur un petit lit et de me couvrir les yeux avec un bandana pour que je sois dans une obscurité totale. Elle m'informa qu'elle allait toucher doucement mon corps, que je devrais essayer de m'abandonner à l'expérience quelle qu'elle soit, et que je ne devrais pas parler. C'était la première fois que je me trouvais dans une telle situation et j'éprouvai une certaine crainte.

Avec douceur, elle toucha mon pied droit puis remonta vers le mollet. Un flot d'images tourna en cascade dans mon esprit. Ces images de situations inconnues furent ensuite nourries par le toucher d'autres parties du corps.

Au cours de cette séance, j'eus de nombreuses visions intenses, jusqu'alors totalement inconnues. Je me souvins avoir vécu en tant que guerrier chinois, puis avoir été décapité sur une place publique ; puis de nouveau un chef de guerre tué au combat, et tant d'autres choses encore. Ma dernière expérience fut d'être allongé sur un lit, malade ou peut-être mourant. Un long et énorme serpent noir s'approcha de moi et ondula le long de mon cou et de ma poitrine. Je garde encore en mémoire le tremblement incontrôlable de tous mes muscles. J'étais en proie à la terreur, tout en sachant que rien ne m'arriverait. Ne venais-je pas de revivre après avoir été décapité ?

Une fois la séance terminée, la femme quitta la pièce en me disant que nous déjeunerions avec d'autres guides du centre. Pendant un long moment, je restai allongé et lorsque j'ôtai le bandana, il me fut impossible de focaliser mon regard. J'étais dans la confusion. Qu'étaient donc ces images de moi, dans des situations et époques différentes ? Et mes morts successives ? C'était la première fois que j'avais des visions de ma mort. S'agissait-il de mes vies antérieures ? Étais-je mort plusieurs fois avant de naître à nouveau ?

J'avais certes lu beaucoup de choses au sujet de la mort mais, cette fois, je m'étais vu et senti mourir. Qu'est-ce que la réalité que nous percevons ? Et qu'était cet énorme serpent qui m'avait effrayé ? Je n'en avais aucune idée.

Des années après, quand je me rendis au centre bouddhiste de Pomaia pour rendre hommage au lama résident qui venait de décéder, je vis un gros serpent quitter son corps. Mais ce n'est que bien plus tard, grâce au chamanisme, que je pus vivre de nouveau cette rencontre avec le serpent et en comprendre sans crainte la signification.

Au moment du repas, je m'assis donc à côté de ma guide et lui demandai ce qui m'était arrivé. Elle me répondit seulement que notre corps est comme une grande mémoire où sont stockées les expériences du passé – des expériences qu'avec le temps, nous devrions comprendre et intégrer. Cette réponse me parut alors mystérieuse, prophétique, mais aussi passionnante car elle m'ouvrait de nouvelles portes.

Qu'est-ce que le corps et comment le percevons-nous ? S'il est porteur de souvenirs, cela veut dire qu'en les libérant nous contribuons à un meilleur déroulement de notre vie. Mais que signifie les libérer ? Que signifie se sentir libre ? Puisque tout se manifeste dans notre conscience, cela veut dire avoir une conscience plus claire, non conditionnée par le corps. Et si tel est le cas, la conscience ne meurt pas, même quand le corps disparaît. Ce sont là de grandes questions qui devinrent pour moi le fil conducteur de ma vie.

Dès mon retour de Genève, je voulus savoir si des recherches avaient été menées sur les mémoires du corps. Rapidement, je découvris le nom de Giuseppe Calligaris, un médecin italien né en 1876 et mort en 1944. Il avait fait de très intéressantes observations en stimulant différentes parties du corps, en le touchant légèrement à l'aide d'une petite tige en métal. Dans son livre *Les Chaînes linéaires du corps et de l'esprit,* il explique que la peau du corps humain est dotée d'un réseau de lignes et de points qui sont en lien avec les parties conscientes et subconscientes de l'esprit. Il y fait mention de divers types de souvenirs et d'expériences de perception extrasensorielle. Ayant observé la manifestation de signes cutanés en réponse à une stimulation, il utilisa ces découvertes dans le domaine thérapeutique. Il comprit que la peau est la frontière entre le corps physique et les corps subtils, entre le monde matériel et celui spirituel. Calligaris avait développé ce que la femme de Genève avait pratiqué sur moi lors de ma séance avec elle. Le monde scientifique de l'époque avait toutefois rejeté ces découvertes.

Fasciné par Giuseppe Calligaris, j'eus l'idée de lui consacrer un documentaire. Je me rendis à Udine, en Italie, pour visiter la maison où il avait vécu, mais il ne restait pratiquement aucune trace de sa présence passée. Même ses livres étaient épuisés depuis des années. Quelqu'un à Milan m'en fit une photocopie. Depuis peu, certains de ses ouvrages sont de nouveau disponibles, notamment en italien. Le destin de cet homme est étrange. Je crois que Calligaris fait partie de ces scientifiques controversés, tels que Nikola Tesla, Wilhelm Reich et d'autres, à qui l'on fit payer cher leurs recherches.

*

Mes pensées se tournent à présent vers quelques grandes autres personnalités que j'eus l'occasion de rencontrer et qui touchèrent mon cœur et contribuèrent à mon cheminement.

Je pense immédiatement à Erich Fromm, le célèbre psychanalyste qui passa les dernières années de sa vie à Muralto en Suisse, près de Lugano où je vis, et qui mourut en 1980. Ma première rencontre fut d'ordre privé : j'étais venu lui demander conseil sur la façon dont je pouvais structurer ma vie intérieure et sur les livres auxquels me référer. Fromm se montra plutôt froid au premier abord. Mais quand je lui eus exposé le but de ma visite, il devint très aimable, presque paternel. Il me recommanda la lecture des *Questions du roi Milinda,* un texte ancien bouddhiste, dans lequel un roi interroge un moine sur les questions fondamentales de l'existence.

Ce fut ce conseil qui, selon moi, suscita mon intérêt pour le bouddhisme et m'amena par la suite à rencontrer Lama Sherab. Fromm me confia que le bouddhisme était la voie spirituelle dont il se sentait le plus proche, malgré de grandes différences culturelles.

Je revins un jour chez Fromm en compagnie de Roberto Rossellini, célèbre réalisateur, qui voulait lui demander de participer avec d'autres grands penseurs à une importante réunion : il s'agissait de préparer un manifeste à adresser au monde, indiquant les valeurs primordiales qui contribueraient à sauver la planète de la catastrophe. Ce fut une rencontre mémorable qui malheureusement tourna court lorsque Rossellini dit qu'il y inviterait également Herbert Marcuse, le penseur dont les idées influencèrent fortement les mouvements estudiantins de 1968. Fromm rétorqua que Marcuse ne souhaitait pas l'émancipation de l'humanité mais son maintien dans un état infantile de dépendance. J'appréciai la fermeté et, en même temps, la gentillesse avec laquelle Fromm conclut cet entretien avec Rossellini.

En 1980, j'interviewai longuement Erich Fromm sur sa vie et sa pensée. Il mourut quelques semaines plus tard, et cette conversation devint une sorte de testament de sa part.

Fromm me décrivit la situation de l'humanité contemporaine et indiqua les voies à suivre. Il expliqua que

Erich Fromm et sa femme, avec l'auteur

l'homme vit selon le principe de l'avoir et non de l'être : non pas selon son cœur mais comme un païen qui adore l'argent et le pouvoir, même s'il va à l'église le dimanche et parle de démocratie et de justice. Les êtres humains aspirent, il est vrai, à la liberté, mais ils en ont peur parce que cela signifie prendre des responsabilités, cela signifie choisir – et c'est précisément cela que nous craignons. Fromm déclara que l'humanité courait vers l'abîme d'un holocauste nucléaire et qu'elle en était responsable ; que c'était aux humains de prendre leur destin en main.

Pour lui, la valeur la plus élevée, c'est-à-dire le message le plus sublime des grandes traditions spirituelles, était l'amour inconditionnel. « L'amour n'a pas de limites, me dit-il. Comme il est écrit dans le *Cantique des cantiques*, "Les grandes eaux ne pourront éteindre l'amour". »

À propos de la religion, il fit le commentaire suivant : « La religion n'est rien. La vie religieuse est tout. Ce que j'entends par vivre religieusement, c'est ce que les prophètes ont enseigné, ce que Jésus a enseigné : faire ce qui est juste, dire la vérité, aimer son prochain. C'est tout. »

Avec très grande clarté et franchise, Fromm répondit ainsi aux questions fondamentales que je me posais depuis l'époque de mes études universitaires ; il me parla de la vision que les prophètes avaient d'un monde juste, de la liberté, de la responsabilité et de l'amour. Les entretiens que j'eus avec lui furent un baume pour mon âme.

*

Des années plus tard, je passai quelques jours auprès d'Eugène Ionesco, le célèbre dramaturge.

Il m'emmena dans son abîme, dans le désespoir de son âme. Ce fut un voyage difficile mais important, de par sa nature radicale. Il me poussa à affronter les ténèbres qui étaient en moi. Impossible de m'évader : je dus marcher à ses côtés dans l'abîme. Et je lui suis reconnaissant de cette expérience.

Ionesco ressentait une profonde angoisse face à un monde absurde où le sens des choses s'était perdu, à moins qu'elles n'en aient jamais eu. Il s'interrogeait sur la raison du mal, et se demandait si nous n'étions pas victimes d'une plaisanterie diabolique. Il disait que l'être humain est un personnage tragique parce qu'il vit une existence dont il ignore la signification. Ionesco avait toutefois le sentiment qu'en notre for intérieur, il y avait une mystérieuse harmonie à laquelle il essayait de parvenir dans ses œuvres théâtrales, en désarticulant le langage pour la laisser émerger. Il était en quête d'un sens éternel.

Il me parla d'une de ses œuvres, axée sur cette recherche : *Le Roi se meurt*. Ce roi doit abandonner toute chose, tout attachement, en se rapprochant d'un mode d'être intemporel. Ionesco ajouta que nous devrions nous efforcer chaque jour à cela, et ne pas tant adhérer au jeu de la vie.

Il me confia qu'il craignait d'avoir gaspillé inutilement sa vie ; que les personnes qu'il admirait le plus étaient les mystiques et les saints, et qu'il aurait voulu être comme eux.

« J'espère que ce que j'ai fait n'a pas irrité le ciel, me dit-il. Mais je n'en suis pas sûr du tout. Je pense que j'ai perdu mon temps. Mais il y a quand même – je vais dire une banalité, mais les banalités cachent souvent des vérités –, il y a peut-être une consolation consistant à se dire

Eugène Ionesco

que la réalité est irréelle, que tout passe, que tout disparaît et qu'il ne reste plus rien. Voilà pourquoi c'est irréel. Je suis – comme le sont certains, dont mon ami [Mircea] Eliade, mort récemment – à la recherche d'un point fixe et immuable, à la recherche du sacré. Le sacré est l'imputrescible, c'est ce qui est fondamental et qui demeure. Tout le reste disparaît et c'est là notre tristesse peut-être, mais surtout notre consolation. »

La recherche du sacré est un élément essentiel de ma vie.

*

Le thème de l'abîme, du désespoir, me remet en mémoire deux rencontres avec Simon Wiesenthal, grand témoin de l'Holocauste et chasseur de criminels nazis. Il me fit comprendre la nécessité de sombrer dans l'abîme, d'affronter les ombres, pour réémerger, transformé, dans la lumière du soleil. Certains y parviennent, tandis que d'autres sont condamnés à se battre sans relâche contre ces ombres pour ne pas être submergés.

Simon Wiesenthal croyait que les êtres humains sont bons de naissance et que c'est la société qui peut en faire des criminels, en les privant de la liberté de penser, en les forçant au conformisme, comme c'est le cas dans les dictatures de droite ou de gauche. Il croyait en notre capacité de vivre libres, et que cela dépendait de nous.

Dans notre interview télévisée, il déclara qu'il ne combattait pas le nazisme par haine, mais pour ne pas oublier, pour que des tragédies telles que l'Holocauste ne se répètent pas.

Wiesenthal, qui fut déporté au camp de concentration de Mauthausen et en vécut les atrocités, ne sortit jamais de l'intérieur du camp : il continua psychiquement à y être enfermé. Le seul moyen pour lui de ne pas être submergé par l'horreur fut de traquer les criminels nazis, pour que leur condamnation serve d'avertissement. Wiesenthal affirmait ne pas éprouver de haine, mais pouvait-il pardonner ?

Après une longue interview, nous dînâmes ensemble dans un restaurant de Lugano, au bord du lac. Il y avait ce soir-là de beaux feux d'artifice et tout le monde était sorti sur la terrasse pour les admirer. Wiesenthal ne les remarqua même pas, il vivait avec ses fantômes.

Je me souviens d'un évènement dramatique qu'il me raconta. Il était prisonnier dans un « lager », un camp de concentration nazi. La journée, portant l'étoile de David au bras, il travaillait à l'hôpital de guerre installé dans le bâtiment qui avait été son école lorsqu'il était petit. Son rôle consistait à nettoyer la salle d'opération.

Un jour, le commandant de l'hôpital allemand lui avait expliqué qu'un militaire nazi de haut grade avait été gravement blessé. Il venait tout juste de revenir du front et, sur le point de mourir, il voulait parler à un Juif. Wiesenthal reçut donc l'ordre d'aller voir cet homme. Il se retrouva seul au chevet d'un jeune commandant nazi qui lui confia qu'avant de mourir, il voulait avouer ses crimes et implorer le pardon des Juifs. Il parla d'un massacre au cours duquel des centaines de personnes non armées avaient été brûlées vives. Wiesenthal était pétrifié ; incapable de prononcer une seule parole, il repartit avec, je suppose, une insupportable douleur dans la poitrine.

Simon Wiesenthal

Il faut selon moi avoir un cœur extraordinaire pour pouvoir être témoin de drames aussi dévastateurs et savoir pardonner. C'est pourtant le seul moyen d'en sortir.

Quelque temps plus tard, répondant à son invitation, j'allai lui rendre visite à Vienne, au Centre de documentation juive. Garde armé dans la rue devant l'immeuble, garde armé sur le palier devant la porte du centre, œil d'une caméra de contrôle – j'éprouvai une désagréable sensation de danger, d'étouffement.

Les locaux du centre se résumaient à un appartement nu, avec de grandes étagères le long des murs, débordant de boîtes pleines de documents. Une collaboratrice vêtue d'une longue blouse noire tapait à la machine dans une pièce sans ornement.

Wiesenthal me reçut très gentiment et me proposa de m'asseoir dans son bureau. Après quelques mots d'introduction, il me dit qu'il venait d'avoir une longue conversation avec une femme âgée qui lui avait parlé de sa déportation et de la mort de ses proches.

Wiesenthal avait ce regard lointain et triste que je lui connaissais et qui m'émut. Il était dans son lager intérieur. Dans ce même fauteuil où j'étais assis, se trouvait quelques instants auparavant une femme plongée dans la douleur, qui avait subi un traumatisme que je ne pouvais même pas imaginer. Je me sentis comme un intrus, comme si j'écoutais des choses très intimes et interdites. Je pris congé assez vite et je me souviens que la sensation de froid et de désespoir me glaça longtemps les os.

Un souvenir de cet homme ne me quittera jamais. Alors que je m'en allais, Wiesenthal me dit sur le pas de la porte : « Nous avons connu les horreurs de la Seconde

Guerre mondiale. J'espère que le monde ne devra jamais connaître les horreurs d'une grande guerre atomique. »

Peu de temps après, je réalisai un long documentaire sur la prolifération nucléaire.

*

Évoquer ce souvenir me rappelle une autre rencontre : celle avec un ancien commandant américain qui entra avec ses soldats dans le camp de concentration de Dachau ; c'était le premier camp libéré par les Américains. Lorsqu'il me raconta ces journées-là, son corps se raidit, sa voix devint dure et ferme. Il me dit avoir senti une odeur insupportable. Quand ils entrèrent, ce qu'ils virent les anéantit. Ils furent accueillis en héros par les prisonniers. Et quand ceux-ci se jetèrent sur leurs bourreaux et les tuèrent, ses soldats et lui se détournèrent, m'avoua-t-il, d'une voix pleine de haine que j'entends encore.

Des années plus tard, j'eus un long entretien, à Lugano, avec Federica Spitzer, une femme juive assez âgée qui avait survécu à l'Holocauste. Elle me parla de ce qu'elle avait vécu. À l'époque, elle était infirmière. La déportation des Juifs avait commencé et ses vieux parents avaient reçu l'ordre de se présenter avec un petit bagage dans un centre de regroupement. De par sa profession, elle-même n'avait pas été appelée à s'y rendre. Mais, bien qu'elle sache ce qui l'attendait, elle y accompagna ses parents et fut déportée avec eux. Ils furent emmenés dans le camp de concentration de Theresienstadt. Ses parents y moururent et elle échappa au crématorium en 1945, ainsi que d'autres déportés, grâce à des bienfaiteurs qui versèrent aux nazis une grosse somme d'argent en échange de leur libération. Durant l'interview, elle me parla du camp de concentration, de son voyage en train vers la Suisse, de son incertitude de pouvoir vraiment parvenir à la liberté.

Quand je lui demandai ce qui l'avait poussée à accompagner ses parents alors qu'elle savait ce qui l'attendait, elle me répondit : « C'était mon devoir. Je ne pouvais pas les abandonner. Agir ainsi était juste. » Ces quelques mots m'émurent aux larmes. J'étais en présence d'une personne qui s'était sacrifiée pour d'autres ; une personne qui avait un cœur pur et qui n'avait pas accepté de compromis. Cela me fit penser à Jésus, mis à mort pour n'avoir pas renoncé à la vérité ultime qui l'habitait.

Ce sont là des rencontres qui nous réconcilient avec nous-mêmes et avec le monde.

Au cours de ma vie, je réalisai de nombreux documentaires historiques pour tenter de comprendre le drame de la guerre, pour comprendre mes vieux souvenirs d'enfance et pour contribuer à éviter la répétition de tant de tragédies.

Je me revois enfant. J'avais 3 ans et nous vivions à Chiasso, en Suisse, non loin de la frontière italienne. Un jour, de nombreux inconnus s'installèrent dans un entrepôt situé en face de notre maison. C'étaient des réfugiés italiens, nous étions en 1943. Ils venaient dans notre jardin, mon domaine de jeux, pour recevoir un bol de soupe ou des vêtements.

Je me souviens des alertes de nuit pour les raids aériens, lorsque les bombardiers des alliés se dirigeaient vers Milan avec leurs charges mortelles. Nous nous réfugions à la cave. Je vivais cela comme une aventure parce que, ces nuits-là, j'étais avec mes parents, mon frère et ma sœur.

Mon père avait accroché dans le salon une carte géographique sur laquelle il plantait des drapeaux pour situer où en était le front des hostilités. Je percevais la peur de mes parents, mais ne comprenais pas les discours et informations qu'ils écoutaient à la radio en nous demandant de nous taire.

Pour comprendre ces lointains souvenirs, je réalisai plusieurs documentaires sur le Tessin – la région italophone du sud de la Suisse – et le fascisme, sur les réfugiés italiens en 1943, sur la Suisse et les Juifs, sur la Suisse et la Seconde Guerre mondiale, sur la Suisse et les possessions des Juifs.

J'essayai de me débarrasser du poids des paroles que Ionesco avait prononcées en faisant référence à l'Histoire : « Un roi est au pouvoir. Il est mauvais, rusé, vicieux, criminel. Un jeune et beau prince, juste et généreux, le tue et prend sa place. Lui aussi devient vicieux et criminel. Un autre prince le détrône alors, prend le pouvoir et devient à son tour... etc., etc. Il semble que, dans l'Histoire, tout ce que l'on a fait a toujours été pire. On a l'impression que l'homme est un animal qui veut apparemment le bien mais qui, inconsciemment, accomplit le mal. Ou qu'il désire vraiment le mal, même s'il n'en a pas conscience. À moins qu'il ne soit que le jouet du diable. »

À l'époque où Ionesco m'avait dit cela, j'avais mûrement réfléchi sur ses paroles amères. Je les cogitai de nouveau en réalisant d'abord un documentaire au Cambodge dans lequel il était question du génocide des Khmers rouges, puis un autre sur la tragédie du Tibet : des pages tragiques de l'Histoire récente.

Se désespérer ne sert à rien. Nous ne pouvons pas cesser de lutter pour le bien, car le cœur de l'humanité est bon. Nous ne devons pas arrêter de chercher. Voilà ce que je pense.

Mais dans notre recherche, nous ne devons pas tomber dans le piège du dogmatisme. Il nous faut accepter le fait de ne pas pouvoir connaître la vérité ultime, la vérité certaine. Nous devons toujours être en quête d'elle avec humilité.

*

Aujourd'hui, la tentation est forte de nous appuyer aveuglément sur les connaissances scientifiques. Mais, là encore, ne tombons pas dans le piège du scientisme, comme je l'ai déjà dit.

Je me souviens de ce que le célèbre philosophe Karl Popper m'affirma lors d'une interview portant sur la vérité et la science : « La certitude n'existe pas ! La certitude ne peut pas être le but de la science. La vérité, oui ; pas la certitude... On ne peut jamais prouver la validité d'une hypothèsc. Unc hypothèse reste toujours une hypothèse. Ce que nous pouvons faire, c'est nous efforcer de trouver des hypothèses opposées, et mettre ensuite en place des expériences qui étayent davantage la validité de telle hypothèse par rapport à telle autre, puis telle autre, ou de l'une contre l'autre, etc. Mais il n'y a pas de preuve absolue de validité. »

Popper ajouta que les grands scientifiques ont toujours su que la science n'est pas certaine. Il rappela ce qu'écrivit Newton : « J'ai, semble-t-il, découvert quelque chose, ou du moins les gens le pensent. Mais je me sens moi-même comme un enfant qui joue au bord de la mer et se réjouit de trouver ici et là un coquillage, alors que devant lui s'étend, non observée, une mer immense et inconnue. »

Et Popper de poursuivre : « Je crois que tout chercheur en sciences naturelles qui sait vraiment ce qu'est la science se rend compte qu'à chaque nouvelle découverte, cette mer immense s'ouvre un peu – et nous prenons ainsi conscience de tout ce que nous ne savons toujours pas. Ce que nous savons – mais dont nous ne sommes pas certains – est contenu dans un cercle qui grandit et s'élargit. Ce cercle est la limite ultime au-delà de laquelle se trouve l'inconnu. »

Dans le petit livre, *La Science et l'histoire sur le fil des souvenirs,* où est publié un entretien que j'eus avec Popper, j'avais écrit : « Popper nous apprend donc que la réalité – malgré ce que nous croyons souvent – n'est une chose ni déterminée ni définitive. Elle est au contraire changeante. L'homme parvient à en entrapercevoir les secrets uniquement s'il accepte de ne pas savoir et de travailler avec des hypothèses toujours susceptibles d'être corrigées. Pour Popper, l'homme n'est vivant et libre que s'il accepte cette condition qui est la sienne ; sinon, il vit une existence qui n'est faite que de préjugés et de poursuites de mirages, tout en se croyant omnipotent. Par conséquent, libre est celui qui accepte sa limitation ; il est alors modeste et plein de curiosité, capable d'être stupéfait. N'étant pas en proie à l'angoisse ni au mal de vivre, ce n'est pas un être désemparé. »

*

Karl Popper

En 2013, je tournai un documentaire sur « La crise de l'Église » pour la Société suisse de télévision. À cette occasion, j'interviewai longuement Vito Mancuso, un théologien doté d'un bon sens critique, une personne lucide et courageuse d'une grande sensibilité. Mancuso fut élève du cardinal Carlo Maria Martini. S'étant vu accorder une dispense, il est aujourd'hui marié et père.

Au cours de cet entretien, Mancuso expliqua que, de nos jours, il n'existe pas de réponse adéquate à notre besoin de comprendre et de ressentir. Puis il fit le commentaire suivant : « Autrefois, l'Église prétendait être la vérité dogmatique, et ce temps est révolu. Ce qui prime aujourd'hui, c'est la spiritualité, pas le dogmatisme... Faire l'expérience du spirituel signifie expérimenter par soi-même et par conséquent en étant libre de toute obédience. C'est un chemin de libération. L'expérience est basée sur la liberté. Il faut redécouvrir l'Église en tant que communauté d'où jaillit l'expérience et non plus comme un lieu qui dicte le vécu... La foi n'est plus une croyance pouvant faire abstraction de l'expérience : la foi est confiance, c'est se fier à l'expérience. L'être qui a pour foi une croyance vit une spiritualité intellectuelle, basée sur des livres, sur des rituels, sur un cheminement déjà codifié... Être chrétien, c'est faire de l'amour le bien absolu. Vivre l'harmonie, l'amour et la justice dans ce monde est difficile car, en retour, nous sommes souvent considérés comme des ennemis. Telle est la signification de la croix. »

Et il avait conclu : « Être ici, c'est être sagesse, être lumière de la connaissance ; c'est découvrir et suivre l'intelligence bénéfique qui cherche l'harmonie, celle qui n'est pas le fruit d'une invention, mais le principe d'où provient la vie et vers où la vie se dirige. C'est pour cela qu'une telle paix sereine émane des grands sages : ils sont en sécurité puisqu'ils coïncident avec la source. Puisqu'ils sont déjà dans leur demeure. »

Cette vision des choses unit tous les grands mystiques, toutes les grandes traditions religieuses. Elle est à la base de l'œcuménisme et permettrait d'en finir avec les conflits religieux.

Pour ce qui est de « coïncider avec la source », je souhaiterais citer un passage d'un livre de Mancuso, *Il coraggio di essere liberi*[2], publié en 2016. Il y explique clairement ce que signifie être « déjà dans sa demeure » : « Le divin agit comme une force qui assainit, qui élève, qui inspire notre liberté. La liberté est assainie par la lumière découlant de l'idée du bien; elle est dotée d'une forme par la lumière provenant de l'idée de beauté; elle est purifiée par la lumière émanant de l'idée de justice parfaite; elle est attirée par la lumière née de l'idée de vérité. Telle est l'action de la grâce. Le monde divin est perçu par l'âme comme la réalité la plus digne à laquelle on puisse se consacrer; la plus élevée, la plus noble, la seule digne de soi. L'âme en reste fascinée et, librement, s'y consacre. »

J'avais participé à la présentation de ce livre et avais écrit à Mancuso cette lettre que j'inclus ici, car elle contient à la fois ses pensées et les miennes.

« Cher Vito,

Je tiens à te remercier pour ta conférence de jeudi soir à Muralto. J'ai beaucoup aimé la façon dont tu as choisi

2. Traduction du titre : Le courage d'être libres. Non publié en Français.

de la structurer : partir de la question de savoir qui nous sommes, aborder la blessure, puis découvrir ou, mieux, retrouver la nature profonde qui accueille toute chose et d'où toute chose apparaît, où résident et d'où se manifestent l'harmonie et l'amour. Découverte ou retrouvailles qui doivent être nourries par de continuelles visites renouvelées, jusqu'à ce que soit atteint le sommet consistant à demeurer là souvent, voire toujours. Nos actes expriment alors l'harmonie naturelle ; ils expriment l'amour, l'intuition, la créativité. C'est ce que les taoïstes appellent le non-agir, le non-interférer. Suivre la voie de la visite renouvelée, c'est découvrir la pensée venue du cœur et la cultiver pour s'en nourrir. Il ne s'agit pas de construire quoi que ce soit à partir du mental, mais d'enlever le voile qui recouvre la conscience naturelle qui est amour et harmonie. Cette conscience s'exprime dans le silence intérieur, dans l'écoute. Elle s'exprime à travers l'amour et la compassion. Elle s'exprime dans les paroles inspirées, dans l'art et la beauté. Elle s'exprime dans le bonheur.

Une de tes déclarations m'a particulièrement plu : celle affirmant que, lorsque nous sommes reliés à la source, nous n'avons pas besoin de rituels, et que le prêtre, ou le pasteur, doit simplement nous aider à accéder au seuil, puis nous dire "Va". Les bouddhistes parlent de reconnexion à la mère suprême déjà présente en nous, ou du gourou intérieur retrouvé. Ils disent que, lorsqu'on a atteint l'autre rive, on n'est pas obligé de porter le bateau sur ses épaules, car il n'est plus utile. Un sourire illumine alors le visage du sage. Tes livres sont des journaux de bord de ta traversée, une navigation le long de rivages souvent insidieux, suivant et vérifiant des cartes anciennes, y dessinant ta route pour atteindre le grand large, ouvert et mystérieux. Merci de partager avec nous ta propre carte.

Vito Mancuso

Elle est riche d'indications précieuses pour le parcours que chacun devra suivre, que chacun doit redécouvrir. »

Pour conclure, voici une phrase de Vito Mancuso que je ressens comme mienne et qui peut s'appliquer à n'importe quelle culture ou tradition : « Mon but n'est pas d'être chrétien, mais de toujours mener ma recherche spirituelle avec authenticité, en marchant sur le chemin du bien et de la justice, avec tous les hommes de bonne volonté. »

*

La science la plus avancée, celle de la physique quantique, voit elle aussi l'unité et la cohérence qui sont à la base de l'ensemble, base fondée sur l'interdépendance de toute chose. Ervin Laszlo, philosophe des sciences, explique cela très clairement, dans le même documentaire, *La Crise de l'Église* : « Le monde est comme une symphonie, il est harmonieux. Dans la spiritualité, on parle d'harmonie cosmique ; dans la nouvelle science, on emploie le terme "cohérence". Quand on est cohérent, on est relié à l'ensemble, on est un. Le sentiment qui nous relie ainsi, c'est l'amour : le fait de vibrer sur la même fréquence. L'absence de cohérence peut nous amener à avoir un comportement asocial, ou une maladie. "Aime ton prochain comme toi-même", c'est être cohérent. La cohérence est présente dans notre conscience ; elle est ce qu'on appelle la conscience divine. »

Plus loin, il conclut en disant : « Je ne crois pas à l'existence d'une entité séparée que nous appelons Dieu. Je crois que Dieu est en nous. Dieu est en toute chose. Il est la logique qui anime toute chose, qui donne un sens à toute chose. Chaque chose a un sens profond. Si on nomme Dieu ce sens profond, pour moi, c'est cela Dieu. »

Laszlo est l'auteur d'ouvrages fondamentaux portant sur le dépassement de la science matérialiste. Je n'ai évidemment pas l'intention de résumer sa pensée dans toute sa complexité, j'en serais incapable. Je souhaite juste me limiter à une présentation de certains aspects qui m'ont frappé et qui expliquent et approfondissent ce que je viens d'écrire.

Plus nous pénétrons la matière, plus nous découvrons des particules de plus en plus petites - molécules, atomes, quarks, bosons, etc. Cette matière qui semble compacte apparaît maintenant comme un vaste espace contenant des particules de plus en plus petites.

Aujourd'hui, on pense qu'à la base, la matière se présente soit sous forme d'ondes d'énergie soit sous forme de particules. Cela dépend de l'observateur et de ce que l'on observe.

Pour expliquer cela, prenons l'océan comme métaphore. Si on l'observe sous la surface, tout est uni. Les vagues s'élèvent puis retournent à l'océan. Elles n'en sont pas séparées. Toutes les vagues ont l'océan en commun. De façon similaire, tout - les arbres, les pierres, nous-mêmes - s'élève d'un même océan d'énergie... et tout y retourne. Comme toutes les vagues, toutes les choses communiquent entre elles puisqu'elles proviennent du même océan. Par conséquent, tout est en interrelation ; rien n'est séparé. C'est pour cela que nous pouvons nous sentir unis à tout et en éprouver du bien-être - car nous sommes alors en harmonie. Lorsqu'au contraire nous nous sentons séparés, nous sommes tristes.

Cette harmonie existe dans la nature et en nous. En physique, on parle de cohérence et, dans la spiritualité, on emploie par exemple le terme amour. Deux noms différents pour une seule et même chose. Les nouvelles sciences se basent sur cette vision : tout est interdépendant, relié par la cohérence. S'il en est ainsi, chacune de nos actions a un impact sur l'ensemble, et nous en sommes toujours responsables. Par conséquent, nous devons être très attentifs à ce que nous faisons.

Cette vision peut combler le fossé qui, au cours des derniers siècles, a caractérisé la relation entre la science et la religion. L'ancienne vision scientifique n'avait pas cette vue d'ensemble. Elle percevait les choses comme étant séparées. Puisque sans interdépendance il n'y a pas de sens des responsabilités, cela conduisit à des catastrophes telles que celles écologiques.

L'harmonie profonde qui relie tout est une réalité en soi, dit Laszlo. Elle est structurée, composite, extrêmement sophistiquée et cohérente. Pour utiliser une métaphore, elle est comme la structure de base d'un ordinateur doté d'un formidable logiciel. La physique quantique parle d'« ordre implicite ». En langage spirituel, on nomme cela Dieu, Tao, conscience cosmique. Pour la physique des quanta, chaque partie existe en relation mutuelle avec une autre, comme l'explique le principe de non-localité qui montre que cette connexion n'est pas limitée par l'espace et le temps. Quant à la spiritualité, elle affirme, sur la base de l'expérience des mystiques, que la conscience cosmique est au-delà de l'espace et du temps.

Laszlo explique comment l'énergie vitale est indestructible, que rien ne disparaît vraiment, que tout perdure en

Ervin Laszlo

tant qu'information – c'est la mémoire cosmique, l'Akasha, comme la nomment les traditions anciennes. Lorsque nous nous ouvrons à cette dimension, nous pouvons accéder à ces informations. Ce modèle permet d'expliquer les souvenirs de vies antérieures, la médiumnité – autant de phénomènes que la science officielle ne peut pas expliquer et finit parfois même par nier. Cette approche m'a aussi aidé à mieux comprendre mes nombreuses expériences, et j'en suis très reconnaissant à Ervin Laszlo.

J'avais lu son beau livre, *Les Défis du troisième millénaire,* dans lequel il résume les points principaux du chemin parcouru jusqu'ici par l'humanité, et indique la voie qui est à présent devant nous aujourd'hui, pleine d'espoirs et de dangers. C'est un livre qui unit la connaissance des grandes traditions spirituelles et le développement scientifique.

Pensant qu'il serait important de présenter cet ouvrage à la télévision, je suggérai d'enregistrer avec Laszlo trois conversations d'environ une heure chacune, qui seraient diffusées au début de l'année 2000. Ce fut pour moi l'occasion d'aborder des domaines fascinants, guidé par un grand penseur.

Laszlo est une personne gentille et modeste, dont la curiosité et l'enthousiasme vous transportent. Son émerveillement juvénile face à chaque manifestation de la vie, son bonheur et sa sérénité sont palpables. Pianiste de formation classique au départ, il se produisit dans les plus grandes salles de concert du monde. Mais il ne cessa jamais de s'intéresser aux questions les plus essentielles de l'existence, que son grand-père avait fait naître en lui au cours de nombreuses discussions. Sa vie prit un important tournant lorsqu'il abandonna la musique pour se dédier à la recherche dans les domaines de la philosophie et de la science. Invité à venir enseigner dans les plus prestigieuses universités américaines, il devint ensuite un haut responsable scientifique de plusieurs organisations internationales.

Personne extrêmement active, Laszlo a aujourd'hui sa propre fondation scientifique. Toujours impliqué dans la recherche, il est l'auteur prolifique de livres traduits dans de nombreuses langues et portant sur une nouvelle vision de la science. Très engagé dans la sensibilisation à une vie plus entière et plus responsable, il est également impliqué dans la protection de la planète. Il s'est vu décerné plusieurs fois le titre de docteur honoris causa, et a été nommé pour le prix Nobel de la paix.

Quelque temps après ces entretiens sur le nouveau millénaire, nous nous revîmes lors d'un congrès en Italie. Comme nous disposions d'un peu de temps libre, ce fut pour moi une occasion unique de parler avec Laszlo de mes expériences intérieures. Il m'écouta avec beaucoup d'attention et me dit que la science n'était pas en mesure d'expliquer de telles expériences. Il ajouta que des hypothèses avaient toutefois été avancées et que lui-même était en train de travailler des sujets tels que la conscience, la mémoire, la réalité. Il me parla d'une nouvelle physique en relation avec les traditions spirituelles.

Je me souviens que son écoute et ses paroles me réconfortèrent et me firent comprendre que les mystérieuses expériences qui m'étaient arrivées provenaient d'une source où bon nombre d'êtres avaient puisé.

Plus tard, Laszlo me demanda d'écrire, pour son livre *L'Expérience akashique,* un texte sur mes propres vécus intérieurs et mes visions. Ce fut la première fois que je mis ces expériences par écrit et il ne me fut pas facile de les rendre ainsi publiques. Mais, comme il y avait dans cet ouvrage de nombreux témoignages de personnes tout à fait respectables et respectées, cela me rassura. Des années plus tard, j'eus l'occasion d'apporter une nouvelle contribution basée sur mes expériences pour un autre livre de Laszlo, *Reconnecting to the Source,* publié en 2020.

CHAPITRE 4

Voyages intérieurs

En 1985, je participai à Bâle au grand Congrès annuel de parapsychologie – une très belle manifestation rassemblant des chercheurs, des guérisseurs et des médiums du monde entier. À cette époque-là, l'intérêt pour ce type de sujet s'était largement répandu.

En parcourant le programme, je tombai sur l'annonce d'une conférence qui attira immédiatement mon attention. Le thème était les expériences extracorporelles. Je n'y connaissais pas grand-chose, mais cela me fit penser à ce que j'avais vécu auprès de Lama Sherab. L'orateur était Harald Wessbecher, un jeune architecte qui avait étudié la médiumnité en Angleterre puis mené des recherches aux États-Unis.

Wessbecher expliqua que, lorsque les cinq sens ne sont plus activés, d'autres facultés sont alors amorcées, qui ne relèvent plus du cadre de la matière, de l'espace et du temps ; elles génèrent une perception extrasensorielle. Dans cet état, précisa-t-il, la conscience est éveillée et une vision s'ouvre à d'autres réalités, d'autres mondes. Il répondait ainsi à certaines de mes interrogations. Son exposé me marqua parce qu'il parlait des expériences qu'il avait vécues, et envisageait leur signification éventuelle. J'appréciai en particulier le caractère concret de ce qu'il disait, sans fioriture philosophique ou métaphysique.

M'approchant de lui au cours d'une pause, je lui demandai dans quel contexte il avait vécu ces expériences. Il me suggéra de participer à un court atelier qu'il animait l'après-midi même. Je m'y rendis.

En entrant dans la salle faiblement éclairée, je vis qu'il y avait au moins une trentaine de personnes. On me remit des écouteurs et Wessbecher commença à donner des instructions. Le son que nous entendions dans nos casques semblait être celui des vagues de l'océan ; nous devions nous détendre, nous laisser glisser dans des expériences intérieures, sans opposer de résistance. Il expliqua que se trouvaient, mêlées au son des vagues, des fréquences correspondant aux ondes cérébrales caractéristiques des états modifiés de conscience, et qu'il y avait une légère différence entre les fréquences perçues par l'oreille droite et la gauche. Le travail effectué par le cerveau pour synchroniser ces différences permettrait de synchroniser aussi les deux hémisphères cérébraux, de sorte que nous serions ouverts à l'intuition tout en conservant notre faculté de vigilance et d'analyse.

Je me laissai donc glisser dans l'expérience et me retrouvai bientôt en train de voler dans l'espace. Je vis des étoiles brillantes. Un grand silence régnait. Soudain, trois sphères dorées m'apparurent, entourées d'une ceinture dorée. Elles se déplaçaient harmonieusement devant moi, en montant et descendant. Elles semblaient construites et dirigées par quelqu'un. Leur mouvement s'accompagnait d'une musique mélodieuse dont le son me rappela celui d'un xylophone. J'étais stupéfait et émerveillé – c'était un spectacle magnifique et totalement inattendu : sans aucun lien avec tout ce que j'avais lu ou vu.

Je demandai à Wessbecher ce qu'étaient ces sphères. Amusé, il me dit : « Ils t'ont salué. Ils ne voulaient pas se montrer en personne et se sont cachés dans des sphères. La musique mélodieuse est la danse des sphères ; c'est leur message d'harmonie pour toi. »

Qui étaient « ceux » cachés dans les sphères ? Qu'est-ce que tout cela signifiait ? Je l'ignorais mais, évidemment, de très fortes hypothèses prirent place dans mon esprit. Avais-je reçu un message d'autres dimensions, un message d'entités amies ? Aussi étrange que cette hypothèse me parût, elle était néanmoins plausible.

Cette expérience fut seulement mienne : chaque participant dans la salle vécut quelque chose de différent.

Wessbecher nous proposa une deuxième session. À ma grande surprise, je captai des communications entre les astronautes d'une navette spatiale et leur base de lancement. Wessbecher m'expliqua par la suite que, dans une pièce voisine, une vidéo sur ce thème avait été projetée au même moment, et que j'avais entendu un passage de cet échange radio. Mais comment cela avait-il été possible ? La pièce dans laquelle je me trouvais était absolument silencieuse et nous avions également un casque qui bloquait tout bruit extérieur.

Selon Wessbecher, ma conscience s'étant élargie grâce au son entendu dans les écouteurs, l'espace n'était plus un obstacle. Cette explication était aussi valable pour ma vision des sphères dans le ciel noir.

Mon esprit rationnel tenta désespérément de rejeter ces explications, et même de remettre en question ce que j'avais vécu. Et puis, qui était Wessbecher ? Où avait-il appris ces choses-là ? Où avait-il trouvé ce son que nous avions entendu dans nos casques ?

Je me mis presque à éprouver de la peur en sa présence. Lama Sherab parlait d'amour inconditionnel, il touchait nos cœurs, transmettait de la douceur. Avec Wessbecher, il était au contraire question de phénomènes, de mécanismes, mais sans aborder la moindre notion de valeur. Je percevais une certaine froideur qui me dérangeait.

Je m'entretins avec lui pendant un long moment. Il me confia qu'au cours de ses études d'architecte, il avait fait office de traducteur pour certains médiums anglais lors de leurs venues en Allemagne. Puis, il avait suivi des cours de médiumnité en Angleterre et, comme au bout d'un certain temps l'activité médiumnique ne l'avait plus satisfait, il avait éprouvé le besoin d'explorer des possibilités autres que celle consistant à servir d'intermédiaire avec les défunts. Il s'était donc transféré en Virginie, là où se trouve l'Institut de Robert Monroe.

Robert Monroe était un homme de radio brillant, qui avait également fait des recherches sur le son, en vue de faciliter le sommeil et la mémoire. Il testa ces fréquences sur lui-même et ces sons provoquèrent en lui, à sa grande frayeur, une sortie de son corps.

Il était couché avec son épouse quand il avait soudain vu d'en haut, près du plafond, son propre corps allongé sur leur lit à côté de sa femme. Il s'était cru mort, puis s'était dit qu'il était fou.

Très vite, il comprit que ces sons particuliers en étaient la cause et qu'ils l'avaient emmené dans un autre état de conscience.

Des études ultérieures lui permirent d'élaborer des sons dont les fréquences correspondaient à certains états de conscience et permettaient la synchronisation des hémisphères cérébraux, induisant ainsi des états de conscience modifiés. Dans son institut, Monroe put approfondir ses recherches en ce domaine.

Au Monroe Institute, Wessbecher devint, avec d'autres, un « explorateur » des voyages de la conscience.

Quand je demandai à Wessbecher quelles possibilités offraient ces sons spéciaux, ses réponses m'étonnèrent, c'est le moins qu'on puisse dire : possibilité de voir à distance – voir par exemple depuis Bâle ce qui se passe à New York ; d'explorer des planètes ; d'aller dans le passé et dans le futur ; de voyager dans d'autres dimensions – comme pénétrer des dimensions microscopiques ; d'entrer en contact avec d'autres formes d'existence.

Je pensai que ce qu'il me racontait n'était que fantasme. Il s'en rendit compte immédiatement et me dit : « Il y a peu de temps, tu as vécu une expérience, tu as vu les sphères. Pourquoi ne participerais-tu pas à mon stage d'une semaine, de manière à expérimenter toi-même ces possibilités ? » Cette proposition m'enthousiasma. Je me dis que ce serait également intéressant de documenter pour la télévision ce que je vivrais et d'accompagner ensuite Wessbecher au Monroe Institute en Virginie. Il accepta ma suggestion.

Dans une villa située sur le lac de Garde, dans le nord de l'Italie, une vingtaine de participants s'aventurèrent donc dans des expériences de sortie de leur corps, de réception intuitive de messages et de vision à distance. Certains y parvinrent de manière surprenante.

Comme je dirigeais le tournage de mon documentaire, je ne disposais que de très peu de temps pour participer aux exercices. Je me souviens cependant avoir vécu une brève sortie de mon corps, avoir reçu des réponses intuitives, et avoir été très impliqué lors d'une session où Wessbecher devint le channel – ou canal de communication – d'une entité qui se manifestait souvent à travers lui. Je m'étais senti entrer directement dans cette expérience.

*

En 1992, je m'envolai avec Wessbecher en direction du Monroe Institute, un petit bâtiment dans les collines près de Charlottesville, en Virginie. Ce fut le début d'une aventure fascinante.

Robert Monroe accueillit Wessbecher comme un fils et nous ouvrit la porte de son centre.

C'était là, dans l'obscurité d'une cabine insonorisée, sur un lit à eau, avec des écouteurs sur les oreilles et des capteurs sur la tête, que les « explorateurs » faisaient leurs voyages, avec le soutien des sons particuliers du procédé *Hemi-Sync®*, créé par Monroe.

Grâce à un micro, ils rendaient compte de leurs expériences à un expert, assis dans une cabine de contrôle à la fois pour observer sur un écran les modifications de leur activité cérébrale et pour modifier les sons en fonction de ces données afin de les aider dans leur voyage. J'avais l'impression d'être dans un film de science-fiction.

Dans une longue interview, Monroe me raconta sa première expérience extracorporelle, lorsque, depuis le plafond, il avait vu son corps allongé à côté de sa femme et cru qu'il était mort. Il me parla ensuite d'autres expériences similaires au cours desquelles il avait visité des maisons d'amis, auxquels il avait décrit ensuite en détail ce qu'il avait vu pour prouver la véracité de ses expériences. Peu à peu, il s'aventura dans des voyages plus lointains, à des centaines de kilomètres, de Virginie à New York par exemple; puis ayant compris que la distance n'entrait pas en ligne de compte, il entreprit des voyages jusqu'à la surface lunaire et plus encore.

Certaines expériences le menèrent dans des dimensions où il rencontra des entités dotées de corps soit humains soit non humains, ainsi que d'autres dépourvues de corps, qu'il percevait comme des champs d'énergie. Il entra en contact avec ces différents êtres et reçut d'importants messages qui l'aidèrent à comprendre la structure de la réalité et le sens de la vie. On trouve d'amples descriptions de ses expériences dans certains de ses livres.

Comme l'expliqua Monroe, ces expériences sont possibles car, une fois que le corps s'est endormi grâce à la relaxation et les fréquences sonores, la conscience reste éveillée et perçoit la réalité qui est au-delà de la matière, de l'espace et du temps. Ses nombreux voyages, me dit-il, lui avaient fait comprendre que nous ne sommes pas le corps, mais une conscience qui est dans un corps que nous

Bob Monroe

quitterons un jour. Pour l'instant, nous avons un corps qui rend possibles les expériences humaines ; sans corps, nous ferons d'autres types d'expériences.

« Mais pourquoi sommes-nous faits ainsi ? » demandai-je à Monroe en l'interrogeant sur le but ultime de l'existence humaine. Il écarta les bras et se laissa tomber sur un fauteuil. Surmontant une certaine réticence à spéculer, il répondit que le but était l'affinement de la conscience, le fait de se vivre en tant qu'esprit. Peut-être les humains avaient-ils oublié leur origine et le but de la vie. Peut-être les plaisirs du corps les avaient-ils enivrés à un point tel qu'ils en avaient oublié leur devoir. À la fin de l'entretien, il fit ce commentaire : « Mon plus grand désir est de rencontrer un jour le créateur de tout cela, de lui serrer la main et de lui dire qu'il est un grand inventeur, un grand architecte. »

Monroe était ému, son regard perdu dans le lointain. Ce fut une superbe interview, l'une des plus complètes jamais réalisées avec cette personne extraordinaire. Entendre l'histoire de ce pionnier, de ce courageux voyageur était fascinant.

Monroe était quelqu'un de concret, de très physique, qui n'aimait pas la spéculation, le fantastique. C'était un chercheur, un expérimentateur. Ses expériences l'avaient mené dans un monde bien connu des chamanes qui en avaient dressé des cartes, décrit des paysages et des habitants, en utilisant le son du tambour. D'autres avaient eu recours à la méditation, aux mantras, au yoga, à la danse ou au jeûne, afin d'aller au-delà du discours perpétuel de l'esprit et de pénétrer ces espaces. Monroe était à sa manière un chamane de notre temps qui voyageait au moyen de sons produits non pas par un tambour, mais par la technologie.

J'aurais beaucoup aimé entrer dans cette cabine expérimentale du Monroe Institute et tenter un voyage. Mais le stage préliminaire requis ne devait avoir lieu que quelques semaines plus tard. Je me dis qu'un jour je reviendrais – et bien des années après, ce fut le cas.

*

En l'an 2000, je lus un ouvrage portant sur la « vision à distance ». Ce sujet me fascina, car je pensais pouvoir y trouver des indications utiles pour mes recherches sur la signification de certaines de mes visions. La vision à distance est l'équivalent de la clairvoyance : c'est une pratique consistant à utiliser la perception extrasensorielle pour obtenir des impressions concernant une cible éloignée ou invisible.

C'est en réponse à l'espionnage psychique développé par l'ex-Union soviétique que des laboratoires de recherche américains s'intéressèrent à la vision à distance. Ingo Swann, l'inspirateur de cette pratique, était un artiste et un grand médium de New York. Au début des années 1970, Russell Targ et Hal Puthoff, deux chercheurs en parapsychologie au Stanford Research Institute, étudièrent ce phénomène qu'ils nommèrent Remote Viewing. Leurs travaux étaient financés par la communauté du renseignement américain, dont la CIA, la Defense Intelligence Agency et l'Army Intelligence. Leur but avec cette méthode était de « voir » de loin les objectifs militaires et stratégiques, c'est-à-dire d'avoir directement accès à des secrets. Pensant que les études de ces chercheurs me fourniraient peut-être des informations sur un moyen de cultiver ces facultés paranormales, je lus donc cet ouvrage, avec toutefois un certain scepticisme – un peu comme s'il s'agissait d'un livre de science-fiction ou d'histoires mystérieuses.

La méthode développée au Stanford Research Institute fut utilisée par la suite, pendant plus de deux décennies, au sein d'une unité secrète de l'armée américaine, créée en 1978 par la DIA et la SRI International. De 1978 à 1988, Skip Atwater dirigea ce projet dont le nom de code allait devenir le *Stargate Project* en 1991.

Quand je lus le nom de Skip Atwater, je reçus un choc. C'était ce même homme qui, en sa qualité de directeur de recherche, m'avait servi de guide en 1992, pendant le tournage d'un documentaire télévisé au Monroe Institute en Virginie ! Déjà à l'époque, cet institut m'avait beaucoup intéressé. Cette coïncidence me convainquit encore plus d'y retourner le plus tôt possible pour participer à un séminaire dirigé par Skip Atwater.

Mais avant cela, j'eus la chance de pouvoir profiter d'une autre occasion : participer à un stage sur la vision à distance, un séminaire de plusieurs jours que Russell Targ, chercheur au SRI et l'un des pères de cette méthode, animait en Italie, au bord du lac de Garde.

Nous étions une quinzaine de participants. Targ nous expliqua que, pour voir à distance, nous devions d'abord nous poser une question puis entrer en nous-mêmes. Au lieu de nous accrocher aux pensées, nous devions laisser chacune d'elles s'élever de l'esprit, sans l'analyser, sans l'évaluer, sans la ramener à des expériences du passé, ou à quoi que ce soit d'autre. Immédiatement après cet exercice, il nous fallait dicter à un partenaire ce que nous avions vu, senti, entendu, ressenti ou vécu de toute autre manière. Toutes ces données seraient la réponse à la question que nous nous étions posée. Cette méthode ressemblait à ce que je pratiquais déjà en méditation. Je me sentis donc à l'aise et abordai les exercices pratiques avec une grande curiosité.

Targ posa sur la table une boîte contenant cent enveloppes fermées. Il demanda à l'un d'entre nous d'en choisir une. L'exercice consistait à « voir à distance » ce qu'elle contenait. Bien entendu, toutes les tentatives ne furent pas couronnées de succès, mais il y eut un bon pourcentage de réussite, car plusieurs aspects des contenus sélectionnés furent vus.

Je me souviens avoir vu un grand bâtiment avec des antennes sur le toit et sur les côtés. Et sur un grand balcon, une femme mystérieuse. Mon partenaire nota ces éléments et, à ma grande surprise, Targ les jugea très bons. Dans l'enveloppe se trouvait une photo de la cathédrale de Mexico, avec ses deux tours sur les côtés. Et dans cette cathédrale est conservée et exposée au public la représentation sacrée de la Madone de Guadalupe, la mystérieuse femme sur la terrasse ! Je fus très étonné de ce résultat.

Targ nous montra ensuite à quel point les grands médiums du Stargate Project étaient performants. Sur quelques diapositives illustrant leur travail, nous vîmes qu'ils auraient reproduit avec précision la photographie de la cathédrale ainsi que celle de Notre-Dame de Guadalupe, et même su dire où elle se trouvait.

Un exercice qui me laissa bouche bée fut de voyager dans le futur. Targ n'employa aucune machine, mais plaça simplement trois boîtes fermées sur la table devant nous ; chacune d'elles contenait un objet. Il nous demanda de

L'auteur avec Russell Targ

voir le contenu de la boîte que l'un de nous choisirait à la fin de l'exercice, c'est-à-dire dans le futur.

Je me rappelle avoir vu un objet plat recouvert de cuir, avec des clous métalliques. Lorsque Targ ouvrit ensuite la boîte sélectionnée, elle contenait un petit flacon plat, recouvert de cuir clouté !

Comment était-ce possible ? Je m'étais posé une question puis je l'avais intériorisé et, laissant passer mes pensées, j'avais reçu des réponses. Mais comment et de quelle provenance ? Targ reconnut qu'il n'avait pas d'explication sûre et certaine, mais que cette faculté de l'esprit humain, autrefois attribuée aux dieux, était connue depuis des millénaires. On l'explique aujourd'hui à l'aide d'hypothèses basées sur la physique quantique, et en particulier sur le principe de non-localité. Ce principe rend compte du fait que nous pouvons dépasser les limites de l'espace et du temps et que nous sommes connectés à un réseau d'informations sous-jacentes auxquelles nous avons accès, sur la base d'une présence consciente et d'une intention.

« Il semblerait, écrivis-je à l'époque dans mes notes, que nous soyons toujours connectés à ce réseau d'informations, même si nous n'en avons pas conscience. Et que contient le réseau ? Des souvenirs individuels, des mémoires collectives, celles de nos défunts et d'autres espèces, et tant d'autres choses. Qu'est-ce que cela signifie ? Sommes-nous dès lors largement prédéterminés ? Comment est-il possible d'être autonome ? Et que signifierait être autonome ? »

Comme je l'ai déjà mentionné, Ervin Laszlo, philosophe des sciences, est l'un des penseurs qui m'aidèrent à approfondir ces sujets. Lui-même est convaincu qu'à la base de l'univers règne un ordre implicite, harmonieux et cohérent, associé à une mémoire où toutes les informations sont conservées – la mémoire cosmique, les archives akashiques. Être en cohérence avec l'ordre et l'information universels permet une existence harmonieuse et saine, où l'harmonie est synonyme d'amour. La liberté intérieure n'est autre que cette cohérence avec l'harmonie intérieure. Et cette cohérence est le fruit de la présence ici et maintenant ; elle résulte d'un état de conscience lumineux et spacieux, de la chaleur du cœur. C'est la conscience naturelle dont parlent les enseignements bouddhistes les plus profonds. La conscience naturelle exprime la cohérence avec le réseau fondamental ou avec l'harmonie intérieure. Elle est son interface. Vivre pleinement, c'est être un – il n'y a pas de dualité.

La conscience naturelle se situe en dehors de l'espace-temps et, par conséquent, elle nous permet de nous déplacer dans l'espace et le temps en fonction de notre intention, comme c'est le cas dans la vision à distance. Nous pouvons donc nous connecter à la sagesse universelle – parce que l'univers répond. Les chamanes et les mystiques savent cela depuis des milliers d'années.

Russell Targ a publié de nombreux ouvrages sur ses recherches et expériences au Stanford Research Institute et auprès des agences américaines de renseignement. Son travail l'a finalement rapproché de la spiritualité, des grands thèmes de l'exploration intérieure. Dans *La Fin de la souffrance,* il a écrit des pages importantes à ce sujet et y parle de la voie qu'il suit, la voie bouddhiste, et plus précisément le Dzogchen, chemin qui mène à la reconnaissance de la nature de l'esprit. En cela, je me sens très proche de Targ, et de Laszlo.

*

En 2007, je décidai de participer au programme Gateway Voyage, stage initial organisé par le Monroe Institute, près de Madrid. Carol Sabic en était l'animatrice et nous devînmes de bons amis.

Pendant une semaine, de jour comme de nuit, écoutant des enregistrements *Hemi-Sync®* et suivant les instructions de Carol, quinze personnes, dont moi, s'aventurèrent dans de très fortes expériences. Comme je l'ai expliqué, Hemi-Sync est un programme sonore créé par Robert Monroe, dont les fréquences correspondent à celles d'états particuliers de conscience. Répondant au principe de résonance, la conscience de l'auditeur est doucement amenée à s'accorder sur ces fréquences. Le son transmis à l'oreille droite comporte de petites différences de fréquence par rapport à celui transmis à l'oreille gauche. Grâce au travail de synchronisation des deux sons perçus, les deux hémisphères cérébraux se synchronisent à leur tour. L'hémisphère droit, le « poète », opère ainsi en équilibre avec l'hémisphère gauche, l'« ingénieur », ce qui permet aux facultés intuitives d'être plus manifestes que d'ordinaire.

Monroe a divisé en niveaux ou « Focus » les différents états de conscience successifs obtenus avec l'Hemi-Sync. Focus 1 est la conscience quotidienne ordinaire. Le son Hemi-Sync commence à agir à partir de Focus 10, niveau auquel le corps dort tandis que l'esprit reste complètement éveillé. À Focus 12, la conscience va au-delà du corps physique, autrement dit la perception extrasensorielle s'ouvre. À Focus 15, la perception passe au-delà de l'espace et du temps. Focus 21 permet d'entrer en contact avec d'autres systèmes énergétiques. De Focus 23 à 27, dit Monroe, on entre en contact avec les âmes des défunts, depuis le moment de leur passage dans la mort jusqu'à celui de leur régénération. De Focus 27 à 34, on accède à des états mystiques de niveaux spirituels progressifs. Focus 42 et au-delà correspondent à l'exploration d'espaces lointains et d'états mystiques d'unité.

Ces différents niveaux donnent une idée de ce qui peut être vécu. Dans les états de méditation profonde, il est évidemment possible d'avoir des expériences similaires à celles obtenues avec l'Hemi-Sync.

Toutefois, le son Hemi-Sync facilite grandement l'accès à ces états de conscience ; c'est ce qu'ont déclaré de nombreux méditants, y compris des moines zen, l'ayant utilisé. Il est également utile de préciser que les personnes qui se sont familiarisées avec les différents Focus peuvent y parvenir directement, juste en les rappelant à leur esprit, sans avoir recours aux sons.

Le son Hemi-Sync est la version moderne du tambour chamanique. Comme je l'expliquerai plus tard, les chamanes savent entrer dans ces différents états de conscience.

Au cours d'une de ces expériences, je perçus de puissantes vibrations dans mon corps et me sentis emporté hors du corps physique. Je fis la rencontre d'animaux, découvrant le monde des instincts. Je vis des visages humains me regarder, puis pénétrai dans un tunnel. Je vécus le passé mystérieux de l'Égypte ancienne. Puis je vis une mère avec son bébé et ressentis une grande douceur en prenant conscience de cette valeur suprême – l'amour inconditionnel d'une mère pour son enfant. J'observais de manière détachée le fait que j'étais conscient de ce que je voyais. Puis les images disparurent et je me retrouvai seul. Je me sentais parfaitement heureux.

Lors d'un autre voyage, Carol Sabic, l'instructrice, nous ayant dit d'aller dans une ville, je me retrouvai au-dessus de New York, la voyant comme sur Google Earth. Puis je descendis dans les rues. Tout cela me semblait réel mais ce pouvait, bien sûr, être le fruit de mon imagination. Je connais New York et certains rêves paraissent très réels. Je fus toutefois frappé par la précision des détails. Mais plus encore que les détails et les images, ce qui me marqua le plus fut la présence consciente avec laquelle je vivais cette expérience, ainsi que l'absence totale de peur.

Un peu plus tard, nous fîmes un voyage qui avait pour objectif d'obtenir une réponse à notre interrogation quant au but de notre recherche intérieure. Tout en écoutant le son Hemi-Sync, je me répétai cette question puis j'attendis. La réponse me vint immédiatement sous la forme de pensées intuitives : « Vivre qui je suis vraiment, vivre la vie que je ressens en moi, être en harmonie avec la vie : faire le bien, c'est cela. La meilleure façon d'aider les autres, c'est d'être soi-même. »

Cette réponse d'une grande sagesse m'emplit d'humilité. Provenant des dimensions les plus profondes jaillirent, comme des éclairs, des principes que je vécus avec beaucoup d'émotion et qui me procurèrent force et sérénité. Une vérité est présente en nous et nous pouvons être en contact avec elle, non pas au moyen de la raison mais grâce à l'intuition ou, comme on le dit souvent, en ouvrant nos cœurs. Comme il serait bénéfique de pouvoir maintenir cette ouverture dans notre quotidien ! La réponse obtenue confirma bien sûr ce que j'avais déjà perçu en moi. Mais elle me vint avec une immédiateté et une clarté qui me surprirent, avec une présence et une imprégnation que je ne connaissais pas dans ma vie de tous les jours.

Un autre exercice fut consacré à la transformation intérieure, à la guérison. J'abordai donc le voyage avec cette intention, ouvert à l'expérience. Je sentis une forte et agréable énergie dans ma poitrine qui commença à s'élargir. Puis cette énergie monta vers ma tête et je la vis comme une lumière brillante qui s'élevait et chassait une lumière sombre. Je ressentis une certaine pression dans mon crâne. Au lieu de résister, je m'abandonnai à l'expérience. Je vis que des femmes me soignaient. « C'est une transformation, écrivis-je par la suite. Je meurs quelque part en moi, pour être présent d'une autre façon. Ce n'est pas une disparition, mais une renaissance à un nouveau mode de conscience. » Des années plus tard, je comprendrai que cette transformation est bien connue des chamanes en tant que traitement prodigué par des esprits bienveillants – les femmes qui me soignaient. Je développerai ce point dans un prochain chapitre.

Je me rends compte, en écrivant ces lignes, que s'abandonner à l'expérience équivaut au fait de ne pas accorder de valeur aux pensées qui s'élèvent durant la méditation :

nous ne devons pas les retenir, mais les laisser couler, et nous en remettre à notre intelligence intérieure. J'avais noté à l'époque : « Nous devons accepter le mystère, nous devons accepter de ne pas pouvoir comprendre. Nous devons accepter "la voix légère du sens profond" [cela signifie que l'intuition se manifeste comme une voix légère venant de loin, qui peu à peu devient claire et forte]. Nous souffrons si nous nous accrochons, si nous ne laissons pas la vie couler. La vie prend un sens si nous la laissons suivre son cours. Ne cherche pas de significations mentales. Le sentiment d'harmonie que tu perçois alors est ton guide. »

En relisant ainsi mes notes rédigées rapidement après chaque voyage, je remarque avec étonnement quelques aperçus intuitifs que je n'allais retrouver que des années plus tard dans les enseignements Dzogchen du bouddhisme tibétain. « Je vois de fortes lumières multicolores. Elles viennent en moi. Bon feeling. Une lumière descend vers moi ; elle pénètre par le sommet de mon crâne et va jusqu'à mon cœur. Grande douceur. Je suis pleinement conscient du voyage que je suis en train de faire. Le voyage est "l'extérieur" ; c'est une construction qui suit son propre fil rouge. Mais il n'est ni réel ni solide. Il change. Il se forme et se décompose. Je ne suis pas cela. Je suis comme un espace où tout cela se produit tandis que je le vois en pleine conscience. »

Aujourd'hui, en recopiant ces notes alors que je ne me trouve plus dans le même état, j'éprouve presque un sentiment de vertige, comme si je me penchais au-dessus d'un vide immense, d'un mystère insondable. Je sais pourtant que cet espace existe, qu'il est notre unité, par opposition à la dualité de la conscience ordinaire.

La dernière expérience de ce stage était centrée sur l'énergie. En lâchant totalement prise, l'énergie de ce que je vis et ne retins pas se transforma, se purifia, retourna à sa source, à l'unité, à la complète harmonie, à l'espace auquel nous appartenons. Quand cet espace devient ma demeure, je suis en harmonie et tout ce que je vois n'est que le reflet du jeu des énergies qui se manifestent et se transforment. Ce jeu est comme une danse. Il n'y a rien de bon ni de mauvais – l'énergie est semblable au courant d'une rivière qui s'écoule vers la mer. Elle suit son cours naturel.

J'ai bien conscience que des thèmes similaires reviennent sous des formes diverses et que je répète des concepts et des prises de conscience déjà exprimés. Mais je les accueille comme ils viennent et salue leurs manifestations toujours différentes.

Toujours durant ce stage initial à Madrid, le Gateway Voyage, nous découvrîmes des territoires situés au-delà de la mort physique, autrement dit là où la vie se poursuit sans le corps physique. Élisabeth Kübler-Ross, la célèbre psychiatre suisse que je connaissais bien et qui étudiait les étapes de la mort et les expériences de mort imminente, précédemment évoquées, avait contribué à la conception de ce programme.

Dans ces territoires, on rencontre des défunts qui ne se sont pas rendu compte qu'ils étaient morts ou qui se sentent prisonniers de l'obscurité et errent apeurés. Lorsqu'ils nous contactent, il nous est possible de les aider en leur expliquant qu'ils sont morts et en leur disant d'entrer dans la lumière, c'est-à-dire dans la dimension du cœur.

Nous nous rendîmes donc dans ces dimensions où les morts sont confrontés à leur souffrance et leurs erreurs, afin de pouvoir continuer leur chemin vers la lumière. Ce fut intéressant de voir comment ces êtres reconstruisaient le monde de leur milieu selon les modèles qu'ils avaient connus sur Terre et auxquels ils restaient attachés. Le remède à ce genre de situation consiste essentiellement à surmonter la colère, l'envie, l'attachement et les autres poisons de l'esprit, pour s'ouvrir à une conscience harmonieuse.

Les différentes dimensions vécues sont, selon moi, des étapes dans l'approche de l'unité. Tant que cet état d'unité n'est pas atteint, ces dimensions restent des constructions liées à l'état de conscience de ceux qui y vivent. Mon objectif, comme je l'ai dit, est de revenir à l'unité. Il n'y a alors aucun besoin de constructions mentales, puisque nous sommes unité. Dès lors, on est dans la lumière – on est lumière – et aucune forme n'est plus nécessaire.

Les peurs, les cauchemars et la souffrance sont la manifestation du fait de ne pas vivre en harmonie. Il y a des êtres qui, au cours de leur existence, ne se sont pas libérés et qui vivent donc encore dans l'illusion d'avoir un corps, d'être dans une réalité concrète. Ils sont victimes de l'ignorance quant à la nature de la réalité. La porte permettant de se libérer de cette illusion est l'amour inconditionnel, le cœur qui se manifeste sans attachement. Ceux qui savent ouvrir cette porte voient clairement la réalité telle qu'elle est.

Un autre exercice consistait à aider une personne mourante dans sa transition vers la mort. Suivant les instructions de Carol, je me répétai l'intention du voyage et attendis. Mon expérience fut de voir un jeune homme se noyer en mer, alors que son bateau coulait. Je ressentis sa peur, son angoisse. Je tentai de lui dire qu'il était mort, qu'il n'avait pas à avoir peur, qu'il devait essayer d'entrer dans la dimension de son cœur et y demeurer, car il serait alors protégé et évoluerait vers des dimensions harmonieuses. Puis la paix se fit en moi ; je pense qu'il s'était libéré.

J'éprouvais quelque résistance à pénétrer dans le monde des morts, reconstruit par eux à l'image du monde terrestre : je ne voulais pas voir des lieux de souffrance et de confusion. Je tentais plutôt de comprendre quels étaient mes côtés obscurs et je vis de tout petits êtres rouges se tenir au-dessus de moi, semblables aux démons des fresques de Giotto. Pourquoi cette image relevant de l'art figuratif ? Peut-être s'agissait-il d'images issues de la mémoire collective, ou d'un souvenir de mon passé, à moins que ce fussent des entités appartenant à d'autres dimensions. Je l'ignore mais, de toute façon, ces êtres rouges sont l'expression de mes énergies en déséquilibre, sur lesquelles je dois travailler. C'est cela qui compte, et pas tant le fait de savoir qui ils sont.

Comme je l'ai dit, je me sentis mal à l'aise à l'idée d'entrer dans ces territoires. Je me demandai donc aussi pourquoi. Là encore, la réponse fut immédiate et totalement inattendue.

Je fis un bond dans un passé très lointain et vis la Terre sous la forme d'un disque. J'étais sur son bord, face à un ciel immense, sombre et étoilé : j'étais face à l'univers. Je volai à travers l'espace et me retrouvai dans une grotte. Devant moi, un être humain, géant. Il mesurait plus de 3 mètres de haut et était très athlétique ; un masque aux traits d'oiseau avec un bec imposant lui couvrait toute la tête. Il me rappela le dieu Horus que l'on voit représenté dans les hiéroglyphes égyptiens. Un autre être était aussi présent dans la grotte. C'était un être humain normal, vêtu de blanc comme un astronaute. Le géant regarda dehors à travers une grande ouverture et il y eut d'énormes explosions, peut-être d'étoiles et de planètes, de violents éclairs et des bruits assourdissants. C'était une scène apocalyptique, la fin d'un monde. Je ressentis l'étonnement et l'impuissance du géant.

Je fis part de mon expérience aux autres participants, en espérant qu'ils me suggéreraient des interprétations, mais ce ne fut pas le cas. Bien des années se sont écoulées depuis, et je n'ai toujours pas de réponse. Sans doute devrais-je un jour tenter de revenir sur cette expérience pour mieux la comprendre.

En attendant, je me dis qu'il y a fort longtemps, ce géant a peut-être été témoin de la mort de son monde, quelque part dans l'univers. Il se peut également – mais ce n'est bien sûr que spéculation – que ce voyage indique que le monde des morts que j'ai vu est celui qui a remplacé le monde des morts de l'Égypte ancienne.

Quoi qu'il en soit, la silhouette du géant m'impressionna beaucoup. Je l'avais déjà vu avec son couvre-chef en forme d'oiseau au bec imposant. C'était lors d'un séminaire dirigé par Harald Wessbecher : après avoir écouté un des CD Hemi-Sync de Monroe, je m'étais retrouvé dans un très haut couloir de pierre, face à ce même être. Je me souviens de ma stupeur et aussi de mon effroi. C'était une scène parfaitement réelle. Rien d'autre ne s'était passé.

À mesure que j'écris ces lignes, deux rêves particuliers me reviennent à l'esprit. Dans le premier, j'avais vu un puissant guerrier égyptien s'avancer vers moi, non pas un géant mais un homme tout de même très grand et fort. Il s'était incorporé en moi et j'avais senti mon corps devenir à son tour grand et fort. Je me revois en train de marcher ainsi, posant fermement mes pieds sur le sol.

Dans le second rêve, j'avais vu dans de la boue des ossements humains d'une taille gigantesque d'où un être humain aux traits normaux était apparu. Était-ce là notre origine ?

Des rêves très réels et vivants, tels que ceux-ci, semblent être de la même étoffe que les voyages dans des états modifiés de conscience.

Je suis incapable d'expliquer mon lien avec l'Égypte et les géants. Peut-être est-ce là le signe pour moi d'un passé lointain. À moins que ces rêves ne proviennent d'une mémoire collective, ou que le géant et l'homme fort soient des êtres d'autres dimensions ? Mais pourquoi cette connexion en particulier ? Elle doit bien avoir un rapport spécifique avec moi, avec mon continuum mental, autrement dit avec les empreintes que je porte en moi dans ma conscience, depuis très longtemps.

En tout cas, je prends acte de ces expériences et me souviens qu'elles m'ont donné beaucoup de force et ouvert de nouvelles perspectives et compréhensions. Et, selon moi, c'est cela qui compte.

Le stage initial près de Madrid me permit d'explorer activement divers états de conscience, d'évoluer en leur sein, de vivre des situations transcendant l'espace et le temps, de découvrir la présence des éléments individuels et collectifs qui donnent forme aux émotions, et plus encore. Grâce à ces expériences, je pus m'ouvrir à un nouveau sens de la réalité, une vision plus large. À mesure que je me familiarisais avec les états modifiés de conscience, je devins capable de vivre volontairement des expériences similaires à celles que j'avais eues spontanément des années auparavant auprès de Lama Sherab.

Je compris que les possibilités de voyages sont infinies. On les perçoit comme s'ils apparaissaient sur un écran, tels des films dans lesquels on pourrait entrer ou non – cela dépend de nous. Si nous observons sans évaluer, si nous lâchons prise, nous pouvons voir tous les films avec détachement ; ce détachement n'est pas de la froideur mais une absence d'implication et de distorsion émotionnelle, et par conséquent un état de liberté. Alors, nous allons bien. Nous sommes chez nous en nous-mêmes et nous voyons le monde sans le manipuler, mais en le vivant de façon harmonieuse. C'est là une découverte et une redécouverte de quelque chose de précieux que je ne cesse de perdre et qui continue donc de se représenter.

Autre souvenir lié au séminaire de Madrid. Depuis plusieurs mois, je ressentais au niveau du cou une douleur intense qui s'étendait jusque dans mon dos. Il n'y avait aucun moyen de la faire passer. J'en parlai à une Irlandaise qui suivait le stage et lui dis intuitivement qu'elle pouvait me guérir. Elle en fut presque agacée : elle était guérisseuse mais était venue incognito. Un matin avant le petit-déjeuner, je lui demandai si elle pouvait essayer et elle accepta.

Nous nous installâmes dans une petite pièce et elle me dit de me détendre. Puis elle passa ses mains sur mon cou et mon dos et fit deux gestes vigoureux, comme si elle m'extrayait quelque chose. Elle m'expliqua qu'une flèche s'était fichée dans mon dos et que j'en étais mort, mais que désormais je serais guéri de ma douleur. Et il en fut ainsi. Mon corps avait gardé la mémoire de cette douleur ancienne. Je repensai alors à mes expériences à Genève et aux recherches de Calligaris, déjà évoquées. Je découvrirais plus tard que les chamanes guérissent en extrayant le mal du corps du patient.

Avant de nous quitter, la dernière recommandation de l'instructrice de Madrid, Carol Sabic, fut d'être attentifs à nos perceptions, car elles pouvaient encore être déformées pendant quelques heures, après avoir quitté ce lieu. Sur le moment, je ne compris pas ce qu'elle voulait dire. Puis, à l'aéroport, je me rendis compte que j'avais une perception très étrange de mon corps - j'avais l'impression d'avoir de très longs bras, des pieds qui ne reposaient pas bien sur le sol, comme si je flottais ou lévitais. J'étais en partie hors de mon corps. Je perçus à quel point le séminaire était puissant, le son Hemi-Sync en particulier.

*

À Madrid, j'avais parlé à Carol de Skip Atwater, de ses recherches avec la CIA sur la vision à distance, et du fait que je l'avais filmé pour mon documentaire au Monroe Institute en Virginie. Quelques semaines plus tard, elle m'informa par courrier qu'Atwater viendrait bientôt à Madrid donner une série de conférences. Elle m'invitait à me joindre à elle et à un jeune étudiant espagnol pour aller accueillir Skip, comme tout le monde l'appelait, et l'accompagner. Il n'était évidemment pas question que je rate une telle occasion.

Skip était un homme d'une cinquantaine années, en excellente forme physique ; très ouvert et sympathique, il n'était pas du tout méfiant, comme on pourrait sans doute s'y attendre d'un officier du renseignement de l'armée américaine à la retraite. Il accorda de nombreuses interviews à la télévision espagnole et je pus également enregistrer un entretien très intéressant avec lui.

Devant un auditoire extrêmement attentif et curieux, il donna une conférence sur le thème de la vision à distance et de l'espionnage. De nombreuses questions lui furent posées. Du fond de la salle, une femme demanda s'il était aussi possible de faire du mal à distance. Comme elle formulait sa question de façon peu claire, Skip répondit de manière assez vague.

Après la conférence, tandis que nous nous dirigions en marchant vers le centre de Madrid, Skip voulut savoir ce que je pensais de la soirée. Il me demanda en particulier si j'avais compris ce que la femme au fond de la salle avait voulu savoir précisément. Je tentai de lui expliquer le contenu de la question et me mis à parler de la femme que je ne connaissais pas : qui elle était et à quel groupe elle appartenait probablement. Disons que je lui donnai une explication « inspirée », quelque peu médiumnique ; les effets du stage initial Gateway étaient à l'évidence encore très présents. Skip en fut stupéfait et me serra dans ses bras. C'est ainsi que nous devînmes de bons amis.

Skip Atwater avec l'auteur

J'eus l'occasion de le revoir lors de mes nombreuses participations à des séminaires organisés au Monroe Institute situé à Faber en Virginie – Faber n'étant qu'à quelques dizaines de kilomètres au sud-ouest de Charlottesville où Skip était directeur de recherche. Il m'invita à dîner plusieurs fois chez lui dans la forêt, sur les contreforts de Blue Ridge. Ce fut l'occasion de lui poser de nouveau de nombreuses questions, y compris personnelles.

En plus des séminaires ouverts au public, Skip me proposa d'effectuer dans son propre laboratoire de recherche un voyage intérieur. J'eus droit à une séance dans le « Boot », la pièce totalement isolée où l'on s'allonge sur un lit à eau, la tête couverte de capteurs connectés à des appareils de contrôle, en écoutant le son Hemi-Sync réglé par Skip de manière à faciliter l'accès à différents états de conscience. Un micro permet de communiquer avec l'observateur, ses réponses étant transmises par les écouteurs.

Je pénétrai donc dans le « Boot » un peu impressionné. En pensant au nombre d'explorateurs qui s'étaient allongés là et avaient vécu des expériences extraordinaires, je me dis que j'avais beaucoup de chance.

Je fus plongé dans une obscurité totale et un silence complet. Puis, Skip envoya le son Hemi-Sync dans mes écouteurs. Je sentis rapidement une forte énergie pénétrer par mon pied gauche et remonter le long de mon corps en le remplissant. Ensuite, je perçus une chaleur dans mon plexus solaire. C'était agréable et surprenant, mais j'étais un peu déçu de ne pas voyager dans des mondes lointains ou d'autres dimensions. Mais Skip m'ayant recommandé de laisser simplement les choses se manifester, quelles qu'elles fussent, c'est ce que je fis.

Soudain, je vis mon père, qui était mort depuis des années. Il paraissait aussi jeune qu'à l'époque de mon enfance. J'éprouvai une forte émotion, une grande tendresse. Puis je perçus sa tristesse, ses inquiétudes.

Je me souvins qu'enfant, j'avais d'abord vu en lui un être fort et sûr de lui, puis découvert sa fragilité. Je revis mon désarroi d'alors et me mis à pleurer toutes les larmes que je n'avais jamais versées. Je n'avais jamais eu conscience de cette douleur qui était restée figée au fond de moi. La libérer ainsi m'aida à me réconcilier avec le monde.

Quand je sortis du Boot, j'étais très ému et même un peu embarrassé. Je remerciai Skip pour son aide et sentis s'élever en moi le désir spontané de réciter la prière bouddhiste consistant à dédier le mérite : au lieu de nourrir notre ego, tout le mérite, ou toute la dynamique positive résultant d'une méditation ou d'un vécu, est ainsi offert à tous les êtres pour les aider. Le visage de Skip s'illumina ; il me dit qu'avoir pensé aux autres était très beau ! Skip avait entendu mes pensées ; nous étions en connexion à un niveau profond. Skip a évidemment de grandes capacités médiumniques.

Il me fournit ensuite des explications sur les appareils auxquels il m'avait relié dans son laboratoire. Il souligna en particulier le fait que je savais maintenir une pleine présence dans différents états de conscience et que c'était très important. Il est fort probable que cela était dû aussi à mes expériences méditatives.

*

Le Monroe Institute, en Virginie

Le Monroe Institute est un lieu spécial. Chaque fois que je me présentais à sa porte pour suivre un stage, je sentais intérieurement une présence m'accueillir affectueusement et me dire que tout irait bien. Cela peut paraître étrange, mais j'eus à plusieurs reprises l'impression que Bob Monroe, le chercheur et fondateur de l'institut que j'avais déjà rencontré et interviewé, était à la porte. Même au cours de certains séminaires, je perçus sa présence bienveillante et amusée. J'en parlai un jour à Carol qui me confia que je n'étais pas le seul à avoir cette perception.

Au Monroe Institute, les expériences qui eurent le plus grand impact émotionnel sur moi furent celles qui me ramenèrent à un moment tout à fait crucial de mon enfance, déjà évoqué dans l'introduction de ce livre.

J'avais donc 3 ans lorsqu'à la suite d'une crise de diphtérie, je fus transporté d'urgence à l'hôpital, quasiment mourant. À l'époque, il n'y avait ni pénicilline ni autres antibiotiques et ma mère était là, impuissante et affolée. J'interprétais son état d'esprit comme un abandon – elle qui pouvait tout faire ne voulait pas m'aider. Je me souviens d'avoir rencontré dans le parc de l'hôpital deux personnes – probablement mes grands-parents, déjà morts à l'époque – qui m'avaient dit de retourner directement me coucher. Plus tard, je comprendrai que j'avais vécu probablement une expérience de mort imminente et étais sorti de mon corps.

Au Monroe Insitute, je revécus certains épisodes de cette période difficile. Un matin, alors que je me lavais, j'eus l'impression que ma mère, décédée quelques années auparavant, m'aidait avec amour, comme elle l'avait fait quand j'étais enfant. Je sentis ses mains sur mon corps.

Puis, au cours du petit-déjeuner, je revis de quelle façon j'avais refusé de manger après mon retour de l'hôpital, en me rebellant contre ma mère. Je ne voulais pas que ce soit elle qui me nourrisse.

Le traumatisme dû au fait de me sentir abandonné et l'expérience d'avoir été à deux doigts de mourir, avec une chute de ma température corporelle, avaient éveillé en moi le sentiment que toute chaleur vitale m'avait quitté. Comme si ma mère l'avait accaparée. Lors d'une session, je vécus cette sensation de perte de chaleur, d'envahissement par le froid, de désolation et de mort. Puis, au cours d'une séance suivante, l'univers intervint. Une force intelligente et bonne me secourut. Je ne trouve pas d'autres termes. Beaucoup de noms sont attribués à cette force, car beaucoup de cultures la connaissent.

Lors d'un autre voyage, je m'aventurai dans l'espace. J'eus le sentiment d'être très très loin, au sein d'une nuit emplie d'étoiles et de merveilleuses galaxies. Je me sentais extrêmement vaste : capable de contenir tout l'univers en moi - les étoiles, les galaxies, le soleil, la lune. Tout était en moi. J'eus la nette sensation que la Terre était mon cœur et que la chaleur du soleil était en moi. Puis, je sentis une douce chaleur me pénétrer. La chaleur de la vie m'était revenue, physiquement et émotionnellement. Elle était en moi et je sentais que je pouvais en prendre soin, la faire croître et la donner aux autres.

Je pense aujourd'hui avoir vécu à ce moment-là l'unité avec le tout, le dépassement de la dualité et de la séparation. Quand on est dans l'unité, on est dans l'ici et maintenant, on est dans l'harmonie, dans la chaleur de la vie. Mais ce ne sont là que des mots qui ne peuvent ni rendre compte ni expliquer l'expérience de l'unité. Comme l'écrivait le grand poète Rumi : « Tu n'es pas une goutte dans l'océan. Tu es l'océan tout entier dans une goutte. »

Au cours d'une autre séance, lorsque je demandai ce que je pouvais faire pour nourrir la chaleur de mon cœur, la réponse que j'obtins fut : « Pardonne. » L'univers répond. Toutes les expériences que j'ai décrites sont des réponses.

Durant un autre voyage, le traumatisme de mon enfance reparut dans toute sa force. Je pus le revivre et le voir avec les yeux d'un adulte. Ce fut un très grand cadeau. Le sentiment qui était enfoui en moi depuis si longtemps, celui de malaise et de rage sourde envers ma mère, se transforma en acceptation de ce qu'elle était, et de mes limites à cette époque-là. Je pus la serrer dans mes bras avec amour.

Et ce sentiment d'amour alla au-delà de la dimension historique et s'étendit à une dimension universelle – passant de ma mère physique à la mère suprême, l'unité divine qui est en nous. C'est un chemin de dissolution des illusions, de retour à la maison, de présence lucide et sereine où tout semble juste. L'échange avec autrui devient alors un cadeau, et non plus une manipulation, car on est à l'aise avec soi-même. C'est un long parcours sur lequel je reviendrai à plusieurs reprises.

Bien des années après, je pus me rendre compte que, si je m'étais libéré au Monroe Institute de quelques voiles par rapport à ce vieux traumatisme, il me restait encore du travail à faire, d'autres voiles à enlever.

Toujours au Monroe Institute, l'instructrice nous demanda un jour de formuler une série de questions sur le sens de notre vie et ce que nous devrions en faire. Pendant le voyage destiné à susciter des réponses, ma mère m'apparut. Bien qu'elle soit morte à 94 ans, elle avait l'air assez jeune dans ma vision, environ 50 ans. Je la vis de face puis de profil. Elle avait un nez légèrement aquilin. Elle me montra le bracelet qu'elle portait souvent au poignet : c'était bien ma mère, l'expérience était authentique. Je n'avais pas du tout le sentiment qu'il s'agissait du produit de mon imagination.

Elle communiqua avec moi par télépathie et me dit qu'elle était fière de ce que je faisais professionnellement et de l'aide, notamment financière, que j'apportais aux personnes démunies. Cela m'émut. C'est seulement plus tard que je compris que j'avais eu avec elle un contact médiumnique, avec tout ce qui le caractérise indubitablement.

Depuis ce jour-là, ma mère m'apparaît de temps à autre, généralement lorsque je suis en présence de personnes très pauvres, et elle me dit de leur faire un don. Je me rappelle la fois où, en Inde, alors que j'étais passé devant une lépreuse sans avoir eu le courage de mettre une pièce dans sa main rongée par la maladie, ma mère m'était apparue et m'avait dit de revenir sur mes pas et de donner quelque chose à cette pauvre femme.

Au cours de ces séminaires, beaucoup d'autres expériences encore me marquèrent profondément. Notamment quelque chose de très fort qui m'arriva vers la fin d'un long voyage intérieur au cours duquel j'avais vécu des évènements très divers. À un certain moment, je perçus ces situations comme si je les regardais de l'extérieur, depuis le présent, depuis un temps hors du temps ! Ce fut alors comme un éclair qui me réveilla du rêve dans lequel j'étais en train de vivre sans m'en rendre compte.

Nous appartenons à cette dimension intemporelle; nous sommes dans le présent éternel. En face de moi, il y avait une grande paroi sombre percée de nombreux tunnels dont chacun conduisait à une de mes expériences, à mes vies. Je contemplai ces tunnels, ces vécus, de nouvelle manière. Je n'étais pas ces expériences; je les avais seulement faites.

J'étais totalement ici, dans le présent. J'étais quelque chose de vaste, de silencieux. Je sentais derrière moi un espace noir insondable. J'étais totalement lucide, et cette dimension infinie dans laquelle on a la perception de tout contenir et d'être totalement seul me faisait peur. Je compris qu'il ne fallait pas faire de confusion entre ce que nous sommes et ce que nous voyons; que nous pouvons choisir quoi faire et sommes responsables de ce que nous entreprenons et de ce qui nous arrive. Je perçus alors que la partie la plus intime et la plus réelle de notre être se situait hors de l'espace et du temps; elle demeure dans le présent éternel. Je perçus que la mort n'existe pas, qu'elle ne concerne que le corps et qu'à chaque fois s'ouvrent de nouveaux tunnels, de nouvelles expériences qu'il nous est possible de vivre consciemment, dans l'instant présent, ou qui peuvent nous entraîner dans nos émotions et nos élaborations mentales.

Ce n'était pas la première fois que je faisais l'expérience de la noirceur des ténèbres. À chaque occasion, elle avait été plus profonde. À chaque occasion, les voiles de l'ignorance s'étaient un peu plus déchirés, me révélant le fait que je vivais comme dans un rêve, sans me rendre compte que je rêvais. Avoir revécu le traumatisme lié à ma mère me permit sans doute d'avoir la force de me défaire du voile qui me séparait de cette conscience primordiale.

Dans les textes bouddhistes du Dzogchen, il est dit que de tels moments de peur peuvent être une réaction à l'expérience de la vacuité, l'une des étapes conduisant beaucoup de méditants au parfait éveil. Lire cela me donna de la force.

Certains textes mystiques affirment qu'il s'agit d'une expérience de vision divine - parce qu'elle est pure et parce qu'agir depuis cette dimension d'équilibre absolu ne peut que créer une réalité harmonieuse. Être dans cet état d'unité avec toute chose nous permet d'agir sur la matière en accomplissant ce que nous appelons des miracles ; cela nous donne aussi la possibilité d'agir sur les émotions et la pensée. De fait, les grands mystiques et chamanes sont effectivement de grands guérisseurs et ils accomplissent également des miracles.

Je suis évidemment très loin de réaliser de telles prouesses.

Une autre expérience que je voudrais mentionner fut aussi très surprenante. Au cours de certains voyages, il m'arriva de rencontrer des êtres étranges à l'apparence humaine : ils étaient bleus, couverts des pieds à la tête par des tuniques également bleues, même leurs visages étaient cachés par un voile bleu. Ils se comportaient de façon intelligente et j'avais le sentiment que c'étaient de vraies rencontres.

Celles-ci commençaient toujours de façon agréable : j'étais sous un dôme de cristal, allongé sur un lit d'où je pouvais voir un ciel avec de gros nuages roses qui se déplaçaient rapidement. Des ondes de différentes couleurs

- rouges, bleues, vertes et blanches - pénétraient mon corps. J'accueillais cela comme un soin. Puis le dôme de cristal disparaissait et le ciel nuageux prenait l'apparence de toile de fond sur une scène de théâtre, qui à son tour se levait. Parfois, un être bleu descendait vers moi, comme aurait pu le faire un papillon ; avec une grande timidité, il s'approchait jusqu'à une dizaine de mètres, sans me parler. J'avais l'impression qu'il voulait seulement établir un contact visuel. Étonné, je restais moi aussi silencieux à le regarder.

Un jour, quand la toile de fond se leva, une femme bleue descendit rapidement, me serra tendrement dans ses bras, puis disparut aussitôt. Surpris, je me demandai si j'étais vraiment digne de son geste.

Sur le moment, je ne parlai à personne de ces expériences, je voulais juste les savourer et m'en imprégner. Quelques jours plus tard, je contactai Carol Sabik, devenue directrice du Monroe Institute, et lui demandai ce qu'elle en pensait. Elle me dit que d'autres personnes avaient rencontré les êtres bleus, et qu'elle aussi les avait vus. J'en fus rasséréné car cela confirmait que je n'étais pas le seul à vivre ces expériences.

Carol me confia qu'elle avait également rencontré d'autres êtres, assez grands et presque transparents, dans l'une de leurs bases, située dans les Pyrénées. J'en fus très surpris et lui demandai de me parler de cette base et de ces êtres. Elle m'expliqua que Pat Price, grand médium et pionnier de la vision à distance, avait vu au cours d'un voyage extracorporel des bases extraterrestres sur Terre - une dans les Pyrénées, une en Australie, une en Afrique et une en Alaska. Carol et Skip effectuèrent eux-mêmes des recherches en se rendant dans les Pyrénées, mais sans résultats.

Carol tenta ensuite d'entrer en contact avec ces êtres au cours d'un voyage intérieur, et elle y parvint. Ils la virent et, lorsqu'elle leur demanda ce qu'ils faisaient, ils lui dirent : « Comme vous, nous transformons l'énergie ; chacun à sa manière. » En y réfléchissant bien, c'est effectivement ce que nous faisons - dans notre vie, sous tous ses aspects, nous transformons une énergie, et nous sommes vivants si nous la transformons en quelque chose de positif.

D'après Carol, il n'est pas facile de communiquer avec les êtres bleus car, pour eux, notre énergie est très forte et violente. Nous devons nous montrer doux et ouverts à leur égard, et ne pas les effrayer. Je repensai à ceux que j'avais vus, timides comme des papillons.

Dans les traditions hindoues et bouddhistes, on trouve des divinités au corps bleu. Peut-être en ai-je rencontré certaines. Dans le bouddhisme tibétain, il est fait mention d'êtres féminins, ou dakinis, de couleur bleue, qui aident les méditants à progresser sur la voie.

Morte en 2013, au terme d'une brève maladie, Carol était une personne très douce et sensible. Je l'aimais beaucoup. Peu de temps après son décès, au cours d'une méditation, elle m'apparut dans une vaste lumière dorée, avec un visage rayonnant d'une grande félicité. Elle était venue me saluer. La vie continue - seul le corps physique disparaît.

*

Évoquer les êtres bleus me remet d'un seul coup en mémoire d'autres rencontres, principalement vécues lors de rêves lucides. Toutes furent pour moi, j'en suis convaincu, l'occasion de recevoir un message très révélateur.

Dans l'une de ces visions, une belle jeune femme aux traits asiatiques se tenait à quelques centimètres au-dessus de moi et me regardait avec beaucoup d'empathie. Je sentis fortement sa présence mais, dès que je m'en rendis compte, la vision disparut, me laissant une sensation d'émerveillement et d'avoir été en contact avec une autre réalité. Peut-être était-ce une dakini, porteuse de grands enseignements. Elle m'avait transmis un sentiment de bonheur très subtil, chose que je ressentais rarement.

À une autre occasion, je vis un beau visage féminin, lui aussi asiatique, peut-être tibétain. Très proche, cette femme me regardait intensément et, lorsque j'en pris conscience, elle s'envola vers la droite, ce qui fit naître en moi un sentiment de nostalgie.

Et puis un jour, j'eus la vision d'un jeune couple aux traits tibétains. Il me sembla que la femme regardait au-dehors, à travers mes yeux, à travers moi. Dès qu'ils se sentirent découverts, ils s'enfuirent. J'eus le sentiment d'avoir été un canal, mais sans mon accord.

Toujours sous la forme de rêves lucides, il y eut des visions très profondes et dérangeantes. Dans l'une d'elles, je me vis voler au sein d'un immense espace noir où brillaient des étoiles et des galaxies. Plus haut, mais assez proche de moi, il y avait une énorme masse noire, lisse, rectangulaire et peu épaisse – un monolithe. Quand je dis énorme, je veux dire long de plusieurs dizaines de kilomètres. Je n'avais jamais vu un tel objet. C'était certainement un artefact, pas quelque chose de naturel. Je volai dans sa direction et fus saisi de peur face à l'immensité et au mystère de cette masse gigantesque. Je m'avançai encore, puis compris qu'il ne m'était pas permis d'approcher davantage.

Le monolithe devait être une sorte de mémoire, un programme de l'humanité, pensai-je. Je constatai que son intérieur était fait d'une substance noire comme de la lave, brillante, compacte, impénétrable. Sans doute n'était-il accessible qu'à ceux ayant atteint un niveau de développement élevé de leur conscience.

Je me demandai qui l'avait construit, mais ne trouvai pas de réponse. Face à l'énigme de cette création, j'éprouvai un sentiment de désarroi. Je me dis que, si la condition pour y accéder était la pureté de notre être, cet objet devait avoir été créé par quelqu'un d'extrêmement avancé. Mais bien sûr, tout ceci n'était qu'un raisonnement du mental. Seule l'expérience directe peut mener à la compréhension, grâce à l'intuition. Bien pauvre est l'homme qui ne compte que sur son mental.

Pour tenter de comprendre cette expérience, je lus par la suite des ouvrages sur la Kaaba, la pierre noire monolithique sacrée de La Mecque, autour de laquelle des millions de musulmans marchent en priant. Puis je vis le film *2001: L'Odyssée de l'espace,* dans lequel un petit monolithe noir apporte la sagesse aux hominidés sur une terre désolée.

J'entendis aussi parler d'un astronaute qui aurait repéré puis récupéré un petit monolithe noir dans l'espace. Sur le web, je recherchai à ce propos des informations mentionnées par Richard Boylan, un hypnothérapeute qui travailla beaucoup avec des personnes qui avaient été contactées et enlevées. Lui-même me confirma ce fait.

Dans ma vision, il me fut donc impossible d'entrer dans le monolithe noir; je descendis alors dans un paysage inconnu, formé de sept vallées parallèles. Chacune d'elles était un monde auquel correspondait une série d'épreuves qu'il fallait surmonter pour accéder à la vallée suivante. Je m'aperçus que je me trouvai dans la septième vallée, une vallée alpine couverte de forêts de pins, avec des gens que je connaissais. Après avoir réussi ces tests, il me serait possible d'accéder au monolithe noir.

Là encore, une étude plus approfondie me permit par la suite de découvrir que, dans la tradition bahá'íe, l'enseignement des « Sept Vallées » écrit par Bahá'u'lláh décrit les étapes que doit parcourir le voyageur pour aller du séjour de poussière à la cité céleste, autrement dit les différentes étapes du dépassement de l'ego. On y retrouve les thèmes mystiques du langage des oiseaux de la tradition soufie. Bien que ne sachant rien de ces écrits sacrés, j'eus l'impression de parcourir de vieux chemins.

Je me souviens maintenant qu'au cours d'une vision précédente, j'avais marché dans une vallée et détruit sous mes pas de belles plaques de cristal. Mais je devais avancer et c'était le prix à payer. Je ressens encore le mécontentement que me suscitait la destruction de ces lames de cristal, même si cela me semblait déjà appartenir à mon passé. Peut-être étais-je dans l'une des sept vallées.

*

J'ai peu écrit sur mes voyages intérieurs effectués au Monroe Institute, dans lequel je me retrouvais sous un dôme entouré des nuages roses. Un soir, j'avais été invité à dîner par Skip Atwater et sa femme dans leur maison près de l'institut. Nous nous étions assis sur leur terrasse pour boire un apéritif et comme toujours avec eux, la conversation avait été passionnante.

Quelque temps après, je fus de nouveau leur invité et nous reprîmes l'apéritif sur la même terrasse. Grand fut mon étonnement quand je m'aperçus que ce lieu était différent de celui que j'avais vu la première fois: la terrasse était maintenant beaucoup plus petite, avec une balustrade et des arbres qui obstruaient le ciel. Dans mon souvenir, elle était très grande et ouverte sur l'immensité du ciel – semblable à l'impression de grandeur que m'avait procurée le vaste espace en forme de dôme de mes précédents voyages méditatifs au Monroe Institute.

Comment était-ce possible ? Sans m'en rendre compte, j'étais entré dans cet état de conscience particulier que j'avais vécu lors de ces visions. Skip était un expert pour guider les gens dans des voyages interdimensionnels et des rencontres avec des êtres d'autres dimensions. Peut-être sa présence m'avait-elle amené à entrer en résonance avec des expériences de cet ordre. C'était probablement cela.

À l'occasion d'un autre dîner, Skip et sa femme, Fay, me confièrent qu'ils voyaient très souvent des orbes – des globes brillants au comportement intelligent – autour de leur maison ou à l'intérieur. Ils me dirent que, la nuit, ces orbes étaient souvent dans leur garage.

Ils me parlèrent également d'une très forte expérience de temps manquant. Un soir qu'ils voyageaient en voiture, ils se rendirent compte qu'ils étaient à des centaines de kilomètres de leur destination, dans une direction totalement différente et sans aucun souvenir de leur parcours. Ce genre d'expérience est bien connu de ceux qui se penchent sur les phénomènes paranormaux. Dans de tels cas de temps manquant, on parle aussi de téléportation, ou de déplacement dans d'autres dimensions.

Joseph McMoneagle

Bien sûr, il s'agit là de choses très étranges mais, si la réalité quotidienne est une construction de notre conscience, alors en changeant les informations qui animent notre conscience, nous pouvons faire l'expérience d'autres réalités. Les expérimentations menées au Monroe Institute me l'ont montré.

Et Skip Atwater alla même plus loin : lors d'un entretien que nous eûmes, il affirma que nous vivons sans doute différentes vies simultanément. Nous avons parfois l'impression de perdre ici des objets, parce que nous les avons transportés là, dans une vie différente – et puis ils réapparaissent soudain ici. Il s'agit d'univers parallèles. Je racontai alors à Skip qu'à la fin d'un voyage, j'avais vécu l'expérience des différents tunnels de réalité et découvert que nous sommes toujours dans le présent. Il me sourit, acquiesça et me tapota l'épaule.

Skip est un honnête explorateur de la réalité. Sa quête est également d'ordre spirituel, comme on peut le lire dans les derniers chapitres de son beau livre : *Captain of My Ship, Master of My Soul: Living with Guidance.* C'est aussi grâce à lui que je rencontrai et interviewai l'un de ses voisins, Joseph McMoneagle, le plus grand médium du Stargate Project. Skip effectua avec lui beaucoup de recherches dans le domaine du renseignement grâce à la vision à distance ; il l'aida aussi dans ses voyages de vision à distance en direction de la Lune et de Mars. McMoneagle dessina ensuite avec une précision photographique ce qu'il avait vu. Cet homme est capable de décrire des situations lointaines en entrant dans les gens. Il est une démonstration vivante des capacités extraordinaires de l'esprit humain.

CHAPITRE 5

Réalité multidimensionnelle

J'avais passé beaucoup de temps à explorer de façon intensive mon monde intérieur. Par ailleurs, dans ma vie professionnelle, j'avais réalisé une longue série de documentaires historiques sur le nazisme, le fascisme et la Seconde Guerre mondiale et je me sentis soudain las de passer mes journées au milieu de documents d'archives, de photographies et de films souvent horribles. Je décidai donc de faire quelque chose de complètement différent et peut-être amusant. Alors, en 1996, sachant qu'il y aurait une conférence internationale sur les OVNIS à Saint-Marin en Italie, je me dis que je pourrais faire un documentaire sur les personnes croyant aux OVNIS, bien que, selon moi, ces phénomènes n'aient aucune réalité.

Ma surprise fut grande de découvrir parmi les intervenants des professeurs universitaires enseignant la physique : les professeurs August Meesen, de l'Université de Louvain, et Dino Dini, de l'Université de Pise. Ils exposèrent des cas précis qui avaient été étudiés selon des critères scientifiques et qui démontraient l'existence du phénomène des OVNIS, sans pouvoir en expliquer l'origine et le but.

Alors, au lieu de réaliser un documentaire sur la croyance aux OVNIS, je me mis à recueillir des documents sur leur existence et leur signification. Je produisis ainsi en 1997 un cycle de quatre documentaires, de cinquante minutes chacun, traitant différents aspects de ce sujet. Je voyageai pour cela à travers l'Europe, les États-Unis et le Mexique. Après un autre voyage aux États-Unis, je tournai un nouveau documentaire, réactualisé, sur les OVNIS; puis, à la suite d'un périple dans le sud de l'Angleterre, un autre sur les crop circles.

Ce fut une aventure extraordinaire qui m'amena à rencontrer des témoins, civils et militaires, des chercheurs et des gens ordinaires qui me racontèrent comment ils avaient été contactés par des occupants d'OVNIS, et même enlevés par eux dans certains cas. J'eus réellement l'occasion de faire la connaissance de personnes qui comptent parmi les plus importants témoins de l'accident de Roswell au Nouveau-Mexique, où en 1947 un OVNI se serait écrasé. Je rencontrai et interviewai le colonel Philip Corso, Zecharia Sitchin, Budd Hopkins, John Mack, Steven Greer, Richard Dolan et de nombreux autres experts dans l'étude des OVNIS et des phénomènes qui s'y rapportent.

Je n'ai pas l'intention de retracer ici mon voyage dans le monde des OVNIS, mes documentaires en rendent compte. Comme précédemment, je vais me limiter à certains aspects des expériences que j'ai vécues en étudiant ce sujet et qui m'ont particulièrement impressionné et incité à essayer de comprendre la nature de ce phénomène. Ce thème m'a fasciné parce qu'il a trait à la relation entre matière et conscience, entre réalité et esprit ; parce qu'il relie les traditions anciennes, et le folklore, à la physique quantique, aux neurosciences et plus encore. Il nous amène à nous interroger : « Sommes-nous seuls dans l'univers ? »

*

Je voudrais, pour commencer, faire part de trois témoignages personnellement recueillis auprès de personnes qui aperçurent des OVNIS dans la région du sud de la Suisse où je vis.

Lorsque je rencontrai Stefano Guerra, commandant de bord de la compagnie aérienne Crossair à l'époque, il me raconta que, lors d'un vol Lugano-Bâle, il vit dans le ciel un énorme objet lumineux, de la taille de quatre avions gros-porteurs. Il en demanda confirmation au sol, mais on lui répondit que rien de tel n'apparaissait sur l'écran radar. Le pilote d'un autre avion Crossair allant de Genève à Lugano prit alors contact avec Guerra pour attester de la même observation. Guerra fut très surpris face à cette masse énorme et lumineuse, immobile dans le ciel, et qui avait ensuite brusquement disparu. Bien des années après, sa stupéfaction était toujours la même.

Une deuxième observation qui me marqua beaucoup est celle d'un homme volant avec son deltaplane. En contrebas, de l'autre côté de la vallée, il vit au-dessus d'une ferme une spirale de lumière, semblable à un éclair. Pensant qu'il s'agissait d'un hélicoptère en détresse, il se rapprocha et se trouva suffisamment près pour voir clairement un OVNI argenté qui disparut immédiatement. Ce même jour, deux autres personnes du village confirmèrent ses dires.

Le troisième témoignage impressionnant est celui d'un pilote civil à la retraite. Il était en voiture, en route vers l'Engadine, une région montagneuse située dans l'est de la Suisse. En passant par les gorges de Viamala, il vit des lumières colorées dans son rétroviseur. Ne comprenant pas ce que c'était, il s'arrêta au bord de la route et vit, légèrement au-dessus de lui, un gros objet avec de nombreuses lumières colorées, qui semblait l'observer. Il se souvient être arrivé dans l'Engadine dans un état d'agitation intense et incapable d'expliquer son grand retard : un cas typique de « Missing Time ». Quand il me raconta son aventure quelques mois plus tard, il était toujours effrayé, se demandant ce qui lui était arrivé pendant ce temps manquant. Il s'interrogeait sur la nécessité de faire une séance d'hypnose régressive pour mieux comprendre ce qui s'était passé.

*

À mon avis, les OVNIS existent. Il y a des milliers de témoignages crédibles de pilotes civils et militaires, de détections radar, de photographies, de vidéos et de traces laissées sur le sol par des OVNIS ayant atterri.

Je voudrais en particulier mentionner ici le rapport COMETA, publié en France en 1999 et transmis au président français Jacques Chirac, à son Premier ministre Lionel Jospin, et communiqué au grand public. Dans ce document, des généraux de l'armée de l'air française, des membres de la communauté du renseignement et des pilotes militaires et civils déclarent que les OVNIS sont un phénomène réel ; qu'il s'agit d'objets volants extraterrestres ; et qu'ils ne constituent pas une menace pour la Terre parce que, malgré leur suprématie technologique, « eux » n'ont jamais été agressifs (argument contesté par d'autres études). Ce rapport COMETA affirme également que les États-Unis connaissent bien le sujet, même s'ils le nient, et qu'il est temps pour eux d'ouvrir leurs archives. Il indique que l'affaire Roswell a fait l'objet d'une désinformation. Permettez-moi de rappeler que le rapport COMETA fut rédigé par des militaires et des services de renseignement français faisant autorité, ainsi que par des experts civils.

Des auditions publiques ont par ailleurs eu lieu à Washington, D.C., durant lesquelles des pilotes, militaires et civils, ont témoigné de ce qu'ils avaient vu. Ils se sont dits prêts à témoigner devant le Congrès. D'autres nations ont également créé des organismes officiels chargés d'étudier le phénomène des OVNIS.

Le gouvernement américain, connu pour disposer des meilleurs moyens d'investigation et de surveillance de l'espace aérien, a longtemps nié l'existence du phénomène.

Fin 2017, le New York Times a enfin révélé qu'un programme secret du Pentagone avait enquêté, entre 2007 et officiellement 2012, sur les observations d'OVNIS. L'article précisait que cela n'avait concerné que les rencontres faites par des membres de l'armée. Parmi les pièces examinées, il y avait des vidéos prises par des pilotes de la marine américaine, des photographies et des tracés radar. Fin avril 2020, le Pentagone a officiellement publié trois courtes vidéos de phénomènes aériens non identifiés qui avaient précédemment été diffusées par une société privée. Une porte qui semblait devoir rester close s'est donc ouverte. Nous sommes face à de grands changements en perspective.

Pourquoi l'existence des OVNIS a-t-elle été niée si longtemps ? De nombreux spécialistes du phénomène ont déclaré que c'était par crainte des répercussions psychologiques, sociales, économiques, politiques et religieuses, que pourrait susciter le fait d'admettre officiellement ce phénomène. Certains spécialistes ont aussi fait valoir que ces études portant sur les OVNIS fournissent au gouvernement américain d'importantes connaissances qui pourraient lui être utiles sur le plan militaire, connaissances qu'il n'est donc pas disposé à partager.

D'une façon générale, la communauté scientifique s'abstient de traiter ce sujet parce que le phénomène des OVNIS ne rentre pas dans le cadre des paradigmes actuels de la recherche scientifique. En outre, aucun financement n'est vraiment accordé pour ce genre d'études sur un sujet susceptible d'être un objet de controverse sur le plan politique. Par conséquent, le monde scientifique a malheureusement tendance à nier l'existence même des OVNIS, du moins pour ce qui relève de la recherche scientifique officielle. Les spécialistes des OVNIS sont toutefois convaincus que, depuis de nombreuses années, des recherches scientifiques sont malgré tout menées secrètement en ce domaine, notamment pour des raisons militaires. Peu à peu, les choses évoluent et, suite à une récente déclaration du Pentagone, on note une certaine ouverture en faveur de la recherche sur les OVNIS.

Le phénomène existe mais reste mystérieux – on ignore qui en est à l'origine, quelles intentions l'animent et comment y faire face. De nombreuses hypothèses sont avancées et certaines personnes prétendent pouvoir les prouver.

Quoi qu'il en soit, des éléments sont connus et je me limiterai à trois faits parmi tant d'autres.

Une de « leur » intention semble avoir été constatée à plusieurs reprises. Des commandants de bases de missiles américaines et russes ont témoigné que des OVNIS sont apparus au-dessus de ces bases et en ont désamorcé les missiles. Le message paraît clair : « Ne jouez pas avec le feu. » C'est donc rassurant – ils interviennent pour remédier à l'irresponsabilité des humains ! Je recommande la lecture du livre de Robert Hastings, UFOS *and Nukes (Ovnis et nucléaires)*, paru en 2017.

Le physicien Dino Dini est professeur à l'Université de Pise et membre du groupe d'étude balistique de l'OTAN. Il a travaillé pendant des années avec la NASA à Houston et, lors d'un débat télévisé faisant suite à ma série de documentaires sur les OVNIS, il a déclaré que la NASA savait que des vaisseaux mères sont stationnés dans l'espace et que des OVNIS en descendent pour nous observer.

Quant aux expériences vécues, maintes histoires ou déclarations individuelles font état de rencontres avec des extraterrestres, et même d'enlèvements. Certains pourront dire que ces témoignages ne sont pas probants, mais n'oublions pas que notre société se base non seulement sur ce que dit la science mais aussi sur les perceptions des gens. Les témoignages documentés ont été recueillis auprès de pilotes, militaires et civils, d'opérateurs de vol et de policiers, ainsi que de personnes ordinaires.

On a raconté que, chez certains individus qui avaient été enlevés, des implants – constitués de matériaux inconnus et aux fonctions mystérieuses – avaient été retrouvés et extraits de façon chirurgicale. Selon certains chercheurs, spécialistes des OVNIS, ces implants n'ont pas été placés dans les corps de ces personnes par des extraterrestres, mais par les militaires eux-mêmes : peut-être pour semer la confusion ou pour dissimuler des opérations secrètes. En ce domaine, il est très difficile de savoir où se situe la vérité.

Autre aspect notable : des témoins disent avoir vu des OVNIS disparaître d'un seul coup. D'autres affirment que leurs occupants pouvaient traverser les murs ou communiquer par télépathie. Il faut se rendre à l'évidence : pour comprendre le phénomène OVNI, notre modèle habituel de réalité ne suffit pas. Sans vouloir retracer l'histoire de la recherche en ce domaine, je souhaite à présent souligner quelques points qui m'ont particulièrement frappé. Comme je l'ai fait auparavant, je m'appuie d'abord sur mes propres expériences et sur celles d'autres qui me semblent importantes, avant de tenter d'établir un modèle d'interprétation.

*

Je me souviens d'une longue rencontre, il y a au moins vingt ans, avec Illobrand von Ludwiger, un physicien allemand, grand expert du phénomène OVNI. Il m'avait expliqué que, de son point de vue, la vision spiritualiste – avec ses phénomènes médiumniques, ses apports (objets qui apparaissent soudain, provenant d'une autre dimension) et bien d'autres choses – est probablement la plus apte à aborder le phénomène des OVNIS, même s'il existe des différences. Elle repose en effet sur un modèle de réalité multidimensionnelle.

Pour comprendre ce phénomène, von Ludwiger a élaboré un modèle à six dimensions, capable d'expliquer des aspects incompréhensibles du phénomène OVNI, tels que la poussée gravitationnelle, la lumière dite solide formant un mur autour des OVNIS, leur disparition dans le néant, et leur déplacement instantané sur de longues distances et dans le temps. Il a décrit ce modèle dans ses livres, assurant que ces six dimensions rendent ordinaires des phénomènes que nous, dans notre perception tridimensionnelle, définissons comme paranormaux. Ce modèle, note-t-il, nous aide à comprendre que nous-mêmes sommes plus que des êtres matériels dans l'espace-temps.

C'est précisément ce que de nombreuses grandes traditions spirituelles ont toujours soutenu, et ce dont je me sens proche dans mes expériences : nous sommes un esprit dans un corps humain.

Même les expériences de mort imminente, ainsi que celles des chamanes, semblent avoir des points communs avec le phénomène OVNI – y compris les tunnels à travers lesquels il est possible d'accéder à d'autres dimensions, les sources de lumière et les rencontres avec des êtres inconnus. Les chamanes accèdent à ces réalités grâce au son du tambour ou à des substances psychotropes.

Ces dernières années, des études scientifiques ont été menées, notamment par le professeur Rick Strassman, sur les effets de la diméthyltryptamine, ou DMT, une substance hallucinogène présente dans de nombreuses plantes et dont l'absorption génère d'intenses expériences psychédéliques. Parmi les diverses réalités ainsi vécues, certains individus ont vu des OVNIS et rencontré des extraterrestres avec lesquels ils ont pu communiquer. Strassman en conclut qu'il existe différentes réalités avec lesquelles nous pouvons communiquer en entrant dans d'autres états de conscience. On voit ici encore que c'est l'état de conscience qui détermine la possibilité de l'expérience.

De son côté, le chercheur français Jacques Vallée fait valoir que le phénomène OVNI rappelle en partie ce dont il est question dans le folklore de nombreuses cultures : par exemple, la présence de gnomes, de fées et d'autres êtres susceptibles d'être présents sur des plans différents.

*

Comment les extraterrestres pourraient-ils nous rendre visite ? Et à quoi pourraient ressembler de tels êtres ?

Skip Atwater du Monroe Institute déclare que ce serait sans doute une erreur de penser que tous nos compagnons de l'espace doivent forcément être constitués d'une structure semblable à la nôtre. Selon lui, ils ont peut-être un tableau périodique différent, ce qui induirait une combinaison nouvelle de leurs atomes et électrons, donnant ainsi vie à d'autres formes d'existence. Peut-être est-ce pour cette raison, dit-il, que le contact avec des extraterrestres est si rare sur le plan physique. Le contact avec d'autres êtres est plus facile sur les plans mentaux et spirituels, ajoute-t-il, car ceux-ci se situent en dehors de l'espace-temps.

Comme on peut le constater, le phénomène est très complexe, labyrinthique.

D'après certains témoignages, les OVNIS semblent parfois solides. Peut-être viennent-ils de planètes certes éloignées mais appartenant à notre propre dimension spatiotemporelle. Dans ce cas, comment franchissent-ils ces énormes distances ? Peut-être sont-ils capables de se téléporter grâce à la dématérialisation et à la matérialisation, et d'apparaître et disparaître ainsi. Jusqu'à présent, nous avons pu téléporter uniquement des particules élémentaires, pas de grands objets.

Certaines personnes soutiennent que les OVNIS ne viennent pas du présent mais du futur, toujours dans notre espace-temps. D'autres pensent qu'ils proviennent de dimensions parallèles à la nôtre en passant par des tunnels interdimensionnels. La physique moderne envisage aujourd'hui l'existence d'au moins onze dimensions. Je souligne par ailleurs que, lors des expériences de mort imminente, des voyages chamaniques ou de la méditation, le sujet accède parfois à d'autres dimensions à travers des tunnels.

Le modèle auquel je me réfère pour tenter d'expliquer le phénomène OVNI est donc celui d'une réalité multidimensionnelle.

Je me demande à présent comment relier ce que j'ai écrit dans les chapitres précédents à ce que je viens d'exposer à propos des OVNIS : comment intégrer tout cela dans un modèle multidimensionnel ?

Il semble raisonnable de dire que certaines formes d'existence sont présentes dans notre dimension spatio-temporelle – la vie quotidienne des êtres humains et des animaux, par exemple –, mais peut-être aussi en dehors de cette dimension. Certains êtres appartiennent à notre dimension mais sont dépourvus de corps physique, comme des défunts ou des êtres humains éveillés qui n'ont plus de corps physique et peuvent évoluer dans telle ou telle dimension. Et puis il y a des êtres d'autres dimensions qui peuvent parfois communiquer avec nous. Je pense à ceux aux apparences les plus diverses et qu'on nomme extraterrestres, ou ceux qui n'ont pas de corps et que nous percevons en tant qu'énergie.

Tout cela apparaît dans notre conscience. C'est elle qui nous relie à toute forme d'existence parce qu'elle en est la base commune. Lorsque nous parvenons à l'état de conscience pleinement présente, sans rien retenir, analyser ni juger – ce qui activerait tous nos filtres –, nous avons la possibilité d'entrer en contact avec toute chose, de voir d'autres formes d'existence, et d'accéder à d'autres dimensions. Nous pouvons pénétrer la mémoire akashique ; nous pouvons aller dans le futur.

Quand nous sommes dans cet état de conscience pleinement présente, notre vision est spacieuse et lumineuse. Nous sentons l'harmonie en nous, et la beauté nous entoure. Il nous est alors possible d'atteindre un état hautement évolué et de voir des êtres de lumière dans leur dimension resplendissante. Nous pouvons aussi percevoir d'autres formes de réalité qui sont au contraire la manifestation de disharmonies, de déformations de la réalité dues à l'ego, c'est-à-dire au manque de présence.

Ces propos ne sont pas le fruit de constructions mentales et conceptuelles provenant de l'esprit rationnel. Ils résultent au contraire d'expériences s'élevant de l'ouverture du cœur, d'une totale présence à l'ici et maintenant, à l'éternel présent.

Les OVNIS et leurs occupants font donc partie de cette réalité multidimensionnelle que nous percevons à travers notre conscience en fonction de notre degré d'évolution intérieure. Et selon le degré d'évolution de chacun, il est possible de les voir sur une échelle allant de l'obscurité à la claire lumière. C'est là que réside, à mon sens, le lien entre le phénomène OVNI et ce que j'ai écrit sur les aspects multidimensionnels de la réalité et de la conscience.

Le modèle que je viens de décrire est tout à fait similaire à celui de la cosmologie des textes anciens hindous, les Védas. (Voir Armin Risi : *Die Kosmologie der altindischen Schriften, Ältesten Analysen des UFO-Phänomens,* 1996). Les Védas affirment que l'univers est divisé en quatorze dimensions qui correspondent aux degrés de conscience du divin. La Terre se trouvant au milieu, les forces positives et négatives y sont actives. Les humains ont le libre arbitre d'agir sur la Terre, de choisir entre le bien et le mal.

Ces textes expriment très clairement le fait que les hommes des temps anciens ont eu des contacts avec des êtres extraterrestres provenant de dimensions supérieures, et se déplaçant au moyen de petits vaisseaux de lumière dirigés par leur seule conscience. Ces vaisseaux peuvent se matérialiser pour faciliter le contact avec la Terre, et ils ressemblent alors tout à fait aux OVNIS de petites dimensions.

Il est dit que les êtres des dimensions supérieures sont des êtres de lumière, tandis que ceux des dimensions inférieures sont gris ou ont des traits laids, souvent avec de grands yeux ou des pupilles semblables à celles d'un chat, étant donné qu'ils vivent dans l'obscurité. Tous ces êtres, de lumière ou d'obscurité, sont capables de transmettre des messages sous différentes formes - rêves, visions, contacts, crop circles, etc. : des messages qui peuvent éclairer notre chemin ou le rendre difficile.

Nous devons suivre un chemin de vérité. Il est déjà en nous et les êtres de lumière peuvent nous aider à le découvrir. Si nous ne suivons pas cette voie, nous sommes guidés par nos émotions négatives qui, aux dires de certains, peuvent être suscitées par des êtres des ténèbres, parmi lesquels il peut y avoir des extraterrestres appartenant à des dimensions inférieures.

Jacques Vallée et de nombreux autres chercheurs, dont Salvador Freixedo, se demandent si une grande partie de ce que nous percevons dans le ciel ou dans les contacts apparemment extraterrestres ne serait rien d'autre que l'expression de ces basses réalités se camouflant derrière des formes que nous pouvons voir, capables de nous guider ou de nous manipuler. Freixedo soutient que les forces obscures se nourrissent de nos émotions négatives, et qu'elles participent au déchaînement de guerres et de génocides, par exemple.

On retrouve ici les deux grands courants de la nature humaine : le monde du bien et celui du mal. Nous, humains, sommes des esprits qui vivent temporairement dans un corps, qui ont oublié leur essence divine, et qui se sont perdus dans la matière. Mais nous sommes esprit. Si nous en prenons conscience et vivons dans cette dimension-là, dans un état de conscience ouverte, rien ne peut vraiment nous toucher, car nous sommes alors dans l'unité, dans l'essence divine. Nous ne sommes pas seulement notre corps, et la mort ne peut pas nous atteindre.

*

J'eus moi-même l'occasion de vivre une expérience directe du phénomène OVNI.

Pendant le tournage des quatre documentaires télévisés que je réalisais sur les OVNIS, je me rendis à Tepoztlán, au Mexique, afin d'interviewer Carlos Diaz, un photographe qui affirmait avoir photographié de gigantesques vaisseaux de lumière, être entré dans l'un d'eux et avoir communiqué avec ses occupants. Ses photographies avaient été analysées et considérées comme valides par les chercheurs s'intéressant aux OVNIS. Le soir, afin de poursuivre notre entretien, nous décidâmes d'aller chez lui, à la campagne. Nous roulions donc à la nuit tombée, il faisait sombre. Il n'y avait aucune lumière, si ce n'est celle d'une myriade d'étoiles dans le ciel. C'était tellement splendide que nous sortîmes de la voiture pour admirer le spectacle. Soudain, une étoile se mit à descendre, à la manière d'une feuille qui tombe en virevoltant. Puis cette lumière s'éteignit, j'étais émerveillé. Jamais je n'avais vu une chose pareille.

Je me mis à chercher une explication rationnelle – un satellite, une météorite, une fusée éclairante attachée à un parachute, lors d'un exercice militaire de nuit. Toutes ces explications ne tenaient pas. Pendant ce temps-là, Carlos, lui, s'était agenouillé et « leur » adressait une prière. Roberto Pinotti, le grand ufologue italien qui m'accompagnait en tant qu'expert, et l'ufologue mexicain Daniel Muñoz dirent simplement : « C'est un OVNI, ce sont eux. »

Nous revînmes au même endroit le lendemain matin, pour étudier les lieux à la lumière du jour. Il y avait des collines rocailleuses, rien d'autre. Tandis que nous explorions ainsi, Jaime Maussan, un célèbre journaliste et ufologue mexicain de Mexico, me téléphona. Une fois mis au courant, il me dit : « Ils t'ont accueilli. Félicitations ! »

« Donc, pensai-je, je viens de voir un OVNI ; ils nous voient et se montrent à nous. »

Par la suite, je lus que beaucoup de gens qui avaient aperçu des OVNIS les avaient vus se déplacer comme une feuille en train de tomber ; et parmi ces personnes, il y avait des pilotes, civils et militaires, par conséquent de bons connaisseurs du ciel.

Le même jour, nous déjeunâmes avec Carlos Diaz et sa femme Margarita, dans un restaurant de Tepoztlán. Une femme assez âgée, vêtue d'un manteau, était assise à une table. Elle était en surpoids et semblait étrangère, peut-être une Américaine. En partant, Carlos et Margarita la saluèrent d'un signe de tête et avec un large sourire. Puis ils me confièrent qu'elle était montée dans un OVNI. Qui sait !

Des années plus tard, il me sembla revoir cette femme. Elle était professeur à l'École polytechnique de Zurich. J'aurais juré que c'était elle et j'avais l'impression qu'elle me reconnaissait. Là encore, qui sait ? L'esprit joue avec les illusions...

Et que dirent les occupants des vaisseaux de lumière à Carlos lorsque lui-même monta à bord ? Ils lui parlèrent du grave danger écologique auquel la Terre est confrontée. Ce qui amena Carlos à être très sensibilisé à ce problème.

Carlos m'expliqua en outre que, lorsqu'il pénétra dans le vaisseau fait de lumière, son corps devint également constitué de lumière et qu'il pouvait passer sa main à travers son corps. C'est aussi ce que disent les chamanes en parlant de leurs voyages. Cela indique que Carlos était dans un état modifié de conscience, et non plus dans notre espace-temps. Ses rencontres se déroulèrent dans une autre dimension.

Carlos Diaz

Quelques années plus tard, je revis Carlos lors d'un colloque. Il avait, me dit-il, reçu des enseignements de la part de quelques *curanderos* – des guérisseurs ou chamanes de son village. Ils lui révélèrent qu'eux aussi connaissaient bien les lumières et que, pour les voir, il suffit de descendre dans son cœur. C'est par ce moyen que des milliers d'entre eux voyagèrent au cours des siècles. En d'autres termes, ils dirent à Carlos de s'établir dans un état de conscience ouverte.

J'aimerais ajouter qu'à Tepoztlán, plusieurs personnes me dirent avoir vu des vaisseaux de lumière. Selon elles, ces lumières entraient dans la montagne située en face de Tepoztlán, et sur la crête de laquelle se trouve une ancienne pyramide.

Toujours à l'époque où je réalisais les quatre documentaires sur les OVNIS, je me souviens d'un matin où j'étais chez moi en train de me réveiller : je redescendais d'un vaste couloir empli d'une lumière blanche, disant au revoir à quelques personnages au corps longiligne qui me touchaient affectueusement et me demandaient de les aider. C'étaient des extraterrestres.

Je leur disais que je faisais de mon mieux et éprouvais pour eux le même amour que celui qu'on porte aux enfants. Ces êtres n'étaient pas du tout menaçants, mais avaient besoin d'aide. Ce que je vivais relevait plus d'une vision que d'un rêve : j'étais parfaitement présent et lucide. La situation semblait réelle.

Sur le moment, j'avais été très surpris, me disant que j'étais peut-être vraiment descendu d'un vaisseau spatial, ou que j'avais simplement vécu une mise en scène onirique, absolument parfaite, du travail auquel je me consacrais pleinement dans la journée. Je n'en avais rien dit à quiconque; j'avais eu le sentiment que cette expérience risquait d'être facilement mal interprétée.

Comme je l'ai écrit: ces êtres m'avaient demandé de les aider. De grands chercheurs, experts en ce domaine, et en particulier le célèbre psychiatre et professeur de Harvard, John Mack, que j'ai interviewé, soutiennent que parmi ces êtres, certains sollicitent notre aide parce que leur race est en danger d'extinction. C'est ce qu'ils expliquaient aux personnes qu'ils avaient enlevées et que Mack a longtemps interrogées. Selon lui, le but de ces enlèvements serait de prélever des éléments organiques humains afin de sauver leur race malade, à cause de conflits atomiques. Mack précise dans ses ouvrages que les témoins qu'il a étudiés - ceux disant avoir vécu une expérience d'enlèvement par des extraterrestres - n'étaient malades ni mentalement ni physiquement.

*

À Zurich, je rencontrai un psychiatre bien connu, travaillant dans un hôpital psychiatrique réputé de la ville. Il m'expliqua que, parmi ses patients, certains affirmaient avoir été enlevés par des extraterrestres et qu'il les croyait. L'examen clinique auquel il les avait soumis montrait qu'ils n'étaient pas des malades mentaux mais seulement les victimes d'une aventure effrayante. Il refusa toutefois de m'accorder une interview par crainte de perdre son emploi. En me disant au revoir, il me dit que, si Freud avait découvert que nous sommes largement conditionnés par notre inconscient individuel, et si Jung prétendait que

John Mack

nous le sommes également par nos mémoires collectives, nous savions à présent que des êtres d'autres dimensions entrent en contact avec nous et peuvent eux aussi nous conditionner. Il nous fallait donc réfléchir à ce que signifie notre autonomie, et lutter pour sauvegarder notre libre arbitre.

À New York, je fis la connaissance de Budd Hopkins, chercheur connu pour ses enquêtes concernant les enlèvements par des extraterrestres. Chez lui, il me montra de nombreux documents et, parmi eux, des dessins d'extraterrestres réalisés par des personnes qui avaient contacté Budd pour lui faire part de leurs expériences bouleversantes. Il me fit également écouter des enregistrements de séances de régression non hypnotique qu'il avait proposées à des individus qui prétendaient avoir été kidnappés. Il avait fait un travail de documentation vraiment très sérieux.

Budd Hopkins était devenu expert en ce domaine, par hasard. Artiste de renom, ses peintures et autres œuvres avaient été exposées dans certains grands musées de New York. Un jour, le propriétaire d'une boutique en bas de chez lui avait raconté ses rencontres avec des extraterrestres. Hopkins écrivit un article à ce sujet dans un journal de quartier à New York, et la nouvelle fut reprise par la presse nationale. Il commença alors à recevoir des lettres de personnes déclarant qu'elles aussi avaient été enlevées par des extraterrestres. Leurs témoignages comportaient d'importants points similaires, y compris dans les dessins des visages et, en particulier, dans les représentations des symboles vus sur les parois des vaisseaux spatiaux, éléments qu'Hopkins n'avait pas mentionnés dans son article.

Budd Hopkins

Lorsque je découvris quelques-unes de ses œuvres dans son appartement, je fus surpris de voir sur ses tableaux des images, même stylisées, de tunnels, et la présence, dans ses assemblages, de portes évocatrices de passages interdimensionnels. Devant ces portes, Hopkins avait placé de petites figurines armées – comment ne pas penser aux gardiens du seuil, présents dans tant de traditions. Je lui fis cette réflexion et il eut l'air surpris. Quand je lui demandai si lui-même avait eu des expériences, il rougit et ne fit aucun commentaire. Probablement parce que nous ne nous connaissions pas assez.

C'est Budd Hopkins qui parla au psychiatre John Mack des enlèvements et lui en communiqua de nombreux cas que Mack étudia ensuite et présenta dans un livre intitulé *Enlevés par les extraterrestres*. Avec beaucoup de respect, Hopkins me montra un autre ouvrage que Mack écrivit peu de temps avant sa mort : *Passeport pour le Cosmos : Transformation humaine et rencontres alien*. Dans ce document, Mack se focalise sur la signification de ces expériences et les objectifs que ces êtres se fixent. Il y affirme que ce qu'ont vécu les personnes enlevées sont des initiations à un retour à la source. Il est arrivé à cette conviction, écrit-il, en étudiant les traditions indigènes qui sont, aujourd'hui encore, directement liées à des états supérieurs de conscience. Selon moi, son étude est une tentative visant à surmonter la conception matérialiste de la science, pour qu'elle tienne compte de la conscience et des expériences vécues dans divers états de conscience. C'est déjà le cas pour certains scientifiques, notamment ceux qui travaillent dans le domaine de la physique.

J'eus l'occasion de revoir Hopkins peu de temps avant sa mort. Il me dit qu'il écrivait ses mémoires parce qu'il se rendait compte que ses enfants en savaient peu sur ses recherches. Cette confidence qu'il me fit est à l'origine de mon propre livre.

Lors de cette dernière rencontre, la journaliste d'investigation, Leslie Kean, autrice du livre *OVNIS – Des généraux, des pilotes et des officiels parlent*, était également présente. Son livre, devenu un best-seller, s'inspire du rapport COMETA déjà mentionné, dans lequel de hauts responsables de l'armée et du renseignement français, ainsi que des pilotes militaires ou civils, et autres témoins attestent de l'existence des OVNIS et expliquent les conséquences qui en résultent. Publié douze ans après la publication du rapport COMETA, ce livre fut considéré comme une entreprise courageuse.

*

Autre vieux souvenir: je n'avais pas encore tourné de documentaire sur les OVNIS et je participais en Suisse allemande à un séminaire bouddhiste assez ardu. Un soir, mort de fatigue, je m'allongeai sur le lit du vieil hôtel où je logeais; les expériences de la journée occupaient encore mon esprit. Soudain, je vis devant moi, dans l'ombre, à deux ou trois mètres du lit un être étrange et inconnu. Il mesurait peut-être un mètre cinquante; de couleur grise, il était trapu, les hanches larges, le ventre tombant, un long visage et des yeux noirs aussi brillants que ceux d'un insecte. De grandes rides marquaient son visage. Difficile de lui donner un âge, s'il avait été humain, j'aurais dit 60 à

70 ans. Il n'avait pas l'air bien. Il portait sur la tête un bonnet rouge en forme de cône, comme celui des nains. Cette sorte de camouflage me sembla ridicule ; peut-être était-il destiné à rendre ce personnage agréable, pour ne pas me faire peur. Je ne me souviens pas s'il portait des vêtements.

Il me regardait dans les yeux et son regard était vide de toute émotion : il était froid, impénétrable, non humain. J'étais réveillé, vigilant. Je ne me mis pas à crier de peur. Je ne me rappelle rien d'autre : il y a un vide, comme si je m'étais endormi. En me réveillant le lendemain matin, je n'étais ni effrayé ni agité, mais je sentais une forte brûlure à l'arrière de mon genou gauche. Je vis qu'il y avait une petite coupure très fine.

Qui était cet être ? Il venait certainement d'une autre dimension. Je l'avais vu de mes propres yeux ouverts. Était-ce un « gris », c'est-à-dire un extraterrestre comme ceux dont on parle souvent, ou bien un « gnome », l'un des habitants humanoïdes du monde intermédiaire, comme le disent les chamanes ? Je l'ignore. Et pourquoi cette coupure ?

Je gardais de cet épisode un sentiment non pas de peur, mais plutôt d'incrédulité. Je ne savais qu'en penser. J'avais lu des choses au sujet des enlèvements par des extraterrestres, et des coupures et implants retrouvés sur les corps de personnes qui avaient été enlevées. Des années après, je pus rencontrer et interviewer certaines d'entre elles. J'interrogeai et filmai notamment un jeune Génois qui avait une longue et fine coupure horizontale sur le dos, juste au-dessus des reins.

Plus tard, au Monroe Institute, des participants demandèrent si j'avais moi-même été enlevé. Eux l'avaient été et disaient percevoir en moi la sensibilité particulière des êtres ayant vécu cela. Je leur parlai de la coupure derrière mon genou. Ils me dirent que, oui, c'était un signe, comme les petites coupures au niveau du cou, etc. Qui sait ? Pour moi, cette histoire s'arrêta là.

De nouveaux souvenirs surgissent à leur tour dans mon esprit.

Un après-midi, j'étais chez un parent. Assis sur un siège dans son salon, j'étais seul. Non loin de là, il y avait un meeting aérien et les avions décollaient et atterrissaient sur le petit aéroport d'Agno. J'eus la sensation de m'enfoncer dans mon fauteuil, comme si je devenais très lourd. Tout devint silencieux. C'était comme si le temps s'était arrêté. J'étais lucide et présent. Soudain, je vis juste au-dessus de moi le ventre large et plat d'un avion gigantesque, sous lequel s'entremêlaient des tubes et d'autres formes, ainsi que peut-être quelques sigles. L'avion tourna lentement, dans un silence total. Je pensai qu'il était en train de s'éloigner de moi, comme s'il y avait eu juste un contact que je ne pourrais décrire.

Ensuite, l'avion disparut en un éclair et c'est à ce moment-là que je pris conscience de ce que j'avais vu. Que m'était-il arrivé ? Je l'ignore. Peut-être m'étais-je endormi et, au cours de la transition entre l'état de veille et le sommeil, avais-je vu cette scène qui rappelait certaines séquences de films ou des livres. Ou peut-être avais-je vécu une rencontre avec un OVNI. Je ne le sais toujours pas, mais cela reste un souvenir très vif et très net.

Je me rappelle aussi cette fois où, il y a des années, j'étais au Canada pour un documentaire. Comme je disposais de quelques jours de congé, je m'étais rendu de Vancouver à l'île de Vancouver en Colombie Britannique et en avais visité la côte en voiture. J'avais fait halte à Telegraph Cove, un petit village au fond d'une crique, et pris un ferry pour Alert Bay, une île sacrée pour les Indiens de la région.

La mer était d'un bleu profond, le ciel sans nuages. Durant la traversée, je pus voir d'énormes épaulards, une incroyable force de la nature. Puis me sentant fatigué, j'allai m'installer dans le salon du ferry. À côté de moi était assis un jeune Américain, plutôt maigre et triste. J'ignore pourquoi, mais nous nous mîmes à parler d'enlèvements par les extraterrestres. Il me dit qu'il habitait près de Whitley Strieber, l'auteur de livres célèbres sur le sujet. Soudain, tout s'enveloppa d'un brouillard parfaitement blanc, brillant, éblouissant et tout à fait étrange par une si belle journée. Cela me submergea et j'en éprouvai un sentiment d'impuissance. Je ne me souviens de rien d'autre – j'avais eu une absence. Peut-être m'étais-je simplement endormi. Au réveil, je me sentis désorienté. Je me rappelle m'être pendant longtemps demandé ce qui s'était passé, sans trouver de réponse. Avais-je été emmené dans une autre dimension ? Ou s'agissait-il d'un phénomène hypnagogique précédant l'endormissement ?

En débarquant à Alert Bay, je marchai le long de la jetée pour visiter le lieu des cérémonies indiennes, un grand bâtiment en bois qui avait grisé avec le temps et dont la façade principale était couverte de grands dessins sacrés. L'intérieur était sombre, triste, inquiétant. Dans une pièce se trouvaient des masques et objets rituels qui avaient été confisqués quarante ans auparavant, au moment de l'assimilation culturelle forcée des ethnies indigènes, puis rendus plus tard aux habitants.

Sur une colline, je vis le cimetière indigène avec de grands totems anciens, sculptés et peints. L'atmosphère d'Alert Bay était riche de souvenirs, de traces de vies difficiles, d'abus, de grandes souffrances. J'avais l'impression d'étouffer et fus heureux de quitter l'île par le premier ferry.

Quelle importance donner à cette expérience ? Je ne sais pas. Est-elle en lien avec le fait d'avoir parlé d'enlèvement et de Whitley Strieber avec un inconnu ? Me suis-je involontairement mis en syntonie avec cette expérience ? C'est possible, mais je n'ai aucun souvenir. Et que dire du brouillard éblouissant sur le ferry ? Je l'avais déjà vu des années auparavant lors d'une vision en méditation avec Lama Sherab. J'allais d'ailleurs continuer à le voir plusieurs fois au cours de voyages chamaniques dans le monde supérieur, dont je parlerai plus tard. Pour moi, ce brouillard représente le passage vers des mondes supérieurs - comme l'affirment de nombreux témoignages chamaniques.

Tous ces exemples montrent combien il est difficile d'évaluer de tels vécus. Cet épisode-là me surprit seulement, sans susciter chez moi la moindre peur. Désormais, je m'étais quelque peu accoutumé aux expériences étranges.

*

Certaines personnes rencontrées m'ont pourtant raconté des histoires effrayantes. Je me souviens de Travis Walton, un bûcheron américain qui fut enlevé par un OVNI, dans une forêt où il travaillait avec des collègues qui furent témoins de l'incident. Ayant disparu pendant quelques jours, il fut retrouvé à la lisière de la forêt, dans un état de confusion. La police le soumit à un détecteur de mensonges : Travis Walton ne mentait pas.

Après un colloque à Rome, je passai deux jours en compagnie de cet homme. Il m'expliqua qu'à bord de l'OVNI, on avait procédé sur lui à des examens médicaux. Il avait vu des humains avec lesquels il n'était pas parvenu à communiquer et qui l'avaient ignoré. Vingt ans plus tard, son histoire fut portée à l'écran dans un long métrage, *Fire in the Sky*. Tel que je l'ai connu, Travis Walton était une personne calme, équilibrée, plutôt triste et mélancolique. On sentait qu'il avait vécu des choses traumatisantes, qu'il avait été maltraité.

Je me souviens aussi de Maurizio Cavallo, un agent d'assurances d'Alessandria, en Italie. Il affirmait avoir été enlevé et emmené à bord d'un OVNI, où il avait rencontré des humains provenant de planètes lointaines qu'il avait ensuite visitées. Je le rencontrai plusieurs fois et Cavallo m'expliqua que son expérience fut très difficile et qu'il lui avait fallu des années pour s'en remettre.

Cavallo est une personne dotée d'une grande capacité médiumnique : j'avais parfois l'impression que les énergies qui agissaient en lui n'étaient pas les siennes. Ses pupilles étaient très étranges, comme le remarqua aussi la personne qui m'accompagnait ; elles rappelaient celles des chats.

L'attitude provocante de Cavallo était parfois problématique. Pourtant le jour où je le vis par hasard à Alessandria, il était totalement différent : calme, gentil. Il était en train de travailler et me fit un petit cadeau. Cette double personnalité me frappa.

Je garde aussi en mémoire Walter Rizzi de Bolzano, qui, une nuit, aperçut une forte lumière provenant d'une zone déserte perdue dans les brumes de la montagne. Voulant savoir de quoi il s'agissait, il s'était retrouvé devant un OVNI et avait eu une longue conversation avec le pilote, une créature au visage animal ressemblant à un chat. Cet être lui avait transmis tellement d'amour et de sagesse que Rizzi avait voulu partir avec lui.

Rizzi n'avait éprouvé aucune peur, juste un grand étonnement que je perçus également au cours de notre longue conversation. Son récit était très concret, dépourvu de toute dimension fantastique, et il ne semblait pas en tirer gloriole. Mais ce ne fut pas juste une vision. Rizzi fut longuement malade à cause d'une longue exposition à des sources radioactives et, lorsqu'on mesura le taux de rayonnement sur le lieu où avait eu lieu la rencontre, on constata qu'il était anormalement élevé. Rizzi fut invité aux États-Unis où il apporta son témoignage.

Je m'entretins également avec Giorgio Dibitonto, un physiothérapeute à qui était apparu un être de lumière descendant d'un OVNI et qu'il rencontra ensuite à plusieurs reprises. Ce fut pour lui une expérience très positive. L'être de lumière était selon lui l'équivalent de ce que nous appelons communément un ange. Il emmena Dibitonto dans les sphères célestes où il put rencontrer de grands maîtres ascensionnés tels que Jésus et Bouddha. Son expérience ressemble à celle de personnages des grands textes spirituels.

Là encore, quel sens donner à ces expériences ? Y a-t-il un complot caché derrière elles ? Répondre est une entreprise très difficile. Sont-elles l'œuvre d'êtres d'autres dimensions ? Les études du psychiatre John Mack soutiennent

Walter Rizzi

que ce sont des expériences réelles, certainement dans un sens subjectif. L'expérience de Dibitonto me rappelle beaucoup de voyages chamaniques dans le monde d'en haut, et l'expérience de Walton me fait penser au processus chamanique de démembrement, c'est-à-dire aux expériences de mort et de renaissance connues depuis des milliers d'années. J'explorerai le chamanisme, comme déjà mentionné, plus loin.

*

Je voudrais à présent évoquer une rencontre que je fis pendant le tournage de ma série de documentaires sur les OVNIS à Roswell; une rencontre qui me troubla énormément. Avant de quitter la Suisse, j'avais tenté de contacter Frank Kaufmann, un ancien officier de l'armée de l'air, qui disait avoir vu les débris de l'OVNI tombé en 1947 et les corps de ses occupants.

Kaufmann étant tout comme moi suisse d'origine, cela devait, me disais-je, faciliter notre rencontre. Il me demanda de le recontacter à mon arrivée à Roswell, ce que je fis.

Un jour, je le vis donc arriver à mon bungalow, vers dix heures du matin. C'était un homme âgé, robuste, doté d'une forte présence. Il me précisa immédiatement qu'il ne m'accorderait pas d'interview enregistrée, mais que je pourrais parler de notre rencontre. Des responsables lui avaient déjà fait de sévères remontrances par le passé, m'expliqua-t-il, pour avoir participé à des émissions diffusées par de grandes chaînes de télévision.

Kaufmann me raconta malgré tout qu'un des occupants était sorti de l'OVNI et était mort adossé à un plan incliné, les yeux tournés vers le ciel comme s'il regardait l'endroit d'où il venait, sa demeure. C'était un être assez petit, humain avec des traits fins et un teint grisâtre.

Kaufmann me confia que, souvent le soir, lorsqu'il sortait dans son jardin et contemplait le ciel étoilé, il repensait à cet étranger venu de loin qui était mort en regardant ce même ciel dans la plaine désertique des environs de Roswell. Dans ces moments-là, il ressentait, me dit-il, la tristesse de l'extraterrestre et était ému aux larmes. Il m'affirma que nous ne sommes pas seuls dans l'univers, que nous faisons tous partie d'un grand mystère.

Après la mort de Kaufmann, certains prétendirent qu'il n'était pas crédible. Selon moi, il était sincère. Parlant de lui plus tard avec la journaliste d'investigation américaine, Linda Moulton Howe, elle me confirma la crédibilité de son témoignage, tout le reste n'étant qu'une opération de désinformation.

Lors d'une conférence au Nevada, j'interviewai et filmai Bill Uhouse, ancien pilote d'essai et ingénieur aéronautique. Il me confia avoir travaillé sur un simulateur de vol de soucoupes volantes, dans une base militaire américaine, en contact avec des extraterrestres. Il me donna aussi un dessin représentant un extraterrestre. Cette histoire est très surprenante et impossible à vérifier, bien sûr. Mais Uhouse s'exprimait de façon crédible et son langage corporel semblait confirmer sa sincérité. De nombreux experts présents à la conférence le traitaient avec beaucoup de respect. La littérature consacrée aux OVNIS fait souvent référence à lui.

Autre rencontre très marquante, celle avec Philip Corso, retraité, ancien lieutenant-colonel de l'armée américaine, auteur du livre *The Day After Roswell.* Durant la Seconde Guerre mondiale, il avait accompli des tâches importantes dans le domaine du renseignement, puis occupé différents postes clés à la Maison-Blanche et au Pentagone.

Corso me confirma qu'il avait vu les corps des extraterrestres de Roswell dans une base militaire. Il était chargé d'effectuer un travail de rétro-ingénierie, consistant à démonter des objets récupérés à Roswell afin d'en étudier la fonction et les mécanismes pour pouvoir en exploiter les techniques.

Je rencontrai donc Corso à Saint-Marin et, au cours de notre entretien, il répondit à de nombreuses questions à propos de ce qu'il savait sur les OVNIS et ce que leur existence impliquait au niveau de la défense ; sur leur contribution au développement technologique qu'ils apportaient à travers l'étude des objets retrouvés ; sur l'origine possible de ces vaisseaux. Il me confia qu'Albert Einstein, Wernher von Braun et d'autres grands scientifiques étaient d'avis que les OVNIS venaient non pas d'un lieu géographique, mais du futur. Selon lui, les extraterrestres récupérés étaient des clones de corps humains, modifiés et conçus pour entreprendre de grands voyages ; ils dirigeaient leurs OVNIS au moyen de la pensée et se nourrissaient grâce à l'énergie de leur vaisseau. Toujours selon Corso, ces vaisseaux avaient été créés par des êtres comme nous, vivant dans notre futur et revenant ici afin de récupérer certains éléments biologiques qu'ils avaient perdus.

Tout au long de cette interview qui fut très animée, mon intense émotion et mon grand intérêt étaient palpables et Corso en fut surpris. Je n'ai pas pour habitude de me

Philip Corso

vanter, mais dans l'exemplaire de son livre, *The Day After Roswell,* qu'il m'a dédicacé, voici ce qu'il a écrit : « Guido, des gens comme toi changeront le monde ! » Si seulement c'était vrai.

Quelques années plus tard, quand j'interviewai son fils lors d'un colloque sur les OVNIS à Washington, D.C., celui-ci me confirma ce que son père avait dit et me parla de la difficulté à évoquer le sujet des OVNIS aux États-Unis. Il reprit et m'expliqua l'hypothèse selon laquelle les OVNIS viennent du futur, hypothèse largement contestée.

Pendant le même colloque, je rencontrai et interviewai C.B. Scott Jones, ancien officier de l'US Office of Naval Intelligence et d'autres agences pour lesquelles il avait également mené des études sur les phénomènes paranormaux. Je l'interrogeai au sujet d'un symposium qu'il avait organisé quelque temps auparavant. Ce forum portant sur l'exopolitique était consacré à la préparation d'une éventuelle rencontre avec d'autres civilisations, même si, officiellement, il n'était pas question pour Scott Jones de parler de l'existence des OVNIS. À propos de ce symposium, je dirai seulement qu'en cas de contact de ce genre, des dispositions ont déjà été prises au niveau international.

Scott Jones me donna l'impression d'être un homme bon, véritablement soucieux de l'avenir de l'humanité. Je le revois me disant, à la fin de l'interview, que quelque part au Moyen-Orient est enterrée une machine ancienne que seuls ceux dotés d'un cœur pur peuvent utiliser – ce qui la rend semblable à l'Arche de l'Alliance. Sa découverte, avait-il ajouté, sera une étape très importante pour l'humanité. Il en avait d'ailleurs parlé avec son ami Zecharia Sitchin, chercheur étudiant les Sumériens et auteur d'ouvrages qui semblent montrer que, dans l'Antiquité, des êtres venus d'autres mondes étaient descendus sur Terre – des êtres qui furent pris pour des dieux. Scott Jones semblait attendre leur nouvelle venue. À la fin de notre rencontre, le vieil officier des services secrets me dit avec un sourire qu'à présent il était vieux et tentait de réparer les erreurs du passé en essayant de faire le bien. Ce qui devrait s'appliquer à tout le monde.

Zecharia Sitchin, je l'avais déjà interviewé à Zurich et j'eus l'occasion de le revoir, chez lui, lors d'un séjour à New York. Je me souviens de notre longue discussion à propos du portail interdimensionnel – une sorte de grande roue en pierre – que, selon les études de Sitchin, les Sumériens connaissaient et utilisaient. Un portail interdimensionnel est un accès à d'autres dimensions, un point de passage, chose que connaissent bien les chamanes. Comme je tentais de comprendre comment cela fonctionnait, Sitchin sourit, amusé par mon insistance à obtenir des réponses. Peut-être s'agissait-il d'un thème tabou, à moins que Sitchin ne soit tout simplement en train d'expliquer cela dans un nouveau livre. Pour clore le sujet, il me confia que Hollywood s'était emparé de ses idées concernant le portail interdimensionnel pour en faire le thème central de plusieurs films et séries télévisées : un portail à travers lequel des militaires se dématérialisent et se rematérialisent dans d'autres dimensions.

Sitchin savait décrypter l'écriture cunéiforme des Sumériens. Dans ses nombreux ouvrages, il explique que, d'après les Sumériens, la planète Nibiru, qui évolue selon

Zecharia Sitchin

une orbite très large, se rapproche parfois de la Terre. Dans un lointain passé, de très grands êtres, les Annunakis, seraient descendus de Nibiru sur la Terre, auraient modifié l'ADN des humains et transmis de nombreux enseignements. Du fait de leurs pouvoirs, ils étaient considérés comme des dieux. Sitchin est un des spécialistes de la paléoastronautique, selon laquelle la Terre aurait été visitée plusieurs fois dans le passé par des astronautes venus d'ailleurs. Récemment, le chercheur italien Mauro Biglino est parvenu à des conclusions similaires en traduisant littéralement les textes bibliques.

*

Il y a quelques années, un livre sorti aux États-Unis suscita un grand débat : *UFOS : Myths, Conspiracies, and Realities*. Son auteur, John Alexander, est un ancien colonel de l'armée américaine qui dirigea des opérations de guerre et mena des études sur les phénomènes parapsychologiques. Il est l'un des principaux défenseurs du développement des armes non létales et de la mise en application des phénomènes paranormaux dans le domaine militaire. C'est en outre un expert des expériences de mort imminente, des voyages extracorporels, de la vision à distance, du chamanisme et des OVNIS.

J'avais rencontré Alexander lors d'un séminaire organisé par Skip Atwater au Monroe Institute. Il s'était juste présenté par son prénom, John ; sa forte présence et la compétence de son discours m'avaient tout de suite impressionné. J'avais essayé de savoir qui il était et lui avait demandé ce qu'il faisait. Il m'avait répondu qu'en tant que scientifique, il s'occupait de l'avenir et de ce qui devait être fait - une réponse vague, très intrigante. Ce n'est que plus tard, en lisant son livre, que je découvris qui était réellement ce compagnon de formation, au regard perçant et au comportement si mesuré.

Beaucoup considèrent que le livre d'Alexandre sur les OVNIS est l'œuvre d'un initié. Dans ce document, il récuse le fait que le gouvernement américain dispose des informations clés que beaucoup lui attribuent, mais il ne nie absolument pas la réalité du phénomène OVNI. Il mentionne au contraire, et de façon spécifique, ce qu'il a observé et étudié dans un ranch de l'Utah, le Sherman Ranch, réputé pour être un site d'OVNIS et d'activité paranormale.

Alexander écrit qu'au Sherman Ranch, des gens ont vu des orbes; d'immenses OVNIS triangulaires, noirs et silencieux; des extraterrestres à forme humaine; de grands animaux; le Bigfoot; et des trous dans le ciel, à travers lesquels il était possible d'apercevoir d'autres cieux, ainsi que des vaisseaux extraterrestres entrant et sortant. En somme, tout ce qui relève du domaine des OVNIS et des autres phénomènes mystérieux. Alexander était accompagné de quelques scientifiques qui se montrèrent incapables d'expliquer ces apparitions. Le ranch appartient maintenant au National Institute for Discovery Science (NIDS).

Les phénomènes observés dans ce ranch ne sont toutefois pas nouveaux. Les Indiens Navajos de la région les connaissent bien et donnent aux êtres d'apparence humaine qui parfois se présentent ainsi à eux le nom de *skinwalkers*.

Dans un livre intitulé *La Science confrontée à l'inexpliqué*, George Knapp et Colm Kelleher rendent compte des évènements qui se sont produits dans ce ranch : c'est l'histoire vraie d'une équipe de chercheurs enquêtant sur de mystérieuses rencontres. Pendant le tournage de ma série de documentaires sur les OVNIS, je pus rencontrer Knapp : un homme érudit et sérieux, selon moi. Les conclusions des deux chercheurs confirment l'existence de phénomènes paranormaux – en s'appuyant sur leurs caractéristiques physiques et psychiques, leur multidimensionnalité, leur qualité fortement spirituelle et l'incapacité de la science à les expliquer.

À la fin de son livre sur les OVNIS, Alexander affirme que les modèles dont dispose la recherche scientifique pour étudier ce type de phénomènes – à la fois physiques et psychiques – sont insuffisants. Selon lui, les États-Unis ne sauraient tout simplement pas expliquer le phénomène OVNI. Peut-être est-ce pour cette raison qu'ils préfèrent le nier, plutôt que d'admettre leur impuissance face à une chose capable de traverser les cieux du monde entier sans être dérangée. J'ai pourtant du mal à croire que les États-Unis n'aient vraiment pas plus de connaissances sur le sujet que ce qu'ils sont disposés à admettre et partager. La recherche a été répartie au sein d'un réseau de laboratoires conçus comme des compartiments étanches : chacun ne connaît qu'une petite partie de l'ensemble. La connaissance globale reste encore un secret d'État. Très peu de personnes en ont une vision d'ensemble. En 1947, on disait déjà que le secret concernant les OVNIS était encore plus grand que celui de l'énergie atomique.

*

L'étude secrète du Pentagone, révélée en 2017 dans l'article du *New York Times* déjà mentionné, précisait que les OVNIS se déplacent à grande vitesse, sans signes de moyen de propulsion. Écrit par Helene Cooper, Ralph Blumenthal et Leslie Kean, l'article s'intitulait « Glowing Auras and Black Money : The Pentagon's Mysterious U.F.O. Programme ». Il comportait des photos et des images vidéo, prises par des pilotes de l'armée américaine, rendant compte des déplacements des OVNIS.

Il convient de noter qu'il ne s'agissait pas d'une déclaration officielle du Pentagone qui, lui, se contenta de déclarer à l'époque que le matériau photographique et vidéo était bien réel. Les auteurs de l'article du *New York Times* précisaient que leurs informations provenaient des entretiens qu'ils avaient eus avec des personnes participant au programme de recherche, et de documents officiels qu'ils s'étaient procurés.

Suite à cette publication, des pilotes militaires ayant croisé et photographié des OVNIS purent apporter leurs témoignages, sans être sanctionnés comme par le passé. Les principaux médias américains relayèrent ces informations.

Autre évènement important : la conférence donnée par le scientifique Hal Puthoff qui participait à ce programme de recherche effectuée par le Pentagone. Lors d'une conférence (discours du Dr Hal Puthoff à la conférence SSE/IRVA, Las Vegas, 8 juin 2018), ne se sentant plus tenu au secret vis-à-vis du gouvernement, il déclara que les OVNIS transpercent toutes les défenses, que nous igno-

Glowing Auras and 'Black Money': The Pentagon's Mysterious U.F.O. Program

Article du New York Times,
16 décembre 2017

Dr. Hal Puthoff Address to the SSE/IRVA Conference, Las Vegas, 8 June 2018

[Transcript provided to PRG by Joseph G. Buchman, PhD, who attended.]

There has been another development in the unfolding initiative of the To the Stars Academy of Arts and Science. Dr. Hal Puthoff rarely speaks publicly about his work on a range of exotic

Extrait du compte rendu
de la conférence de Hal Puthoff,
le 6 juin 2018.

rons d'où ils viennent et qui les conduit. Puis il ajouta que nous devrions les étudier de près, car si nos adversaires potentiels terriens comprenaient le phénomène avant nous, cela aurait des répercussions sur notre sécurité. Ce sont là des déclarations explosives qui confirment ce qui a été considéré pendant des années comme l'une des raisons gouvernementales de bien garder secrète l'étude des OVNIS.

En juin 2021, le gouvernement des États-Unis, lui-même, déclara officiellement, par le biais d'une de ses Agences, que les OVNIS existaient – une déclaration historique –, en précisant bien qu'il ne s'agissait pas d'appareils d'origine américaine mais peut-être russe, chinoise ou provenant d'une autre source. Il ne fut pas difficile de comprendre que ces OVNIS ne pouvaient être ni russes ni chinois, étant donné que les observations récentes étaient en tous points similaires à celles de 1947, voire antérieures. Il semblerait en outre peu crédible que les services secrets américains puissent avoir totalement ignoré que les Russes ou les Chinois aient découvert un moyen de propulsion aussi révolutionnaire. Reste donc l'hypothèse extraterrestre, très discrètement suggérée dans la déclaration. Évoquée avec grande prudence, cette information est volontairement ambiguë : son but est d'amorcer un processus conduisant peu à peu à de grandes révélations explosives. En laissant filtrer quelques informations, les autorités ont voulu commencer à ouvrir une brèche.

Alors pourquoi un tel changement d'attitude de la part des États-Unis ? Sans doute parce qu'il n'est plus possible de nier les faits ou de censurer les nombreux témoignages. Peut-être aussi, parce qu'en admettant l'existence des

OVNIS, la volonté déjà pressante de militariser l'espace s'en trouvera renforcée. Je dois dire que cette perspective militariste me préoccupe beaucoup, car elle conditionne l'information concernant les OVNIS et l'interprétation même du phénomène.

Quoi qu'il en soit, ce changement d'attitude dans la diffusion de l'information est bienvenu, même si sa raison d'être est largement discutable. Comme je l'ai dit, l'hypothèse extraterrestre est à peine mentionnée, mais il faut préciser que le physicien Al Puthoff qui participe au projet du Pentagone sur les OVNIS a décrit, lors de la conférence à Las Vegas en 2018, les recherches effectuées sur des matériaux dits exogènes, ou métamatériaux, ce qui revient à accepter l'idée d'une forte probabilité de production non humaine, comme Puthoff l'a suggéré lui-même. Ces matériaux transmis aux chercheurs de façon anonyme provenaient, leur a-t-on dit, d'un matériel récupéré sur des OVNIS accidentés et d'origine non terrestre. Il semblerait donc que les États-Unis disposent de restes d'OVNIS non terrestres.

Au sein de cette recherche scientifique, l'initiative de l'astrophysicien de Harvard, Avi Loeb, revêt une grande importance : son projet Galileo, en 2021, est d'enquêter scientifiquement sur les OVNIS, et ce hors de tout contexte militaire. Des années durant, je me suis demandé si je verrais un jour le moment où serait officiellement reconnue l'existence des OVNIS. Et ce moment est arrivé ! Ma question à présent est de savoir quand sera déclaré officiellement qu'il s'agit effectivement d'objets extraterrestres. J'espère que ce sera pour bientôt, car mes années s'accumulent, mais peut-être cette attente contribuera-t-elle à prolonger ma vie.

En 2021, j'ai été convié en tant qu'intervenant au Congrès international d'ufologie de Saint-Marin, consacré aux grandes révélations récentes concernant les OVNIS. Lou Elizondo, ex-chef du projet du Pentagone sur les OVNIS y participait. Après avoir démissionné, il est vite devenu une source importante d'informations qui ont permis de nouvelles ouvertures, telles que la création de commissions, etc. Elizondo restera dans les livres d'histoire en tant que personnage important, et homme courageux !

À la suite des révélations du Pentagone, un groupe privé international s'est créé : l'International Council for Extraterrestrial Research. Son intention est de promouvoir la recherche basée sur l'hypothèse extraterrestre. Et c'est avec enthousiasme que je fais partie de l'ICER.

Après toutes ces pages sur les OVNIS, je me demande pourquoi je porte un si grand intérêt à ce sujet. Je pense que cela correspond à mon attirance pour l'infini, à mon besoin de pénétrer la nuit profonde de l'espace, de m'ouvrir à d'autres formes de vie. C'est le thème de la quête intérieure d'un sens profond – le thème fondamental de ma vie.

Mais il est temps à présent d'aborder un autre thème.

Lou Elizondo et l'auteur

CHAPITRE 6

La voie de la psychanalyse

Comme déjà mentionné au chapitre 2, je suivis une psychothérapie lorsque j'étais à l'université. Celle-ci déboucha rapidement sur une psychanalyse, puis une psychanalyse didactique. J'aimerais revenir à présent sur ce sujet que je crois très important, car c'est cette démarche qui m'amena par la suite à m'intéresser à d'autres modes d'exploration intérieure au cours de ma vie.

Ma psychothérapie précéda de quelques années mes premières expériences en lien avec le bouddhisme et ma rencontre avec Lama Sherab Gyaltsen Amipa Rinpoché, rencontre qui fut un moment clé de mon existence.

Il m'est très difficile de parler de ma psychanalyse, car je me demande toujours quel fut pour moi son vrai sens profond. Je l'ignore et dois encore y réfléchir.

Au départ, j'avais donc commencé à suivre une thérapie quand j'étais à l'université, parce que je souffrais de fortes migraines. J'avais alors pris conscience des difficultés existant dans ma relation avec mon père. Entre nous, il n'y avait pas le moindre dialogue et je ne pouvais pas compter sur lui.

J'étais très en colère contre lui. Je le voyais déprimé et aurais voulu l'aider, le sauver même, mais j'avais fini par prendre conscience qu'il me fallait accepter mes limites, que je ne pouvais pas le sauver. On retrouve là l'une de mes tendances à la mégalomanie : être un sauveur et me sacrifier pour un idéal impossible. La seule chose réellement possible était de créer des conditions positives, puis de le laisser faire lui-même ses propres pas pour avancer. Nous devons admettre que nous sommes incapables de changer les autres, et que nous ne pouvons donner que ce que nous avons.

Pour aider vraiment mon père, je devais donc développer ma force intérieure, mon indépendance et mon autonomie. Grâce à cette force, je pourrais alors le soutenir. Par conséquent, il me fallait d'abord essayer de me sauver moi-même, en me connaissant et en m'acceptant. La tâche était difficile.

Je me rappelle avoir écrit une lettre à mes parents, expliquant que je traversais une période difficile, que le ciel étoilé était devenu sombre. Je me souviens clairement de cette image. J'avais un peu plus de 20 ans. Maintenant que j'en ai 80, je regarde le jeune homme que j'étais avec tendresse, affection et empathie. Je me revois empli de rage, confronté à mon impuissance. Je voulais que mon père soit différent. Je ne pouvais accepter qu'il soit juste un homme avec des problèmes. Je n'avais pas la force de lui concéder cela, j'étais trop faible pour vraiment l'aimer tel qu'il était. J'étais au début d'un long voyage – allant de la dépendance à l'autonomie, de la compréhension de la réalité à ma relation avec elle.

En repensant à ces années-là, je dois reconnaître que, grâce au transfert avec mon analyste – faisant office de père de substitution – je pus m'améliorer. Je pus renforcer mon autonomie, réviser ma vision du monde et apprendre à mieux gérer ma colère. Disons que j'acquis des outils pour avancer, pour progresser sur la voie – un long cheminement que je poursuis encore aujourd'hui, dans l'espoir de parvenir au sommet.

À l'époque, la psychanalyse était le moyen le plus puissant que je connaissais. C'était pour moi une façon de me confier, de laisser se révéler les choses les plus intimes. Je n'aurais pas su avec qui d'autre m'ouvrir ainsi. Le psychanalyste, qui se tenait assis derrière moi en silence tandis que j'étais allongé sur le canapé, m'offrait l'opportunité de m'interroger, d'explorer, de saisir le sens profond de ce que je ressentais. Ses interprétations étaient souvent des éclairs de lumière qui illuminaient des paysages sombres et nébuleux. Cela se produisait lorsque l'analyste et moi étions dans un état de profonde empathie : quand j'étais ouvert et qu'il était en contact avec la part la plus vivante de son être. Quand il était capable d'accueillir pleinement ma souffrance, sans aucun jugement de sa part ni de la mienne.

Le but de ma thérapie était de parvenir à une autonomie satisfaisante vis-à-vis de mon père : objectif largement atteint. Mais si je voulais arriver à une autonomie intérieure globale, il me fallait aussi explorer ma relation avec ma mère.

J'avais donc demandé à mon analyste si nous pouvions nous pencher en détail sur la personnalité de ma mère qui comportait encore pour moi des zones d'ombre. Il m'avait répondu que la thérapie était terminée, que j'allais bien et que si je voulais approfondir mon exploration, je devrais me tourner vers un autre analyste qu'il m'indiqua : le professeur Blum. Ce que je fis. Un travail long et douloureux de découverte et d'éclaircissement de mon lien avec ma mère s'ensuivit.

Aujourd'hui, après de nombreuses années et d'autres démarches entreprises, j'ai le sentiment d'avoir accueilli ma mère dans toute son humanité. Je me sens aussi connecté avec ma nature la plus profonde, avec l'harmonie qui est en moi et qui est en toute chose. On pourrait dire que cette connexion n'est pas seulement le lien avec ma mère terrestre, mais avec la mère éternelle, avec la mère de toute chose. Dans cet état, notre conscience est spacieuse et lumineuse ; nous sommes présents dans l'ici et maintenant ; nous avons l'intuition et la sagesse, et nos actions sont harmonieuses. Cette connexion, bien sûr, n'est pas permanente.

Aujourd'hui, je me sens bien parce que je renoue avec la source. Ce fut un long voyage et je ne suis pas en mesure d'en retracer tous les détails.

*

Je me souviens de quelques grands rêves qui furent essentiels à mon développement, et sur lesquels je travaillai beaucoup au cours de ma psychanalyse. Comme les visions, les rêves étaient porteurs d'enseignements fondamentaux qui, sur le moment, me parurent très mystérieux, dérangeants et indéchiffrables. De tels rêves sont souvent bouleversants et font appel à des images très fortes, qui restent gravées dans la mémoire. Nous sentons qu'il est de notre devoir d'en comprendre le message et d'en tirer les leçons.

Le rêve suivant, par exemple, décrit bien la rencontre avec le masculin. Je m'en souviens comme d'une expérience dramatique, réelle, détaillée et colorée. Selon moi, il était en lien avec ma relation conflictuelle avec mon père et indiquait le moyen d'y remédier.

Je suis sur une esplanade, face à un vieux château blanc situé sur une colline. Cela pourrait être au Moyen-Orient. Il y a beaucoup de monde. Dans une cage métallique accrochée au rempart du château qui surplombe la place, il y a un vieil homme maigre, aux cheveux blancs, vêtu d'une tunique blanche. Peut-être qu'au lieu d'une cage, il s'agit plutôt d'un lieu d'exécution ou de pendaison – je ne m'en souviens pas précisément. En tout cas, une condamnation à mort va sûrement avoir lieu.

Je voudrais aider ce vieil homme, mais je ne sais pas comment. Peut-être ai-je peur d'intervenir, peur pour ma sécurité. Un profond sentiment d'angoisse et de grave conflit intérieur m'habite. En passant sous une arche, je quitte la cour du château et me retrouve sur une petite place d'où partent des escaliers qui descendent le long de la colline.

Un vieil homme mystérieux me jette un coup d'œil rapide – un regard que je ne peux interpréter et qui m'effraye. Cet homme vient d'un monde dur, déterminé, et même brutal. C'est un mendiant. J'ai en main une pièce d'or mais je ne peux pas la lui donner. Est-ce parce que j'ai peur, parce que je n'ai pas pitié de lui, parce que je ne le comprends pas? Quoi qu'il en soit, je me sens bloqué. Je suis incapable de surmonter la barrière qui est dans mon cœur.

Plus de cinquante ans après, je revois ce rêve avec une grande clarté. Il m'avait bouleversé, confronté à des sentiments déchirants et incompréhensibles. Plus tard, bien plus tard, je compris que le message était d'ouvrir mon cœur, de donner même sans comprendre, juste pour aider. Le vieux mendiant m'avait demandé de surmonter ma peur, d'être inconditionnellement généreux envers autrui. Ce personnage, qui semblait être un homme froid et déterminé, n'était ni injuste ni dominateur : il incarnait juste une personnalité masculine intérieure d'une grande puissance. Il était le symbole, l'archétype de l'homme qui vit dans la vérité, sans compromis, déterminé. Offerte en cadeau à cet homme, la pièce d'or aurait constitué un pont avec ses valeurs profondes. Mais je n'avais pas été pas capable d'intégrer d'aussi fortes et puissantes émotions.

Cette force aussi m'aurait également permis d'aider le vieil homme condamné à mort, en l'accueillant avec maturité, comme j'aurais aimé le faire avec mon père décédé des suites d'une longue maladie, peu de temps après ma psychothérapie.

Ce rêve dérangeant, qui resta longtemps crypté, indiquait un chemin. Il me fallut des années avant de comprendre que le message était de revenir à la source, de retrouver le père intérieur, de le redécouvrir en moi en ouvrant mon cœur, en agissant avec cohérence et courage, comme un vrai homme.

Autre rêve que je fis également il y a de nombreuses années mais qui, cette fois, fait référence à la dimension féminine.

Je suis à Lugano. Je monte en funiculaire vers la gare ferroviaire. Celui-ci s'arrête en cours de route, à côté d'une petite prairie. Dans ce pré, il y a un vieil arbre qui porte encore quelques kakis desséchés. Ses racines émergent en partie du sol, il n'est plus très enraciné. À côté de cet arbre se tient une grande femme mince et âgée ; vêtue d'une longue tunique grise, elle me fait penser à une divinité grecque. Elle me montre l'arbre desséché et j'en éprouve de la tristesse. Je sens l'obscurité en moi, et la lourdeur du mystère.

Plus tard, lors de la réalisation d'un documentaire sur saint Nicolas de Flüe, j'eus l'occasion de travailler avec Marie-Louise von Franz, célèbre psychanalyste considérée comme la principale élève de Jung, et j'en profitai pour lui parler de ce rêve. Elle me dit que, globalement, cette femme lui rappelait Gaïa, la Terre primordiale ou déesse mère dans la mythologie grecque, et que son message était un avertissement relatif à la destruction de la planète, comme l'indique l'image de l'arbre aux fruits desséchés.

Ce lien qu'elle établit entre mon rêve et Gaïa me fit comprendre qu'au niveau personnel, je devais nourrir l'arbre de ma vie pour qu'il donne des fruits ; que je devais entrer en contact avec la mère de l'univers qui est en moi et l'aimer pour la rendre vivante. Il me fallut bien sûr du temps pour prendre conscience que je devais surmonter ma passivité et entretenir ce contact ; qu'agir ne consistait pas simplement à faire, mais aussi à m'ouvrir au féminin qui est en moi – afin d'accueillir, de ressentir et d'agir sur cette base-là. Il s'agissait de s'ouvrir à la vie, sans crainte. De redécouvrir la source, la grande mère.

Et puis il y eut le rêve de la femme emmurée : autre expérience onirique en rapport avec la nécessité d'entretenir le lien avec la dimension féminine.

Je suis dans les bois et découvre un vieux mur en pierres sèches qui obstrue une petite grotte. Je sais qu'une très belle femme y a été enfermée ; elle est très douce et a beaucoup de charme. Cette femme n'est pas morte, je la vois : elle est maigre et son corps est gris, recouvert d'une robe sombre et froissée, faite dans un tissu léger. Je ne comprends pas ce qui s'est passé. Je me sens triste, coupable ; je sens mon cœur se dessécher.

J'eus du mal et mis du temps avant de pouvoir admettre qu'il s'agissait de ma part féminine, que ma femme intérieure avait été emmurée, privée de lumière, et dépourvue de tout apport nourricier. Cette scène me rappelle aussi le rêve de Gaïa et m'émeut encore profondément aujourd'hui.

Que s'est-il produit dans mon passé pour que je me ferme ainsi à ce sentiment d'amour si essentiel ? Comment ai-je pu oublier un fait aussi grave et déterminant ? Peut-être cela a-t-il un rapport avec le traumatisme de l'expérience de mort imminente vécue quand j'avais 3 ans. À l'époque où je fis ce rêve, le souvenir de ce traumatisme n'était pas encore réapparu dans ma conscience.

Ce rêve dramatique va de pair avec celui du mendiant dans lequel le message était d'ouvrir mon cœur. Le rêve de la femme emmurée contient un message similaire : dépasser mes limites en accueillant cette femme, en l'aidant, en agissant avec mon cœur, avec générosité, sans rationaliser. Une telle ouverture est un vrai cadeau qui exprime l'empathie, la tendresse, la fraîcheur, l'ingénuité. Ces rêves bouleversants sont riches d'enseignements sur le dépassement de l'ego, et sur l'ouverture inconditionnelle.

Mais qui sont les personnages oniriques qui m'apparaissent et m'instruisent ? Qui est le mendiant ? Gaïa ?

La femme emmurée ? Ce sont des images symboliques relevant d'une autre dimension. Ils sont porteurs d'une sagesse intemporelle. Jung dirait que ce sont des archétypes, des modèles fondamentaux qui représentent des images et schémas universels. Ils expriment symboliquement la grande trame sur laquelle est tissée la vie, l'harmonie secrète des choses, qu'il nous faut retrouver. Ces personnages me regardent et ne me sourient pas, mais ils m'appellent à vraiment vivre la vie, à entrer dans une dimension intemporelle.

S'ils font évidemment référence à ma relation avec mon père et ma mère de cette vie, ils appartiennent toutefois à l'inconscient collectif, dans le sens où ils incarnent un archétype auquel chacun de nous est appelé à se confronter à sa manière. Ils font partie du chemin que nous devons parcourir pour accéder à la vérité plus profonde.

*

Qui étais-je à l'époque ? Je vivais avec peu de cœur et beaucoup d'intellect, en me conformant à un modèle rationnel manquant de chaleur humaine. Bien sûr, je n'étais encore qu'un jeune homme en plein développement, en quête de son autonomie.

Morose, je me demandais ce qui avait bien pu m'arriver pour perdre ainsi une partie de mon âme, pour éprouver un tel froid intérieur. Je ne comprenais pas. La métaphore d'un ciel sans étoiles, évoquée dans ma lettre, illustrait clairement ma situation.

Alors, vers quoi m'orienter ? Ne pouvant compter sur une aide précise de la part de ma famille, je n'avais plus de repères extérieurs. Je tentai alors de m'inspirer d'autres personnes et de suivre leurs modèles afin de trouver le mien. Loin de moi était l'idée d'une quête intérieure : je n'aurais même pas su comment l'entreprendre ni quelles voies suivre.

Mon unique point de référence intérieur était l'art. Je me souviens du plaisir que j'avais en entrant dans un musée. L'harmonie des couleurs et des compositions me touchait profondément. Je découvrais un monde fait d'intuition, mais je ne savais pas comment tirer parti de mon propre monde intérieur. Il me faisait peur.

L'éducation que j'avais reçue était d'ordre mental, moral, culturel – c'est-à-dire tournée vers le monde extérieur. Quant à l'éducation religieuse qui, de par sa nature même, devrait favoriser le contact intérieur avec le divin et l'harmonie, elle n'avait ouvert aucune porte en moi. Elle avait au contraire induit des sentiments de culpabilité pour mon insuffisance, mon incapacité à suivre les règles de vie recommandées par la religion. Je les percevais comme un dogme imposé que je ne pouvais que refuser.

Peu à peu, je me mis donc à chercher un chemin vers la source et, en ce sens, la psychanalyse m'aida beaucoup. Elle m'apprit que, derrière la souffrance, il existe un chemin secret et mystérieux conduisant à l'harmonie. Le fait de m'ouvrir à mon analyste en lui confiant mes problèmes, mes doutes et mes peurs créait en moi l'espace où je pouvais être à l'aise et laisser jaillir des intuitions.

Ma relation avec mon analyste m'amena à une plus grande autonomie, en me libérant du besoin infantile de protection. Cela me permit de comprendre à quel point il était important que je sorte de mon isolement et me nourrisse des bienfaits de l'échange interpersonnel, tout en faisant l'expérience d'une plus grande connexion émotionnelle.

Il est très difficile de parler du processus interne qui s'opère durant une psychanalyse. La transformation a lieu sur le plan émotionnel, à un niveau préverbal très profond. Quand les émotions dérangeantes refont surface dans la conscience, et si elles sont revécues et acceptées, elles se dissolvent et laissent place à un sentiment de bien-être. Selon moi, la grande difficulté de la psychanalyse réside dans le fait de laisser émerger les émotions uniquement à travers la parole. Le corps n'est pas impliqué, il n'est ni touché ni directement écouté. Cette approche risque de favoriser une vision plutôt mentale de la vie, et je reviendrai sur ce point par la suite. Toutefois, c'est grâce à la psychanalyse que je pus accéder au monde intérieur, ce qui allait faciliter ensuite ma pratique du bouddhisme puis du chamanisme, même s'il s'agit de voies très différentes.

*

En écrivant ces pages, des larmes me viennent, car je me rends compte à quel point j'étais perdu à l'époque, et je réalise tout le travail que je dus faire pour sortir de cette désolation intérieure. C'est ce que les mystiques appellent « la nuit noire de l'âme », une période de désolation spirituelle. Une partie au moins de ce chemin ardu, je pense l'avoir parcourue.

À cette souffrance sourde succéda peu à peu la prise de conscience que c'était à moi d'agir, à moi d'observer mon comportement, de nettoyer mon cœur pour me comporter enfin en conformité avec le profond sentiment de douceur et de lumière qui a toujours été présent en nous et ne demande qu'à être redécouvert. Un processus de mort et de renaissance s'opéra en moi, et je le dois à la psychanalyse.

Mais cette tâche ne se termine jamais vraiment et, souvent, je n'ai pas la force d'agir de manière cohérente. Ce cheminement est un long voyage au cours duquel l'objectif se précise au fur et à mesure que l'on progresse. C'est un travail continu à accomplir avec détermination et humble acceptation de nos propres limites.

Comme je l'ai écrit à plusieurs reprises, nous sommes un esprit vivant dans un corps. Il ne s'agit pas de renier celui-ci, comme le feraient certains ascètes. Nous avons un corps et nous pouvons vivre en harmonie avec ce grand instrument, sans le renier. Nous devons vivre la joie profonde de l'union du masculin et du féminin dans notre corps, jouissant d'un plaisir fait de plénitude, de profonde harmonie, de grande beauté. Cela, nous pouvons le vivre en nous-mêmes et avec les autres en faisant don de notre harmonie.

Les chemins spirituels qui nient le corps ne sont pas de vrais chemins. Ceux qui sont authentiques n'interdisent rien ; ils demandent d'intégrer toute chose, de tout élever au niveau de l'harmonie. Tout est divin ; tout a été créé à partir de la même source.

Les grands rêves que j'ai décrits synthétisent les points fondamentaux de mon développement, points qui peuvent s'appliquer à tous. Il ne s'agit pas de chercher à l'extérieur de nous-mêmes ; il s'agit de regarder à l'intérieur et de trouver l'harmonie fondamentale qui réside dans notre cœur.

Pour apprendre à vivre, il faut vivre. Nous ne devons pas nous tenir en retrait. Nous devons entrer dans la vie. La psychanalyse me rapprocha pour ainsi dire de la Source et me permit d'avoir de brefs contacts avec elle. Mais il restait de nombreux voiles à enlever. Encore sur la défensive, je continuais de m'accrocher à des modèles de comportement moraux et éthiques. Il m'était souvent difficile de me laisser aller à la spontanéité de ceux qui, en contact avec la source, vivent d'intuitions.

Comment expliquer ce lien partiel avec le monde intérieur ? Par moments, les personnages des rêves et les intuitions me semblaient être le fruit artificiel de mes pensées, car la chaleur intérieure et la vraie vie n'étaient pas présentes. Mais lorsque j'étais vraiment vivant, une transformation intérieure avait lieu : la spontanéité était là, je coïncidais avec moi-même.

*

Les épisodes cruciaux de ma « période psychanalytique » furent ceux dans lesquels je découvris qu'il est possible d'être un observateur totalement présent à ce que l'on voit – sans en être pour autant tributaire. À travers eux, je perçus qu'une réalité profonde, vivante et authentique est présente en nous et qu'elle nous parle parfois directement. Cette découverte qui me secoua profondément révolutionna mon modèle de vision de la réalité.

Il y eut bien sûr d'autres moments clés de ces passages, que j'ai déjà mentionnés dans les chapitres précédents mais sur lesquels il est bon de revenir dans ce contexte-ci. Ces faits eurent lieu pendant ma psychanalyse avec le professeur Blum.

Il y eut tout d'abord cette soirée au cours de laquelle je fumai avec des amis - mon unique expérience avec des substances psychotropes. Nous étions dans un foyer d'étudiants à Berne et je me rappelle avoir vécu, de la façon la plus réelle qui soit, ma présence au bord d'un vase ancien. Un sable très fin et très vieux reposait au fond, dépourvu de toute trace de vie. Il régnait une atmosphère de mystère, d'époque archaïque. Puis en marchant, je me dirigeai vers une forêt longeant une ancienne route pavée. À droite, une femme très grosse était assise ; elle avait une poitrine et un ventre énormes et soudain elle s'était transformée en truie. C'était quelque chose de très primitif. Cet être était absolument réel, vivant. J'ignorais ce que signifiait cette vision mais ce qui me frappa, c'est le fait que c'était réel ! C'est ce point-là sur lequel je veux insister.

L'autre expérience, cette fois sans aucune prise de substance psychotrope, eut lieu un soir, au crépuscule, alors que j'étais dans ma chambre, toujours dans le même foyer estudiantin. Un hibou grandeur nature apparut sur mon bureau, ses mystérieux yeux noirs me fixant. Je me souviens avoir fermé puis rouvert les yeux plusieurs fois pour m'assurer que cette chose était réelle. Elle l'était absolument. J'étais en contact avec une autre réalité ! Prendre conscience d'une autre réalité fut une découverte essentielle. J'étais totalement présent et lucide. Je ne rêvais pas. Au contraire, c'était comme si je m'étais réveillé d'un rêve. J'étais éveillé, présent. Je me sentais libre. Et le regard du hibou était un vecteur de communication avec cette nouvelle dimension.

On peut objecter bien sûr que, dans le premier cas, j'avais fumé. Mais pas dans le second.

Il m'arriva plusieurs fois de retrouver cet état de conscience en méditant ou grâce au son d'un tambour, tandis que j'explorais la voie du bouddhisme et celle du chamanisme, ce qui fera l'objet des prochains chapitres.

*

La psychanalyse fut une expérience très positive. Elle m'apporta une grande aide pendant mes études et même par la suite. Mais elle ne me permit pas de résoudre mes problèmes plus profonds, d'ordre spirituel. Ce n'est d'ailleurs pas la fonction de la psychanalyse, du moins du type de psychanalyse que j'ai pratiquée, la freudienne. Jung, en revanche, affirmait que la psychanalyse devait mener à la sphère spirituelle de l'être humain, pour lui permettre de trouver la Source, le Soi. Jung voyait des personnages intérieurs, des archétypes, et communiquait avec eux. Ceux-ci l'aidèrent d'ailleurs à certains moments dramatiques de sa vie. Dans son ouvrage, *Le Livre rouge,* il décrit ses expériences avec les archétypes.

Jung accédait volontairement à ce monde grâce à l'imagination active. Son travail psychanalytique, écrivait-il, était la systématisation des enseignements reçus de ces archétypes. L'imagination active est très proche du voyage chamanique, vieux de milliers d'années.

Après l'expérience du hibou, il y eut celles déjà décrites, que je fis au Monroe Institute, où j'entrai en contact avec des êtres d'autres dimensions. Je ne devais renouveler ces contacts de façon systématique que bien des années plus tard, en pratiquant le chamanisme.

CHAPITRE 7

La voie du bouddhisme

Ne croyez pas une chose simplement
parce que vous l'avez entendue.
Ne croyez pas une chose simplement
parce que des gens la disent
et que beaucoup la répètent.
Ne croyez pas une chose simplement
parce qu'elle est écrite dans vos livres sacrés.
Ne croyez pas une chose simplement
parce que vos maîtres et vos anciens l'affirment.
Ne croyez pas aux traditions simplement
parce qu'elles sont transmises
depuis de nombreuses générations.
Mais lorsque, après observation et analyse,
vous trouvez qu'une chose est conforme à la raison
et est propice au bien et au bienfait de tous,
acceptez-la et vivez en accord avec elle.

Bouddha Siddhartha Gautama Shakyamuni

Ne cherche pas la racine des choses,
Cherche la racine de l'esprit !
Quand tu auras trouvé la racine de l'esprit,
Tu connaîtras une seule chose,
pourtant par elle tout sera libéré.
Mais si tu ne trouves pas la racine de l'esprit,
Quand bien même tu saurais tout,
tu ne comprendras rien.

Padmasambhava

L'approche psychanalytique m'avait permis de surmonter de nombreuses difficultés, de mener à bonne fin mes études universitaires, de me sentir bien et d'approcher le sens profond de la vie. C'était déjà beaucoup, mais j'éprouvais le besoin d'évoluer encore, même si je ne savais pas du tout de quelle manière. J'eus alors la chance de rencontrer Lama Sherab Gyaltsen Amipa – ce lama bouddhiste tibétain qui fit naître en moi un intérêt grandissant à l'égard du bouddhisme.

Au fil des ans, cet intérêt pour le bouddhisme m'amena à vivre des périodes de grande attention, d'étude, de pratique et d'enthousiasme passionné – mais aussi des phases de doutes, de difficultés et de stagnation. Les difficultés étaient dues pour la plupart à des obstacles émotionnels m'incitant peu à peu à moins pratiquer. Mon intérêt, lui, ne diminua jamais.

Il y avait aussi des difficultés de compréhension. L'enseignement de Lama Sherab, de Sa Sainteté Sakya Trizin, du Dalaï-Lama – des maîtres que je tentais de suivre à l'époque – me paraissait parfois abstrait, éloigné de mon expérience personnelle. J'avais l'impression que le bouddhisme faisait souvent appel à une approche déductive, autrement dit comme si, partant de principes généraux, il redescendait vers le plan de réalité qui était le mien. Personnellement, j'étais plus enclin à une démarche inductive susceptible de me donner accès aux grands enseignements bouddhistes en me basant sur mes propres expériences. Ma pratique laissait bien sûr à désirer et ce fut une des raisons sérieuses de mes difficultés.

Par ailleurs, l'enseignement de ces maîtres était transmis de façon très traditionnelle et il semblait ne pas tenir suffisamment compte, selon moi, des difficultés rencontrées par les disciples occidentaux. La langue et les termes employés accentuaient la difficulté, ainsi que les symboles, souvent éloignés de notre réalité.

Lentement, je commençai alors à me tourner vers les enseignements de jeunes maîtres bouddhistes, car leur langage, tout en restant fidèle à la tradition, me correspondait davantage. Je dois toutefois souligner de nouveau que les enseignements et la présence de mes grands maîtres, Lama Sherab Gyaltsen Amipa, Sa Sainteté Sakya Trizin et le Dalaï-Lama me remplirent toujours de joie et de paix; ils me permirent d'accéder à un état de présence harmonieuse - ce qui est l'un des objectifs des enseignements.

J'ai toujours pensé que la recherche intérieure devait conduire à la liberté intérieure. Chaque enseignement doit y contribuer. Mon but n'était pas de devenir un bouddhiste parfait mais de réaliser ma nature humaine profonde, qui est liberté et amour, au-delà de toute étiquette. Les grandes traditions spirituelles sont des cartes du cheminement intérieur que des milliers de chercheurs ont exploré au cours des siècles. Elles sont utiles, et réconfortantes dans les moments difficiles. Mais chacun doit suivre sa propre voie et se servir de ses propres jambes. Tous ces sentiers mènent au sommet de la même montagne.

*

Avant d'aborder les enseignements de ces jeunes maîtres tibétains, et mes expériences auprès d'eux, je souhaiterais évoquer les rencontres importantes que je fis avec le monde tibétain ; elles eurent un grand impact sur ma façon de percevoir les choses.

En 1989, je tournai pour la télévision un long documentaire portant sur la réincarnation. J'avais trouvé en Suisse allemande un enfant tibétain qui avait été reconnu par le Dalaï-Lama comme étant la réincarnation de Shantidéva. Shantidéva était un très grand maître bouddhiste tibétain vivant au VIIIe siècle, et auteur d'une œuvre majeure du bouddhisme Mahayana : *L'Entrée dans la pratique du Bodhisattva* – les bodhisattvas étant les êtres qui souhaitent atteindre l'Éveil pour le bien de tous.

Depuis quelques mois, j'étudiais ce texte avec beaucoup d'attention et d'intérêt ; j'avais le sentiment qu'il me parlait de manière très intense et qu'il me révélait des secrets, enfouis en moi depuis si longtemps, qui attendaient juste d'être de nouveau vécus dans mon cœur. Ce livre m'accompagnait constamment dans ma mallette ou ma valise. Je le lisais dès que j'avais un moment de calme.

J'allai donc à Jona, dans le nord-est de la Suisse, où un couple de réfugiés tibétains vivait dans un immeuble, avec leur fils Nuden, reconnu comme étant la réincarnation de Shantidéva. Un moine important qui était de passage avait reconnu l'enfant comme un *tulku*, un maître réincarné, ce que le Dalaï-Lama avait confirmé ensuite. Le père de Nuden avait été moine, et sa mère était venue en Suisse quand elle était enfant. Ils m'accueillirent avec gentillesse et une certaine réserve. Ils furent surpris qu'un Occidental sache qui était Shantidéva et ait étudié son œuvre.

Âgé de 5 ans, Nuden jouait par terre, avec une petite voiture. C'était un bel enfant. Peu à peu, je devins un ami de cette petite famille et, au fil des ans, fus invité à des fêtes de la communauté tibétaine et aux anniversaires de Nuden.

Puis un jour, les parents de Nuden décidèrent de l'envoyer étudier au monastère de Sera ; ce ne fut pas une décision facile, surtout pour sa mère.

En 1998, je me rendis dans ce monastère, situé près de Mysore dans le sud de l'Inde, avec un ami caméraman. Nous voulions réaliser pour la télévision un portrait du « Petit Bouddha suisse », alors âgé de 15 ans. À Sera, Nuden vivait dans une petite maison que ses parents avaient aménagée pour lui. Il y avait aussi un professeur et un cuisinier. Pendant quelques jours, je découvris quelle était la vie de ce garçon et celle du monastère en général. Comme beaucoup de *tulkus*, Nuden, au départ, n'avait aucun souvenir de sa vie en tant que Shantidéva, mais le Dalaï-Lama lui avait dit qu'à l'avenir, s'il méditait, il se souviendrait de sa vie antérieure.

Au monastère de Sera, Nuden suivait le programme d'étude traditionnelle bouddhiste. C'était un garçon intelligent, vif et intuitif. Je me sentais bien en sa compagnie.

Dans sa chambre, je me souviens qu'il avait reconstitué le grand mandala de Kalachakra et y avait placé des images de divinités. Devant le mandala, il avait installé un grand trône sur lequel se trouvait une photo représentant le Dalaï-Lama. Nuden s'identifiait au Dalaï-Lama qui savait pénétrer jusqu'au cœur du mandala.

Sur les murs de la chambre, il y avait aussi les photos et le maillot de Roberto Baggio, un grand footballeur italien, bouddhiste. Je revois encore Nuden se plaindre parce qu'il ne pouvait jouer au football qu'en secret, dans un pré sur la colline derrière sa maison.

Le monastère était composé de quelques grands temples et de nombreuses maisons blanches où vivaient les moines. Dans un bâtiment, il y avait de grandes cuisines où le pain et les repas étaient préparés. D'énormes marmites en cuivre fumaient dans des pièces sombres, tandis que je goûtais au pain. Des centaines de moines prenaient part aux prières quotidiennes qui avaient lieu à heures fixes. Dans les temples, au pied des immenses statues de Bouddha se déroulaient des cérémonies avec force tambours et radongs, grandes trompes tibétaines. Je me souviens de l'atmosphère extraordinaire des prières du soir où des centaines de moines, sous la conduite d'un ancien, priaient longuement.

Le monastère accueillait aussi des centaines de jeunes réfugiés tibétains qui, sinon, se seraient retrouvés à la rue. Les différences sociales étaient perceptibles : il y avait les jeunes de familles aisées, qui vivaient assez bien grâce au soutien de leurs parents, et de nombreux autres vivant beaucoup plus chichement, avec une alimentation nettement plus pauvre. Certains avaient la tuberculose.

Nuden, la réincarnation de Shantidéva

À Sera, j'eus aussi l'occasion de rencontrer un moine âgé qui avait connu la réincarnation précédente de Shantidéva et qui m'en parla avec une grande dévotion.

Dans la société tibétaine, les monastères font souvent office d'écoles également. Beaucoup de jeunes étaient d'ailleurs de simples étudiants qui n'avaient pas prononcé de vœux monastiques. Le monastère représentait pour tous un îlot rassurant, un lien vivant avec leur tradition depuis que le Tibet était sous occupation chinoise.

Un jour, en discutant avec Nuden et d'autres moines, notre conversation s'orienta vers ma connexion avec Shantidéva. Comme pour les Tibétains, il est normal de percevoir des liens même lointains avec des vies antérieures, ils me recommandèrent d'aller consulter une voyante qui était très considérée.

Accompagné par un moine, je me rendis donc chez une petite femme tibétaine assez âgée, vivant dans une maisonnette à la périphérie du monastère. Après avoir fait offrande de prières et d'encens devant l'autel, elle s'assit, prit un miroir rond en cuivre et l'essuya longuement en priant. Puis elle plongea son regard dans le miroir et commença par me donner quelques conseils d'ordre alimentaire, pour améliorer ma santé. Elle me dit ensuite qu'afin d'ouvrir davantage mon cœur, je devais pratiquer la méditation de Tara Verte, l'une des divinités bouddhistes les plus connues. Puis elle me révéla que, dans des temps anciens, j'avais été un parent éloigné de Shantidéva et que cela expliquait mes sentiments à l'égard de Nuden et de ses parents, ainsi que mon intérêt pour les écrits de Shantidéva. J'étais émerveillé.

Quelques années plus tard, je revis Nuden à Jona où il était revenu pour les vacances. Il acceptait mal les contraintes imposées par le monastère et se plaignait de la difficulté de ses études. Le destin voulut que son père tombât gravement malade : Nuden dut rester à Jona pour lui venir en aide, puisque sa mère travaillait. Puis, son père mourut d'un cancer et, peu de temps après, Nuden dut aussi s'occuper de sa grand-mère qui, très âgée et malade, décéda quelques mois plus tard.

Resté trop longtemps loin de Sera, Nuden ne voulut pas y retourner. Il m'expliqua qu'il continuerait par lui-même ses études sous la guidance du Dalaï-Lama. Aujourd'hui, Nuden est marié et poursuit sa voie.

La dernière fois que je vis Nyima, le père de Nuden, c'était à Jona et il était déjà très malade. Nyima et Nuden m'avaient invité à déjeuner chez eux. Nuden avait cuisiné et Nyima était serein : il transmettait un sentiment de plénitude et d'harmonie. Je me souviens avec beaucoup d'émotion de son étreinte à la porte lorsque je pris congé. Je marchais dans la petite allée du jardin et, en voulant soudain le saluer de nouveau, je me retournai. Je captai son regard à la fois puissant et doux, plein de tendresse. Nous restâmes quelques instants à nous regarder : ce fut un moment de pleine rencontre, de totale présence, accompagnée de la sensation d'être hors du temps, plongé dans l'éternité. Mon cœur s'emplit de chaleur et de paix. Peu de temps après, Nyima mourut et j'assistai à ses funérailles.

Nuden me raconta que son père, après sa mort, était entré en *tukdam*, cela veut dire qu'il resta en posture de méditation pendant trois jours, tandis que la région de son cœur demeurait chaude et que son corps ne montrait aucun signe de décomposition. Dans le bouddhisme tibétain, c'est là le signe bien connu d'une grande réalisation. Cela montre comment la conscience survit à la mort du corps physique. Tsewang, la femme de Nyima, me confia que son mari était un yogi qui avait gardé secrète sa pratique. Après avoir suivi une formation monastique complète, Nyima avait été responsable de quarante monastères au Tibet. Il appartenait à une famille noble et son nom complet était Taksham Nuden Dorje Rinpoché Tsoknyi Nyima. À plusieurs reprises, ce yogi m'apparut dans mes méditations ; il était souriant, m'insufflant sa force.

*

Si je repense à présent aux dix années qui suivirent, j'ai le sentiment d'avoir parcouru deux voies distinctes : l'une visant à approfondir ma connaissance du monde tibétain et l'autre à rechercher des enseignements plus proches de ma façon de percevoir et d'explorer mon monde intérieur.

La connaissance du monde tibétain m'amena à devoir faire face à la tragédie de ce peuple dont le pays fut envahi par la Chine, ce qui causa la mort de centaines de milliers de personnes, la destruction de la plupart des monastères, et la mise en place d'un régime visant à siniser le Tibet, dans tous les domaines.

En 1987, je me rendis au Tibet et visitai sa capitale, Lhassa, et ses environs. Le climat pesant de l'occupation était manifeste : il y avait des soldats partout, mitraillettes en bandoulière. Les Tibétains me rappelèrent les paysans de mes vallées suisses, des hommes et des femmes vivant simplement et ne faisant aucun mal.

En visitant le temple principal, le Jokhang, je fus très impressionné par la dévotion de ce peuple. Les sourires condescendants des visiteurs chinois montraient par contre clairement qu'ils ne comprenaient pas la raison d'être de ce lieu. Je me rendis aussi au Potala, le grand palais où avait vécu le Dalaï-Lama. J'eus l'impression d'entrer dans un énorme ventre vide, les Chinois l'avaient totalement vidé. Quant au monastère de Sera, il n'en restait que quelques bâtiments perdus au milieu des nombreuses ruines. (Il a été en partie restauré depuis, et compte aujourd'hui plusieurs centaines de moines.) Je me souviens avoir discrètement donné à quelques personnes des photos du Dalaï-Lama – des images interdites aux Tibétains.

Je gardai de Lhassa un souvenir d'une grande tristesse et décidai de ne jamais y retourner. Et il en fut ainsi, bien que j'aurais pu par deux fois me rendre de nouveau au Tibet pour la télévision.

*

En 2011, je passai une dizaine de jours à Dharamsala dans le nord de l'Inde. C'est là que se trouvent le siège du gouvernement tibétain en exil et le lieu de résidence du Dalaï-Lama. Je voulais mieux cerner le drame de l'invasion du Tibet par la Chine et la situation des Tibétains en exil. Impossible évidemment de traiter de ce sujet au Tibet. Pour mon documentaire de 90 minutes, j'interviewai donc des représentants du gouvernement en exil et les principales organisations tibétaines. Ce fut un cheminement à travers le regret, la nostalgie, la souffrance, l'espoir. Le petit David s'opposant à Goliath, le géant.

Les Tibétains avaient renoncé à la lutte pour l'indépendance et choisi la voie de l'autonomie à l'intérieur de la Chine, dans l'espoir de sauver leur culture et leur religion. Ils avaient préparé un plan de négociation en vue d'un accord avec la Chine. Mais le gouvernement chinois, suivant sa politique centralisatrice, s'opposa à toute proposition visant à accorder au Tibet son autonomie. Aujourd'hui, la domination chinoise est telle que la population au Tibet est en majorité d'origine chinoise Han. Les Tibétains sont devenus une minorité dans leur propre pays.

Le sous-sol tibétain regorge de richesses minérales et les principaux fleuves d'Asie y trouvent leur source. Comme ce haut plateau tibétain est également une position stratégique, le gouvernement chinois y a installé des bases de missiles.

Lauréat du prix Nobel de la paix, le Dalaï-Lama a démissionné en 2011 de son rôle de chef du gouvernement tibétain en exil, mais il est toujours considéré par le gouvernement chinois comme « un loup déguisé en agneau ». Sa décision de se démettre de sa fonction de dirigeant politique n'a rien changé dans la position adoptée par la Chine ; la situation au Tibet reste si désespérée que, depuis 2009, plus de 140 Tibétains se sont immolés par le feu pour protester contre la domination chinoise.

Je me souviens avec beaucoup d'émotion d'un entretien que j'eus avec le poète et activiste Lhasang Tsering. Il avait fait partie de la résistance armée tibétaine et tenait à présent une petite librairie à Dharamsala. Il m'exprima son désespoir en pleurant. Son émotion était si grande que j'en pleurai aussi. Il m'expliqua que le Tibet où il avait vécu enfant n'existait plus, et que les Tibétains connaissaient le même sort cruel que d'autres populations indigènes, comme les Amérindiens, les tribus amazoniennes, et bien d'autres encore. Il me dit que, même si un jour la Chine finissait par se diviser en plusieurs républiques autonomes – comme cela avait été le cas pour des régions de l'ex-Union soviétique –, ce ne serait jamais le Tibet tel qu'il l'avait connu, puisque les Tibétains sont déjà une minorité dans leur propre pays et le seront toujours plus.

Je me rappelle à présent ma rencontre avec le président de l'Association des Tibétains qui avaient été emprisonnés par les Chinois. Ce fut un témoignage vivant et bouleversant de la brutalité subie par ces pauvres gens. Et je me souviens aussi du fort désir de changement de certains jeunes de l'Association de la jeunesse tibétaine.

Autre souvenir de ce temps-là : lorsque j'avais atterri au petit aéroport proche de Dharamsala, j'avais pris un taxi pour me rendre en ville. Le chauffeur, un réfugié tibétain qui avait traversé les montagnes enneigées en courant le risque d'être capturé par des gardes chinois, m'avait demandé quel était le but de ma visite. Avec une grande tristesse, il m'avait dit n'avoir aucun espoir de changement au Tibet, puis expliqué que les habitants de son village craignaient même d'aller à l'hôpital, car il y avait de nombreuses morts suspectes. Cette rencontre m'avait profondément touché et elle anticipait déjà ce que j'allais vivre les jours suivants en réalisant mon documentaire.

La situation des Tibétains en exil n'est pas facile. Beaucoup ont été accueillis en Inde, où ils ont le statut de réfugiés. D'autres sont au Népal, où ils n'ont aucun statut juridique, et où leurs conditions sont devenues très dures en raison de la pression exercée par la Chine. Beaucoup ont aussi choisi d'émigrer vers les États-Unis ou le Canada. Il existe également des communautés de réfugiés tibétains en Suisse et dans d'autres pays européens.

Au Bhoutan, où je suis allé deux fois, j'ai pu me faire une idée de ce qu'était le Tibet avant l'invasion chinoise : une population composée d'agriculteurs et d'éleveurs, beaucoup de grands temples et une culture traditionnelle millénaire, profondément ancrée dans le cœur des gens.

Ironie de l'Histoire, l'invasion chinoise a favorisé la diffusion du bouddhisme tibétain. Celui-ci s'est transplanté en Occident, accueilli par un grand nombre de personnes à la recherche d'un chemin spirituel. Aujourd'hui, toutes les écoles bouddhistes sont présentes partout en Occident.

Au début de la diaspora, les lamas tibétains (chefs spirituels ou enseignants) étaient nés et avaient grandi au Tibet ; ils étaient très attachés à la tradition. De nos jours, les nouvelles générations de lamas ont quitté le Tibet et ont étudié en Inde ou au Népal. D'autres ont vécu de nombreuses années en Europe, aux États-Unis et au Canada. Parmi eux, certains ont même étudié dans de grandes universités occidentales. Beaucoup de lamas peuvent ainsi enseigner en anglais, allemand, français, italien ou espagnol. Et dans de nombreux pays occidentaux, les enseignements du Dalaï-Lama sont suivis par des milliers de personnes.

*

En 2001, lors d'un enseignement du Dalaï-Lama à Cecina, en Italie, organisé par le centre bouddhiste de Pomaia, je fis la connaissance de Matthieu Ricard,

L'auteur avec Matthieu Ricard

écrivain, photographe, traducteur et moine bouddhiste tibétain français. Ce fut le début d'une importante amitié.

Depuis 1989, Matthieu est un traducteur apprécié du Dalaï-Lama. En 1997, avec son père, le philosophe et journaliste Jean-François Revel, il publia *Le Moine et le Philosophe*, un livre très intéressant qui le fit connaître d'un large public. Il s'agit d'un dialogue entre eux, portant sur le bouddhisme et la philosophie occidentale. De nombreux autres ouvrages se sont ensuivis sur la relation entre le bouddhisme et la science, le bouddhisme et le bonheur, le bouddhisme et l'altruisme... Tous ces livres sont traduits dans de nombreuses langues.

Matthieu est également un grand photographe et il a publié de beaux livres sur le Tibet et l'Himalaya. Il a créé et dirige de nombreux projets d'aide au Népal, au Tibet et en Inde, et il prend part à de grandes recherches scientifiques sur les effets de la méditation.

Matthieu Ricard a étudié la biologie moléculaire à Paris. Après avoir vu des documentaires d'Arnaud Desjardins sur des moines fuyant le Tibet, il a décidé de se rendre en Inde pour les rencontrer. C'était comme rencontrer saint François, dira-t-il. Dès lors, il veut consacrer sa vie à l'exploration intérieure, à la réalisation du bonheur et de l'harmonie qu'il a perçus en Kangyur Rinpoché, son premier maître. À la mort de celui-ci, Matthieu devient le disciple et l'assistant de Dilgo Khyentse Rinpoché, chef de l'école Nyingma du bouddhisme tibétain. Puis à la mort de Dilgo Khyentse Rinpoché, il se rapproche du Dalaï-Lama.

Au séminaire de Cecina en 2001, j'avais demandé à Matthieu si je pouvais l'interviewer. Profitant de son expérience d'Occidental au contact d'une ancienne tradition, je voulais lui poser de nombreuses questions sur le bouddhisme, questions qui pour moi étaient restées sans réponse. Je pensais que tous ceux qui verraient ces interviews pourraient en bénéficier et que cela mettrait en valeur les grandes connaissances de Matthieu.

Il me proposa de le rejoindre à Bodnath, près de Katmandou : c'est là où il réside toujours, dans le monastère de Shechen, près du grand stupa de Bodnath. Pour commencer, il me présenta Lama Trulshik Rinpoché, l'un des principaux enseignants du Dalaï-Lama, et il lui expliqua mon projet. Après m'avoir regardé très attentivement, le lama approuva et bénit ce travail. En d'autres termes, j'avais réussi avec succès l'examen.

Cette rencontre avec Matthieu donna lieu à un documentaire sur sa vie et à deux longs entretiens : l'un sur la relation entre le bouddhisme et l'Occident, et l'autre sur la relation entre le bouddhisme et la science. Par la suite, je réalisai aussi un nouveau film sur le bouddhisme et le bonheur. Les gains récoltés par la diffusion de ces films furent remis à Matthieu pour l'aider à financer ses projets humanitaires. Pour recueillir des fonds supplémentaires, je réalisai également plusieurs courts métrages sur la clinique Shechen, une clinique médicale caritative que Matthieu avait créée à côté du monastère. Être auprès d'une telle personne ayant suivi un long parcours spirituel fut une magnifique occasion d'apprendre.

Comme ces documentaires et interviews étaient destinés au grand public, lors de chaque tournage, je posai à Matthieu les questions que, selon moi, toutes les personnes intéressées par le sujet traité auraient pu poser.

Dans ces films, Matthieu y explique donc les points de base du bouddhisme, et il le fait dans un langage clair, en se référant également à la philosophie et à la psychologie occidentales, ainsi qu'à la recherche scientifique, et plus précisément aux neurosciences.

Je voudrais maintenant exprimer ce qui me parut essentiel et m'inspira.

Tout le monde recherche le bonheur. Tout le monde essaye de s'extraire de la souffrance. La cause fondamentale de la souffrance est une conception erronée de la réalité, qui fait vivre les humains dans l'illusion, au lieu d'être réellement conscients que tout se transforme, que tout apparaît et disparaît. L'attachement aux choses, aux personnes et aux situations est la cause de la souffrance. De cette ignorance naissent ainsi l'attraction, la répulsion et l'indifférence – les trois poisons de l'esprit.

Dans notre réalité ordinaire, tout est relié selon une relation de cause à effet ; tout change et est impermanent. Le bouddhisme affirme par conséquent que rien n'a en soi une existence propre et individuelle. C'est ce qui est appelé la « vacuité des phénomènes ». Même le moi qui semble exister n'est rien d'autre que le résultat du processus de cause à effet. Le moi n'est pas quelque chose de stable : c'est un flux d'états de conscience et d'expériences changeantes. Le fait que je m'appelle Guido n'est donc qu'une désignation.

Alors, comment sortir de cette confusion, de cette illusion ? En observant le flux de la conscience – c'est-à-dire l'esprit – et en observant les pensées et les émotions qui s'y élèvent. Si nous les nourrissons de notre énergie, elles nous entraînent et nous nous retrouvons impliqués, puis agissons sur la base des perturbations ainsi créées. Nous devons au contraire observer ces pensées et émotions et les laisser passer sans les retenir ; elles se dissolvent parce qu'en fait, elles n'ont aucune existence propre.

En nous comportant de cette manière, nous renonçons à ce qui est cause de souffrance. En vivant ainsi, nous devenons plus heureux. Nous sommes libres, autonomes, responsables ; nous avons de l'empathie ; nous vivons avec amour et compassion. Nous développons alors notre sagesse, nous trouvons l'être avisé qui est en nous et ne le cherchons plus à l'extérieur. Nous pouvons observer l'esprit parce que nous ne sommes ni nos pensées ni nos émotions.

Alors que sommes-nous ? Une présence ouverte, spacieuse et lumineuse. Vivre de cette manière nous permet d'être pleinement conscients, d'être dans le moment présent. De cette présence ouverte, l'harmonie intérieure qui est déjà en nous se révèle et se manifeste, l'amour et la compassion également. Quand on vit dans le présent, on agit en harmonie. Dans le bouddhisme, il ne s'agit donc pas de construire quoi que ce soit, mais de mettre un terme à ce qui recouvre la conscience originelle, notre vraie nature. Cette conscience spacieuse et lumineuse est notre nature éveillée, qui n'est alors plus obscurcie par l'ignorance. C'est la conscience du Bouddha. Elle a toujours été en chacun de nous. Cette sagesse innée est au-delà du bien et du mal. Être dans le moment présent tel qu'il est, c'est être non pas dans la dualité, mais dans l'unité. L'amour, la compassion et toutes les qualités positives peuvent alors s'épanouir. Être dans un état de pleine conscience, de présence totale, c'est ne pas vivre dans le passé ou dans le futur. C'est demeurer dans l'éternel présent, qui se perpétue après la mort.

Pour expliciter cela, il est temps maintenant de citer quelques grands maîtres.

> *Nos perceptions et notre processus de réflexion sont très limités. Nous voyons notre monde comme une chose énorme, et nous pensons qu'il est permanent et stable, indestructible comme un diamant, immobile comme une grande montagne. Mais en fait, cette façon de penser n'est que concepts, concepts que nous avons à propos du monde.*
>
> Nyoshul Khenpo Rinpoché

> *Les phénomènes sont la radiance innée du corps absolu*
> *et l'esprit en soi, son originelle sagesse.*
> *Quand les deux se fondent en une même saveur,*
> *voilà le maître ultime,*
> *Qui réside naturellement en nous. Ah ! oh ! Quelle joie !*

> *Une fois que vous avez la vue, bien que les perceptions illusoires du* samsara *puissent surgir dans votre esprit, vous êtes comme le ciel ; quand un arc-en-ciel apparaît, il n'en est pas particulièrement flatté, et quand les nuages s'accumulent, il n'est pas non plus particulièrement déçu. Il y a alors un profond sentiment de contentement.*

Bannissant tout espoir et toute peur, reposez-vous dans la certitude comme un diamant que la simplicité primordiale de la conscience est elle-même la bouddhéité. C'est la voie de la félicité parfaite, dans laquelle toutes les qualités de l'illumination s'épanouiront sans effort.

Un être réalisé ressemble à un petit enfant qui regarde le monde avec innocence et simplicité, sans concepts de beauté ou de laideur, de bien ou de mal. Il n'est plus la proie des tendances conflictuelles qui engendrent le désir et la répulsion.

Rien ne sert de s'inquiéter des revers de la vie quotidienne à l'instar de cet autre enfant qui jubile en construisant un château de sable, mais pleure quand il s'écroule. Voyez comment les êtres puérils s'offrent aux difficultés comme les papillons qui se jettent dans la flamme d'une lampe : ils veulent juste s'approprier ce qu'ils convoitent en se débarrassant de ce qu'ils n'aiment pas. Mieux vaudrait déposer le fardeau de ces attachements chimériques.

Dilgo Khyentse Rinpoché, maître de Matthieu Ricard

Mais comme il est facile de se perdre, j'aimerais ajouter la citation suivante de Longchenpa ; je l'ai toujours gardée et la garde encore précieusement sur moi, car elle m'aide à surmonter les écueils de la lecture et de l'étude – ma grande passion – et à me recentrer sur l'essentiel :

Le savoir est infini, comme les étoiles dans le ciel.
Les sujets que l'on peut étudier sont sans fin.
Mieux vaut aller immédiatement à l'essence,
à la forteresse immuable de la pure présence.

Longchenpa

Alors, quelle boussole utiliser pour nous guider au quotidien ? Écoutons de nouveau Dilgo Khyentse Rinpoché :

Lorsque vous examinez la nature de l'esprit, ne vous attendez pas à obtenir une réalisation exceptionnellement élevée ou profonde, ou à voir quelque chose de nouveau. Vous ne devez pas non plus hésiter ou douter de votre capacité à méditer. Ayez simplement confiance que la nature de l'esprit est simplement l'esprit lui-même laissé dans un état inchangé, et faites tout ce que vous pouvez pour maintenir cet état, sans distractions, toujours, pendant la méditation et après.

Tout dépend de votre intention. Vérifiez donc constamment votre attitude et votre motivation. Comme l'a dit Patrul Rinpoché, tout le monde veut le bonheur, mais le vrai moyen d'atteindre le bonheur parfait est d'apporter le bonheur aux autres.

L'idée de citer ces grands maîtres m'est venue après avoir revu les documentaires réalisés avec Matthieu Ricard. À l'époque, je ne comprenais évidemment pas la profondeur de toutes les réponses qu'il me donnait. Mais grâce aux interviews, documentaires et recherches qui

Dilgo Khyentse Rinpoché

s'étaient ensuivis, la vérité avait lentement commencé à se faire jour en moi, même si j'ai le sentiment d'avoir encore beaucoup à comprendre et à réaliser.

Je n'eus pas la chance de rencontrer Dilgo Khyentse Rinpoché, décédé en 1991. Toutefois, le témoignage de Matthieu, les écrits de Dilgo Khyentse Rinpoché et les splendides photos et films réalisés par Matthieu sur son maître me permirent de me rapprocher de ce grand sage. Dans des moments de méditation profonde et de bonheur, il m'arriva de voir Dilgo Khyentse sortir d'une photographie prise par Matthieu, prendre vie, me sourire et me transmettre son énergie. Lorsque j'en parlai à Matthieu, il hocha la tête avec un grand sourire. Je me mis alors à m'adresser timidement à Dilgo Khyentse Rinpoché dans mes méditations, à l'approcher, à me fondre en lui. Ce furent des expériences profondes et belles au cours desquelles je reçus de précieux cadeaux sous forme de chaleur, de couleurs et d'intuitions qui m'aidèrent à faire face aux difficultés. Ce processus se développait de façon spontanée. Connue sous le nom de gourou yoga dans le bouddhisme tibétain, cette pratique est aussi largement utilisée dans le chamanisme auquel je consacrerai le prochain chapitre.

Voici ce qu'en dit Dilgo Khyentse Rinpoché :

Le sens littéral du gourou yoga est « l'union avec la nature du maître ». Fondre votre esprit avec celui du maître est la plus profonde de toutes les pratiques et le chemin le plus court vers la réalisation. C'est la force vitale du chemin, c'est la pratique qui inclut toutes les autres.

À l'époque où je me rendis à Katmandou pour filmer Matthieu Ricard, la réincarnation de Dilgo Khyentse Rinpoché venait d'être retrouvée. Des visions de Trulshik Rinpoché, indiquant le lieu de naissance et les noms des parents du jeune *tulku*, avaient permis de le reconnaître. Dilgo Khyentse Yangsi Rinpoché avait six ans quand je fis sa connaissance et le filmai en train d'apprendre à lire des textes de prière. Selon les enseignements bouddhistes, ce qui transmigre est l'énergie éveillée du maître. Mais malgré cela, un petit *tulku* doit quand même étudier. J'allais le rencontrer de nouveau quelques années plus tard en Inde, à Bodhgaya, le lieu où le Bouddha Shakyamuni parvint au parfait éveil.

Les premières phases de l'éducation de Yangsi Rinpoché avaient été confiées à Shechen Rabjam Rinpoché, abbé du monastère de Shechen et élève et petit-fils de Dilgo Khyentse Rinpoché. Je me souviens que, lors de mon entretien, il m'avait dit en souriant qu'il avait de la chance que Yangsi soit un enfant raisonnable, car il aurait eu du mal à gronder la réincarnation de son maître et de son grand-père !

Pour nous, Occidentaux, tout cela peut paraître étrange. Matthieu me raconta que lorsque cet enfant, officiellement reconnu comme la réincarnation de Dilgo Khyentse Rinpoché, avait été intronisé à l'âge de 4 ans, il avait béni comme un vieux lama les centaines de personnes qui passaient devant lui. Alors que la cérémonie semblait terminée, il avait fait signe à un vieux Bhoutanais de venir vers lui. Le vieil homme s'était donc approché et avait reçu la bénédiction de Yangsi Rinpoché, le visage baigné de larmes d'émotion : il avait été le serviteur du précédent Khyentse Rinpoché au Bhoutan.

*

Des années auparavant, j'avais tourné un long documentaire sur la réincarnation et avais interviewé à cette occasion le plus important chercheur en ce domaine, le Dr Ian Stevenson, psychiatre et professeur à l'Université de Virginie. Il m'avait parlé de nombreux cas sur lesquels il avait enquêté : des enfants qui se souvenaient de vies antérieures avec moult détails vérifiés. Il citait en particulier le cas d'un enfant se rappelant la maison où il avait vécu dans un village voisin, et de nombreux évènements qui s'y étaient déroulés. Accompagnés de Stevenson, les parents avaient voulu vérifier ses dires. Sur place, l'enfant avait identifié la maison où il avait vécu, et il avait reconnu certaines des personnes qui y vivaient maintenant. Il avait aussi retrouvé l'endroit où il cachait son fusil, et parlé d'une femme qu'il avait aimée. Tout le monde avait cru qu'il s'agissait de la femme avec qui il s'était marié dans la vie précédente mais, au lieu de cela, on avait découvert qu'en réalité, il avait eu une amante - un secret bien gardé. Les recherches de Stevenson s'intéressaient également aux taches de naissance ; selon lui, elles correspondent souvent à des traces de blessures ayant causé la mort dans des vies antérieures.

Autre souvenir de mon séjour à Katmandou : Raphaèle Demandre, collaboratrice de Matthieu pour les projets au Tibet, me proposa un jour d'interviewer Ringu Tulku

Khyentse Yangsi Rinpoché avec le Dalaï-Lama et lisant des textes

Rinpoché, un maître bouddhiste tibétain de la lignée Kagyu qui avait aussi étudié auprès de Dilgo Khyentse Rinpoché. Ringu Tulku Rinpoché était là pour quelques jours, invité chez son frère, un artiste bien connu pour ses thangkas – des peintures sacrées bouddhistes tibétaines qui représentent en général des divinités ou des mandalas.

Ringu Tulku Rinpoché me reçut avec beaucoup de gentillesse et accepta immédiatement que je l'interviewe. Le sujet abordé était « Conscience et harmonie ». Durant quarante minutes, il expliqua qu'être présent en conscience est en soi harmonie, et que cela signifie être dans l'unité, et non plus dans la dualité – notion déjà évoquée avec Matthieu.

Lorsque nous sommes capables de vivre totalement présents, me dit-il, nous sommes libérés de l'ignorance et des poisons de l'esprit ; nous sommes sans peur ni espoir puisque nous vivons alors dans l'instant présent. Constatant la souffrance des autres qui sont plongés dans la confusion, nous éprouvons de la compassion à leur égard. Nous vivons avec sagesse. Puis il parla du sens de la méditation comme méthode pour accéder à cette présence – un enseignement parfaitement lumineux et clair.

Avant de partir, il me demanda qui était mon maître. Quand je répondis que je suivais les enseignements de Lama Sherab Gyaltsen Amipa, son visage s'illumina. Il me confia qu'enfant, après avoir fui le Tibet, il était resté quelque temps à Darjeeling avec d'autres jeunes *tulkus* dans une école dirigée par Lama Sherab ! Il me demanda de lui transmettre ses salutations.

Avant de partir, je lui dis que Lama Sherab était un vrai bodhisattva qui consacrait sa vie à l'enseignement, en se déplaçant chaque week-end dans différents pays d'Europe pour se rendre dans les centres qu'il avait créés. À peine avais-je prononcé le mot « bodhisattva » que les yeux de Ringu Tulku s'emplirent de larmes. J'en fus très ému, moi aussi.

Quelque temps plus tard, de retour en Suisse, Lama Sherab m'interrogea en souriant sur ma rencontre avec Ringu Tulku, dont il venait de recevoir une lettre. Pour les Tibétains, ma rencontre n'était pas seulement une coïncidence, mais une synchronicité. Selon leur perspective, Lama Sherab, Ringu Tulku et moi nous étions rencontrés dans une vie antérieure et étions liés par une vieille amitié. Lama Sherab me recommanda de ne pas en parler aux autres afin de ne pas me laisser aller à l'orgueil.

Puisqu'il est question de coïncidence : j'ai récemment été invité à déjeuner à Rapperswil, en Suisse allemande, par Nuden, la réincarnation de Shantideva. Lui qui avait cinq ans quand j'avais fait sa connaissance, en avait trente-sept à présent. Il était accompagné de sa mère et de sa femme.

Au café, Nuden m'a offert une courte vidéo de la visite d'un grand lama dans leur petite maison et j'ai découvert que le grand lama n'était autre que le Karmapa, Ogyen Trinley Dorje, chef de la lignée Kagyu du bouddhisme tibétain. Une fois passée cette première surprise, je me suis rendu compte qu'il s'agissait de la réincarnation du moine à la coiffe noire que j'avais vu lors de ma première expérience auprès de Lama Sherab ! Et qui d'autre ai-je vu dans la vidéo ? Ringu Tulku ! Ringu Tulku qui est, m'a expliqué Nuden, le représentant du Karmapa pour l'Europe. Le monde est vraiment petit.

Matthieu m'avait parlé des recherches en cours visant à étudier les effets de la méditation sur le cerveau. À l'Université du Wisconsin, il avait participé à des expériences menées en ce sens par des neuroscientifiques : ils avaient placé des capteurs sur son crâne pendant qu'il méditait. Les résultats obtenus avaient amené les chercheurs à l'appeler en plaisantant « l'homme le plus heureux du monde » : le cerveau de Matthieu produisait des ondes cérébrales en lien avec des niveaux de capacité de conscience, d'attention et d'apprentissage jamais constatés auparavant en neurosciences.

Membre du comité directeur du Mind and Life Institute qui organise des conférences et dialogues avec le Dalaï-Lama, Matthieu contribue à la recherche au sein de diverses universités aux États-Unis et en Europe.

En 2005 à Washington, j'assistai à l'une des conférences du Mind and Life Institute ; les résultats de nombreuses études effectuées auprès de méditants y furent présentés. Ce fut un évènement mémorable. Preuves à l'appui, les orateurs montrèrent que la méditation modifie en permanence la fonction cérébrale, ce qui confirme la neuroplasticité du cerveau – sa capacité à évoluer continuellement tout au long de la vie.

Lors de la conférence à laquelle étaient, entre autres, présents sur scène le Dalaï-Lama, Matthieu Ricard, John Kabat-Zinn – fondateur de la MBSR, réduction du stress basée sur la pleine conscience –, des images montrant Matthieu dans un laboratoire furent projetées sur des écrans géants. Elles montraient les changements qui s'opéraient dans le lobe pariétal gauche, lorsqu'il méditait.

Matthieu Ricard dans le laboratoire de l'université du Wisconsin

Ces études sur la façon dont la méditation a une incidence sur le cerveau montrent qu'il est possible de changer notre vie humaine grâce à une pratique méditative ; elles témoignent également du bienfait qu'il y aurait à introduire ces techniques méditatives dans les écoles, afin d'aider les jeunes à prendre conscience de leurs émotions et à opter pour un comportement approprié.

Tous les intervenants soulignèrent le fait que la pratique de la méditation n'est pas d'ordre religieux ; que ses bienfaits sont connus en Orient depuis des siècles ; et que, pour les Occidentaux, il est important que la science en apporte les preuves.

Ma rencontre avec Matthieu, mes interviews avec lui et nos nombreuses conversations informelles m'aidèrent à mieux comprendre certains aspects du bouddhisme qui me restaient obscurs et que j'avais du mal à intégrer dans ma vie quotidienne. En tant qu'Occidental, Matthieu avait eu à faire face à des problèmes similaires.

*

Après ma rencontre avec Matthieu Ricard, je cherchai à me rapprocher de lamas donnant des enseignements traditionnels dans un langage accessible aux Occidentaux. Cela me permit de mieux comprendre ce que disaient les grands maîtres tibétains.

L'un d'entre eux fut Géshé Tenzin Wangyal Rinpoché, un lama tibétain de la tradition bön, vivant aux États-Unis depuis de nombreuses années. Après avoir reçu une formation traditionnelle de moine et étudié durant de nombreuses années au monastère de Menri en Inde, il obtint son diplôme de *géshé* (équivalent à un doctorat occidental) et fut invité en Italie par Namkhai Norbu, un célèbre maître tibétain du Dzogchen avec lequel j'avais suivi des retraites de méditation. Puis, l'Université Rice au Texas lui ayant accordé une bourse, Tenzin Wangyal s'installa aux États-Unis où il réside depuis, tout en parcourant régulièrement le monde pour enseigner dans les nombreux centres qu'il a créés. Depuis quelques années, il enseigne sur Internet et a constitué, en lama moderne, une *cybersangha* mondiale grandissante. Il est marié et a un fils.

Le bön est l'ancienne religion indigène du Tibet; riche de profondes racines chamaniques, elle respecte profondément la puissance du monde de la nature. Selon la tradition bön, son Bouddha, Tönpa Shenrap Miwoche, vécut et enseigna en Asie centrale, il y a environ dix-huit mille ans. Arrivé par le nord-ouest, depuis une région nommée Zhang Zhung, cet enseignement se répandit au Tibet. Lorsque le bouddhisme arriva à son tour au Tibet, depuis l'Inde, la tradition bön subit de grandes persécutions, sans pour autant disparaître; certains éléments importants de la pratique bön sont encore présents de nos jours dans plusieurs lignées bouddhistes tibétaines. Le Dalaï-Lama a d'ailleurs reconnu le bön comme l'une des six écoles spirituelles du Tibet.

Cette tradition bön comporte neuf classes d'enseignement, dont les quatre premières incluent des sujets d'ordre chamanique. Les autres portent sur la conduite appropriée que doivent suivre les pratiquants laïcs et ordonnés, ainsi que sur les pratiques tantriques dont la plus élevée est celle du Dzogchen, ou Grande Perfection.

En 2010, j'eus la chance d'assister à un enseignement donné par Tenzin Wangyal Rinpoché, à Zurich. Son style frais et décontracté, riche d'exemples puisés dans la vie quotidienne me plut immédiatement. Le thème du week-end était la pratique de Chöd, un enseignement tantrique destiné à trancher la racine de l'ego. Pour ce faire, le pratiquant doit offrir symboliquement toutes ses qualités aux êtres qui en ont besoin, et mettre ainsi un terme à son égocentrisme et tout attachement à son propre corps. Il s'agit là d'un moyen puissant de développer la compassion et la sagesse.

En écoutant Rinpoché, je me sentais très proche de lui, comme s'il s'adressait directement à moi. Pendant le long rituel de Chöd, je me souviens avoir joué du damarou (un double tambour doté de deux boules fouettantes) en parfaite connexion avec lui et sans aucune interruption. À plusieurs reprises, mon regard rencontra le sien et, pendant une pause, je pus m'entretenir chaleureusement avec les autres participants. Je me sentais heureux et avais l'impression que Tenzin Wangyal m'avait transmis une énergie lumineuse et éveillée.

En sortant de la salle pour aller déjeuner, j'eus le sentiment de flotter au-dessus du sol, une expérience que j'avais déjà vécue deux fois : à Rikon avec Sakya Trizin Rinpoché, et à Strasbourg, après un enseignement du Dalaï-Lama. Au fil des pas, je m'ouvris à l'harmonie de la parfaite présence. Dans une sorte de marche méditative, je me rendis dans un supermarché pour acheter quelque chose à manger et remarquai que les gens me souriaient – ils répondaient à mon bonheur. J'en fus surpris et heureux. Tenzin Wangyal avait touché mon cœur. Je le sentais proche : un allié, mon ami.

L'auteur et Tenzin Wangyal Rinpoché

Sentant qu'il me fallait approfondir cette expérience de bonheur et de plénitude, je décidai de suivre les enseignements de Tenzin Wangyal Rinpoché et lui demandai où et quand il enseignerait plus longtemps. Il me répondit que, durant l'été suivant, il dirigerait une retraite de trois semaines dans son centre de Virginie, Serenity Ridge, siège du Ligmincha International. Je m'y rendis donc en 2010, et ce fut une expérience très importante.

L'enseignement qui portait sur *Les Six Lampes* – un texte important du Dzogchen, qui montre comment toutes les apparences s'élèvent de la conscience pure, base de tout – alternait avec de longues séances de méditation. C'était exactement ce que je recherchais, ce que je voulais vivre. Tenzin Wangyal Rinpoché enseignait de façon très ouverte et libre. Il nous donna des instructions destinées à des méditations directes, sans visualisations : directes dans le sens où nous devions observer directement notre esprit et les pensées qui s'en élevaient, en essayant de ne pas interférer, et de laisser plutôt l'esprit naturel se révéler lentement.

Tenzin Wangyal nous apprit à entrer dans cet espace à travers les trois portes : celle du corps, celle de la parole, et celle de l'esprit. Je compris rapidement que c'était la méthode que j'avais spontanément suivie dès ma première rencontre avec le bouddhisme.

Pour commencer, nous récitions une prière dans laquelle s'exprimaient clairement les intentions de la pratique. Comme il était question de lumières colorées apparaissant dans notre conscience, je demandai à Tenzin Wangyal de quelle manière il fallait interpréter ces paroles. Il répondit que cet enseignement ne faisait pas appel à des métaphores et que des expériences pourraient confirmer directement ce qui était dit. Et assez vite, je vis en effet des lumières colorées emplir mon champ de vision, suivies de sensations corporelles et d'un état de clarté sereine, et de présence consciente.

Heureux d'avoir vécu ces expériences et d'avoir reçu des explications qui clarifiaient ce qui se passait en moi, je me disais : « Ce sont ces expériences-là qui sont à la base des explications philosophiques. L'esprit de plus en plus subtil parcourt ces étapes de manière autonome. » J'avais trouvé le lien profond avec mon monde intérieur. J'avais trouvé des indications détaillées et adéquates pour comprendre mes expériences intérieures. J'avais trouvé une carte m'aidant à m'y retrouver au sein de ce monde mystérieux. Décrire aujourd'hui ces expériences m'est difficile, car elles relèvent souvent de l'indicible. Disons que la chose la plus importante fut d'avoir accédé à un état de présence consciente et d'avoir pu en partie le stabiliser.

À Serenity Ridge, je revécus et compris davantage l'expérience impromptue faite au Monroe Institute (qui, chose étrange, n'est qu'à une vingtaine de kilomètres de Serenity Ridge). Au terme d'une série d'expériences vécues en conscience lorsque j'étais au Monroe Institute, j'avais eu l'impression de m'être réveillé d'un rêve et je me disais : « Je suis ici et maintenant ». J'avais compris que même ce que je vivais au quotidien à l'état de veille était du même ordre. À Serenity Ridge, je fis de nouveau l'expérience de ces mêmes états de présence, que je reconnus comme étant des éclairs de vacuité consciente ou de bouddhéité : la conscience de l'éveil, de la réalisation de la nature illusoire de ce qui nous paraît réel.

Au Monroe Institute, j'avais éprouvé un sentiment de grande surprise, mais également de peur. Mes expériences auprès de Tenzin Wangyal, et ses enseignements, m'aidèrent à mieux comprendre ce que j'avais vécu.

Ma conscience était dans ce que l'on nomme l'ici et maintenant, même si les images perçues étaient liées au passé ou au futur. Vécu de cette manière, le moment présent est absolu ; il existe et se perpétue, même au sein des oscillations d'un temps relatif. La conscience se situe donc dans l'éternel présent – elle ne change pas ; elle ne meurt pas.

J'avais reçu là un magnifique cadeau de Tenzin Wangyal. J'étais maintenant habité par un sentiment de paix, de présence consciente, d'harmonie. Cet immense espace en moi devint le lieu de ma sécurité, de mon « refuge intérieur », comme le dit Tenzin Wangyal. Il me donne le sentiment d'être dans ma vraie demeure.

Tenzin Wangyal dit que la véritable nature de l'esprit est l'union de l'espace et de la présence. Nous sommes alors en contact avec toute chose : tout fait partie de nous. Dans cet état de conscience, de grande ouverture, il n'y a aucune séparation.

Je me souviens qu'à Serenity Ridge, j'avais l'impression pendant les méditations que Tenzin Wangyal me parlait directement, qu'il était en moi. Je percevais son calme intérieur, je sentais son énergie. Cette fusion est très bénéfique, car elle agit en profondeur, en amont de la sphère verbale : c'est une transmission d'énergie éclairée qui parfois vous transporte littéralement dans d'autres états de conscience.

À la fin d'une de ces séances de méditation, un ami récemment décédé apparut dans ma conscience. Il me regarda avec joie, émerveillé par l'endroit où je me trouvais, une grande salle de méditation, emplie de nombreux symboles et ornements sacrés tibétains. Mon ami était serein, je le saluai affectueusement. J'étais, de fait, conscient, dans un état de grande ouverture où il n'y a pas de séparation.

Après la retraite à Serenity Ridge, je décidai de suivre un cycle de cinq ans d'enseignements du Dzogchen avec Tenzin Wangyal Rinpoché en Autriche. Chaque année, de 2010 à 2014, Tenzin Wangyal donna un enseignement d'une semaine portant sur la transmission du Zhang Zhung, un cycle d'enseignements majeurs du Dzogchen, traitant de la nature de l'esprit selon l'ancienne lignée Zhang Zhung Nyen Gyü. Les sessions alternaient enseignements directs, explications et longues séances de méditation : un parcours complet allant des pratiques préliminaires jusqu'à la compréhension de la vraie nature de l'esprit. Le Dzogchen, également connu sous le nom de « Grande Perfection » est le chemin de l'autolibération, la forme la plus élevée d'enseignement et de pratique de la tradition bön, et d'autres lignées du bouddhisme tibétain.

La première partie du cycle de cinq ans est consacrée au ngöndro, un ensemble préliminaire constitué de neuf pratiques incluant entre autres le gourou yoga, les prières de refuge et les mantras. La deuxième année est une introduction à la nature de l'esprit. La troisième se concentre sur la vue, la méditation, le comportement et le fruit de la pratique du Dzogchen. La quatrième se penche sur les moyens de surmonter les obstacles à la pratique. Et enfin la cinquième est axée sur les dernières instructions et conseils concernant la méditation sur la Claire Lumière et la vue Dzogchen.

Il m'est impossible de résumer cet enseignement. Je peux seulement dire que c'est une carte retraçant le voyage intérieur qu'accomplirent de nombreux grands pratiquants au cours des siècles – une lignée transmise oralement d'un maître à quelques rares disciples, et qui, de nos jours, est accessible à un beaucoup plus grand nombre de méditants.

Je ne pus malheureusement pas pratiquer les différentes étapes de ce chemin avec la discipline voulue, et ce pour diverses raisons : un état de santé plutôt précaire qui m'obligea à suivre un traitement médicamenteux particulièrement lourd ; la difficulté du contenu des enseignements reçus ; le sentiment d'avoir déjà fait certaines des nombreuses pratiques proposées ; et, bien sûr, une certaine paresse. Je ne suis évidemment pas un étudiant modèle ! Toutefois, les éléments que je mis en pratique me permirent de me familiariser de plus en plus avec la recherche d'un état de conscience plus lucide, la faculté de m'y ouvrir et de le stabiliser davantage.

Deux pratiques me parurent particulièrement efficaces : la contemplation du ciel et la retraite dans l'obscurité. La première consiste à regarder le ciel avec une conscience ouverte. L'esprit se calme alors peu à peu et devient spacieux, comme l'immensité du ciel qui n'est pas perturbé par les nuages qui passent. On accède ainsi à un état de profonde présence consciente, d'harmonie que rien ne perturbe. Je me souviens de la joie éprouvée à respirer ainsi librement en montagne, tandis que nous contemplions le ciel : sensation de grand bonheur face à l'immensité, sensation du vent sur mon visage, sensation d'être enfin chez moi.

Quant à la retraite dans l'obscurité – une pratique du Dzogchen aussi bien dans la tradition bön que dans certaines écoles du bouddhisme tibétain –, elle consiste en une retraite individuelle effectuée dans le noir total. Elle permet aux pratiquants avancés de faire profondément l'expérience de la nature de leur propre esprit. Dans le noir, en l'absence de stimuli visuels et dans une solitude complète, on découvre comment l'esprit peut produire des visions qui, tout en paraissant absolument réelles, sont illusoires. Traditionnellement, cette retraite dure quarante-neuf jours, mais elle est parfois effectuée pour des périodes plus courtes par les disciples. Tous les participants à ce cycle d'enseignements avec Tenzin Wangyal Rinpoché en Autriche reçurent pour instructions de faire chez eux une brève retraite dans l'obscurité, ne serait-ce que pour un jour ou deux, ce que je fis. Des visages m'apparurent, comme si j'entrais consciemment dans un rêve et faisais l'expérience d'un rêve lucide. Le but, encore une fois, est de développer une présence stable et ouverte, sans se laisser emporter par les émotions, les pensées ou les visions.

Je voudrais revenir un instant sur la peur face à la vacuité, à l'obscurité. C'est la peur de l'inconnu, du fait d'aller au-delà de nos limites habituelles ; peur de lâcher prise, d'abandonner toute certitude, tout attachement, comme le disent les enseignements bön ou bouddhistes. C'est le saut dans un espace immense, notre espace intérieur, qui nous permet d'entrer en contact avec la liberté et donc avec la vie authentique ; d'entrer en contact avec l'harmonie, avec la beauté. Ce saut n'est rien d'autre que le fait d'être pure conscience – totalement dans le présent, ici et maintenant. En réalité, il n'y a rien à craindre parce que la pure conscience se situe hors du temps : elle est, tout simplement. Elle ne cesse pas : il n'y a pas de mort. La présence n'a pas de limites. Par conséquent, le grand objectif, c'est la présence consciente. C'est la conscience du Bouddha. C'est l'au-delà des illusions. C'est l'éveil.

Cela transparaît aussi en physique quantique. Nous sommes plongés dans une mer d'énergie. De cette mer, des vagues s'élèvent, se manifestent ; elles peuvent être montagnes, arbres, individus, sensations. Les vagues sont toujours une partie de la mer et retournent à la mer. Nous ne devons pas nous accrocher aux vagues, à la perception que nous avons d'être des entités séparées. Si nous nous accrochons aux vagues, nous souffrons. Au lieu de cela, il faut les laisser passer, jouer avec elles sans les retenir – puis revenir à la mer, au grand espace qui contient tout et d'où tout se manifeste.

Toujours selon la physique quantique, la mer, en tant qu'analogie pour tout l'univers, n'est pas chaotique mais elle a un « ordre implicite », une logique interne qui lui est propre, qui comprend et organise tout, et dans laquelle tout interagit avec tout. La texture de ce tissu infini est l'harmonie ou l'amour, pas le conflit ou la rupture. Tout ce qui apparaît à notre conscience est l'expression de cet ordre harmonieux, qu'il soit vu selon la perspective de la pleine conscience ou qu'il se présente à nous sous une forme chaotique en raison du manque de lucidité de notre conscience. Lorsque le voile de l'ignorance est levé, nous avons des éclairs de clarté, de beauté, qui nous font entrevoir l'harmonie sous-jacente de l'univers et de nous-mêmes. Nous sommes alors dans la vérité, dans la joie.

Il est illusoire de vouloir retenir le temps parce que le présent, au moment même où on pense à lui, est déjà passé. Nous sommes toujours dans l'éternel, même si nous pensons être dans le moment présent. Le sens de l'éternel n'est pas présent lorsque nous regardons depuis le point de vue de l'ego, et non celui de la conscience. La variable du temps est alors introduite, avec son illusion de passé, présent et futur. Et lorsque l'élément d'un « observateur » intervient, l'unité est interrompue et nous faisons l'expérience de la dualité.

*

J'aimerais maintenant retranscrire une brève présentation donnée par Tenzin Wangyal Rinpoché lors d'une conférence en 2016. Elle résume ses enseignements de manière claire et essentielle.

« ÉVEILLER L'ESPRIT LUMINEUX »
GÉSHÉ TENZIN WANGYAL RINPOCHÉ[3]

Dans les traditions anciennes du Tibet, il est toujours question de rechercher le moi. Trouver ce moi, ou le perdre, constitue la part la plus importante de tous les enseignements. Quand Depaak-Ji [Deepak Chopra] disait que tout est projection, fabrication de l'esprit, cela m'a rappelé

3. Colloque sur la science et la non-dualité, San Jose, Californie. 2016. Voir sur YouTube : https://youtu.be/Sa2zvm2jjo4 (publié avec l'autorisation de Tenzin Wangyal Rinpoché)

un texte de Dawa Gyaltsen qui vivait au VIIe siècle. Il est dit que ce maître avait atteint le corps de lumière. Son enseignement consiste en cinq lignes.

La Vision est l'Esprit. *Fondamentalement, tout ce que vous voyez est votre esprit. Vous me voyez; je vous vois. Tout ce que je vois, c'est mon esprit.*

Vient alors la question de savoir: qu'est donc cet esprit? Le texte répond: L'Esprit est vide.

La troisième ligne explique: La Vacuité est Claire Lumière. *Nous parlons donc de l'univers et de la claire lumière ou luminosité. C'est la troisième ligne.*

La quatrième énonce: La Claire Lumière est l'Union. *Par conséquent, ce que vous voyez et votre esprit sont union; ils sont inséparables.*

La dernière ligne affirme: L'Union est Grande Félicité. *Cette grande Félicité ou béatitude est l'expérience vécue lorsque vous réalisez l'union des apparences et de la conscience, ou l'inséparabilité de leurs qualités.*

Il s'agit là d'enseignements très anciens. À l'époque où le maître Dawa Gyaltsen les transmit, au VIIe siècle, ils étaient considérés comme extrêmement secrets. Le maître était censé les communiquer à un seul disciple à la fois – une transmission dite « unique ». On raconte même que le maître parlait à son disciple à travers un tube, de manière à ne pas être entendu par les autres.

Ces enseignements ne sont pas d'ordre intellectuel et théorique. Mais ce que j'entends dire en Occident, c'est que les nombreuses fois où ils sont transmis, ils sont reçus par certains de façon très théorique; disons qu'ils sont perçus au niveau cérébral, cérébral, et cérébral. Les psychologues les décodent analytiquement. Parfois même leur contenu devient nihiliste: vous n'existez pas, je n'existe pas, tout est projection de l'esprit.

Tout est certes projection de l'esprit, mais cela ne veut pas dire que cela n'existe pas. Il y a bien existence, mais pas au sens où on l'entend généralement.

Quelque chose est bien là : cet univers, cet esprit lumineux, quel que soit le nom que vous voulez lui donner. Comment pouvez-vous y accéder ? Voilà la question qui importe.

Des gens ont pratiqué. Quand j'étais adolescent, l'une des pratiques consistait à se rendre dans une pièce sombre [la retraite dans l'obscurité]. J'ai passé cinquante jours ainsi dans le noir. Cinquante jours durant, vous êtes dans une petite pièce avec une petite ouverture dont les deux côtés sont obstrués. Ma mère ouvrait un côté, mettait de la nourriture, puis refermait. Je pouvais alors ouvrir l'autre côté et prendre les aliments. Toujours dans le noir. Dans cette obscurité totale, j'ai eu des visions, j'ai eu des expériences.

Ce que j'essaye de dire, c'est que l'accès est là. C'est ce dont je voudrais parler un peu, maintenant. Et je souhaiterais guider ici, ce soir, une courte pratique sur les trois pilules [portes] précieuses. Je veux aussi guider une méditation et offrir cette possibilité d'avoir accès à l'esprit lumineux, ou accès à ce que nous appelons cet « espace sacré » auquel nous nous référons parfois comme étant « la mère ».

Asseyez-vous confortablement. Inspirez profondément, deux fois plus lentement que d'habitude.

Première pilule précieuse : à travers votre corps. Portez toute votre attention sur votre corps, du sommet de la tête jusqu'à la plante des pieds. Votre corps est immobile, soyez conscient de cette immobilité, rien de plus, rien de moins. Quand vous perdez contact avec cette immobilité, prenez-en conscience et reconnectez-vous. Maintenez cette connexion. Soyez conscient de toute tension dans votre corps. Soyez conscient de tout effort d'attention. Laissez ces efforts se dissoudre. Restez simplement centré.

Peu à peu, lâchez ce sentiment d'un sujet qui observe un objet – le sujet étant celui qui se focalise, et l'objet étant votre corps immobile. Soyez juste conscient du calme intérieur, du calme de votre être. Il n'y a pas d'objet, il n'y a pas de sujet, mais il y a une présence d'être. Vous êtes pleinement conscient.

Deuxième pilule précieuse : à travers la parole. Soyez conscient du silence.

Soyez conscient du silence dans la salle. Vous pouvez remarquer que vous écoutez le bruit de la climatisation. Écoutez plutôt le silence. Déplacez votre attention. Chaque fois que vous perdez contact avec le silence, et ressentez de la torpeur, un manque de clarté ou de vivacité, prenez-en seulement conscience. Reconnectez-vous, continuez, demeurez. Vous êtes conscient du silence, de la sagesse du silence.

Et, peu à peu, vous n'écoutez pas – laissez disparaître celui qui écoute, laissez disparaître le silence. Devenez conscient du silence d'être. Personne n'écoute quoi que ce soit, ne fait quoi que ce soit. Mais la présence du silence d'être est pleinement là.

Troisième et dernière pilule précieuse : à travers la porte de l'esprit. Soyez conscient de la vastitude de l'esprit, ou de l'ouverture de l'esprit. La nature de l'esprit est ouverte et claire. Soyez conscient de cela. Sentez-vous comme si vous étiez un ciel clair dans le désert. Vous êtes un ciel clair dans le désert.

Prenez progressivement conscience de ce sentiment d'être, d'être spacieux. Au lieu d'imaginer, concentrez-vous sur le fait d'être cette vastitude, d'être ce ciel, d'être cet univers, cet espace illimité.

Bon ! Vous pouvez maintenant ouvrir les yeux.

Cette pratique est très simple et courte. Dans notre tradition, nous l'appelons la pratique des trois portes. Votre corps est une porte vers cet esprit lumineux. Votre parole est une porte vers cet esprit lumineux. Votre esprit est une porte vers cet esprit lumineux. Nous les appelons les trois portes vers l'esprit lumineux.

Nous faisons l'expérience de l'apaisement de notre corps. En nous posant, nous découvrons une connexion avec cet espace sacré. Quant à la parole – il y a beaucoup de bavardage dans notre esprit, de discours douloureux, de plaintes. Au lieu d'investir beaucoup d'efforts pour essayer de réfléchir ou de comprendre de quoi il est question, éteignez simplement ce flux de paroles. Au lieu d'écouter vos voix intérieures, portez simplement votre attention sur le silence. N'écoutez pas « l'ego futé » ; écoutez le silence. Lorsque vous vous concentrez ainsi, le niveau de focalisation devient de plus en plus profond. À un certain stade, nous nommons cela la non-dualité, vous êtes au-delà de sujet-objet. Il n'y a que le sens du silence. Quand quelqu'un est conscient de ce sens du silence – que, dans notre tradition, nous appelons sagesse du silence –, il est présent au silence de l'être.

Il en va de même pour l'esprit.

Pourquoi ces trois éléments sont-ils importants ? Dans le monde occidental, il est beaucoup question de guérison, nous avons beaucoup d'idées relevant de la magie. À quel niveau la guérison a-t-elle lieu ? Où se situe la communication, le mouvement dans l'univers ? Tout cela se produit dans cette immobilité, dans ce silence, dans cette dimension spacieuse. Mais en général, nous ne croyons pas qu'il en est ainsi. Nous pensons que pour faire en sorte que quelque chose se produise, il faut s'en occuper, être responsable, avoir le contrôle, travailler dur, souffrir, faire souffrir les autres – alors seulement, on peut accomplir quelque chose. Nous ne pensons pas qu'avec l'apaisement du corps et le silence, la magie va s'opérer. La vérité est que, souvent dans notre vie, lorsque nous ne contrôlons pas, lorsque nous lâchons prise, lorsque nous nous connectons à notre être, c'est à ce moment-là que les choses se passent.

Même dans notre culture, j'ai toujours trouvé intéressant d'introduire dans la guérison ces pratiques des trois portes. Au MD Anderson Hospital, par exemple, le National Cancer Institute a accordé une subvention de plus de trois millions de dollars pour mener des recherches spécifiques auprès d'environ trois cents patients malades du cancer. Certains n'avaient jamais médité et pour leur grande majorité, ma tradition leur était totalement inconnue. Mais quand ils se sont mis à pratiquer, cela a eu un effet, la guérison était là.

Récemment, nous avons mis en place une formation en ligne avec plusieurs milliers de personnes, dont un millier pratique quotidiennement et dont cinq ou six cent notent chaque jour avec diligence leurs expériences dans un journal. Ces gens pratiquent ce que nous appelons « La vraie source de guérison », ce qui signifie qu'à travers les trois portes, ils vont suffisamment en profondeur, ils vont au-delà du sentiment d'un soi. Ce soi erroné, c'est lui le responsable de la production de problèmes, de maladies et de douleurs.

Vous dépassez cela en accédant à la conscience lucide et en accueillant tous les défis et la douleur physique et émotionnelle dans cet espace sacré, dans cette lumière sacrée. Quand les gens pratiquent ainsi cet accueil ouvert, la douleur physique est réduite de trente à quarante pour cent.

Cela n'a donc rien à voir avec s'efforcer de faire tellement de choses. C'est même le contraire : vous essayez d'être, de vous poser; et vous permettez aux choses de se produire dans cet espace. C'est une tradition ancienne. Tout au long des siècles, les yogis tibétains ont pratiqué cela. Ces choses sont connues. Elles ne sont sans doute pas publiées dans des revues scientifiques et médicales, mais elles sont parfaitement connues et prouvées. Et des gens ont pratiqué de la sorte.

Dans un texte très ancien, il est question de trois types de conscience innée. Dès qu'on parle de conscience, cela peut être source de confusion pour certains. Nous utilisons le terme « rigpa » *pour indiquer la conscience innée, la conscience qui existe en nous dès le début. Généralement, nous concevons la conscience comme étant consciente de quelque chose. Dans ce cas-là, ce mot se réfère plus à la dualité qu'à la conscience innée.*

Des écrits très anciens parlent donc de trois sortes de conscience innée.

La première est la « conscience innée englobante » : celle qui inclut tout, matière et conscience – esprit et matière. Elle est présente dans le microphone, dans la fleur, en vous et en moi. Nous avons tous cette conscience.

La deuxième est appelée « conscience primordiale innée ». Elle n'est pas présente dans la matière, mais uniquement chez les êtres : non seulement chez les humains, mais chez tous les êtres sensibles, c'est-à-dire tous ceux dotés d'une conscience – chiens, animaux, humains, etc. La conscience primordiale innée est donc présente en chaque être.

La troisième forme de conscience est la plus importante et la plus intéressante : c'est la « conscience innée consciente d'elle-même », ou rigpa. *Cela fait référence à nous. C'est ce à quoi j'ai tenté de vous ouvrir en guidant par exemple cette courte méditation sur les trois portes ou pilules – nous n'avons pas eu cette fois le temps pour pratiquer la présence consciente. Mais lorsqu'un maître guide cette pratique et que cela s'opère, cela signifie que quelqu'un conduit quelqu'un d'autre dans cette conscience innée consciente d'elle-même. Nous y avons tous accès. Ce point est très important, parce que tant que vous n'avez pas conscience de ce fait, aucun changement ne peut se produire.*

Cette connaissance ancienne est le fruit de milliers d'années de méditation, elle n'est pas le résultat d'une spéculation théorique. Le plus grand obstacle à la compréhension de la nature de l'esprit est précisément l'esprit conceptuel, intellectuel, théorique. Vous pouvez analyser indéfiniment, il y aura toujours quelqu'un qui analyse. Vous ne trouverez jamais rien, à moins que l'esprit analytique ne cesse d'analyser et se pose complètement dans cet esprit spacieux. C'est le seul moment où quelqu'un en fera l'expérience.

Selon moi, lorsque des enseignements sont présentés en Occident, le sens de ce que peut être la conscience innée consciente d'elle-même est parfois très difficile à cerner car, à chaque fois que nous y réfléchissons, le petit moi, l'ego interfère. Même lorsqu'il est question de méditation et de pratiques de la pleine conscience – beaucoup parmi vous savent que John Kabat-Zinn a introduit cela dans les hôpitaux et dans beaucoup d'autres lieux –, dès que l'on pratique cela, il y a toujours la question : « Qu'est-ce que je vais retirer de cette pratique ? » Il y a forcément quelqu'un qui veut un résultat pour lui. Cette perspective est probablement due à une approche très matérialiste de la spiritualité. En aucune façon, vous ne pouvez pratiquer, faire quoi que ce soit sans vouloir quelque chose. Et cela est très problématique à l'égard d'une compréhension réelle de la très vieille tradition de sagesse.

Le moyen qui nous est le plus accessible pour dépasser cet obstacle consiste à diminuer l'influence de cette vue matérialiste ou dualiste. Qu'est-ce cela signifie ? Cela signifie lâcher ce sentiment d'un moi, cet empressement à vouloir toujours le distraire. Êtes-vous capable de demeurer un instant sans éprouver le besoin d'une distraction ? Si dans votre vie il n'y a pas de moments libres de ce besoin, oubliez l'éveil – il n'y aura pas d'éveil.

En résumé, dans notre tradition ancienne pratiquée depuis des milliers d'années, il y a des moyens très spécifiques permettant de s'initier à ces expériences. Comme notre esprit intellectuel, qui théorise et conceptualise, est si puissant, en particulier ici, en Occident, nous perdons la possibilité d'accéder à cette vérité. Alors si voulez y avoir accès, vous devez observer votre esprit et votre moi.

Je vous remercie.

*

Aujourd'hui, je continue de suivre les enseignements de Tenzin Wangyal Rimpoché sur Internet ou en présentiel. En 2014, je l'ai interviewé sur trois thèmes : *Le bouddhisme et l'Occident, Le bouddhisme bön, Le bön et le chamanisme.* Tournés à Maria Alm, en Autriche, ces entretiens sont disponibles sur YouTube.

Autre entretien avec Tenzin Wangyal pour un documentaire de cinquante minutes portant sur « La crise de l'Église » et diffusé à la télévision suisse en 2013. En voici quelques extraits qui me semblent importants.

Nous tous, êtres humains, voulons être heureux. Nous en avons tous le droit, mais nous ignorons ce qui rend heureux. Dans notre expérience au quotidien, tout ce que nous faisons ne nous rend pas forcément heureux. Parfois, nous nous disons : « Non, je ne peux pas être heureux tant que je n'ai pas terminé ce projet ; je dois divorcer ; je dois gagner plus ; je dois résoudre ce conflit. » Nous avons une liste de choses à faire afin d'être heureux. Mais cette liste a-t-elle une fin ? Jamais. On peut juste être satisfait d'avoir une liste de choses à faire. Vous pouvez penser : « D'accord, j'ai une liste, mais je peux quand même être heureux. » Et vous l'êtes. Rien ne peut vous empêcher d'être heureux, si vous ne vous y opposez pas.

Et encore :

Je pense qu'il y a des points communs entre les enseignements bouddhistes de la Grande Perfection, ou Dzogchen, et les mystiques chrétiens ou ceux d'autres traditions. Lorsque nous atteignons en nous-mêmes l'essence de la recherche – qui suis-je, qui êtes-vous, qu'est-ce que la vérité ? –, nous trouvons une réponse commune. Nous pouvons être en désaccord sur le chemin, sur les noms, mais ce qui est est. Il ne peut y avoir aucun désaccord là-dessus...

Ce que nous recherchons, c'est nous-mêmes. Ce qui m'entrave dans ma quête, c'est mon ego, la peur, l'attachement. Ces émotions négatives me perturbent. Quand je parviens à percevoir le silence intérieur, le calme, l'espace, je peux alors ressentir qui je suis, et découvrir que ce n'est pas ce que je pense être. Je perçois l'espace infini et illimité en moi. Quand le silence intérieur est présent, il n'y a pas de peur : il y a un sens profond de présence. En ce moment, ici et maintenant, je sens mon souffle, mon être. Dans notre tradition, nous appelons cela la pure conscience, ou rigpa. *Mais ce n'est pas une question de terminologie ; chacun de nous peut avoir cette expérience. Elle est com-*

mune aux mystiques et aux grands maîtres de nombreuses traditions. Même si les voies et le langage peuvent différer, le cœur de l'expérience reste le même.

Ces considérations sont à la base du dialogue interreligieux.

Je voudrais conclure cette partie consacrée à Tenzin Wangyal Rinpoché, enseignant contemporain, avec quelques citations de grands maîtres du passé, qui aideront à comprendre ce qui précède.

La Grande Perfection (Dzogpa Chenpo) maintient
la conscience intrinsèque (rigpa), *la vraie nature de*
l'esprit, et l'utilise comme chemin. Elle ne fait pas
appel aux concepts, puisque ceux-ci sont l'expression
de l'esprit. Dzogpa Chenpo fait entrer en jeu la
méditation sur la conscience intrinsèque, après avoir
établi la distinction entre celle-ci et l'esprit.
Cela signifie que nous devons d'abord reconnaître
la différence entre rigpa *et esprit pensant.*
Ce qui, de tout temps, est « libre de pensée »
est vide et vivacité consciente, est rigpa.
L'esprit qui conceptualise, pense, imagine, a un sens
d'identité personnelle, essaye de comprendre, pratique
et souffre, est l'esprit qu'il faut différencier de rigpa.
Lorsque rigpa *est clairement reconnu comme étant*
complètement différent de l'esprit, rigpa *est alors*
ce qui se perpétue comme étant votre conscience
authentique.

Le troisième Dodrupchen Rinpoché

Le recours obsessionnel aux disciplines méditatives ou
à l'étude perpétuelle des textes et de la philosophie ne
produira jamais cette merveilleuse réalisation, cette
vérité qui est naturelle à la conscience, parce
que l'esprit qui désire désespérément accéder
à un autre royaume ou niveau d'expérience ignore
par inadvertance la lumière fondamentale
qui constitue toute expérience.

Tilopa

Souviens-toi de la claire lumière,
La lumière blanche, pure et claire
D'où provient toute chose de l'univers
Et à laquelle retourne toute chose de l'univers ;
La nature originelle de ton propre esprit.
L'état naturel de l'univers non manifesté.
Pénètre dans la claire lumière, fais-lui confiance,
fusionne avec elle.
C'est ta vraie nature, c'est ta demeure.

Le Livre des morts tibétain

*

Tandis que je cherchais sur Internet des personnes enseignant le bouddhisme tibétain dans un langage particulièrement adapté aux Occidentaux, je découvris un texte très intéressant de James Low, un Anglais qui, dans les années 1980, avait commencé à étudier auprès de grands maîtres tibétains. Quelque temps plus tard, je participai à

James Low

un séminaire animé par lui à Brisgovie, près de Fribourg en Allemagne. C'était en 2006.

Ce fut une expérience intéressante, immédiatement suivie d'un entretien à propos du Dzogchen, qui me permit de poser des questions directes sur cet enseignement. James Low, comme Tenzin Wangyal, n'employait pas de termes philosophiques ; il donnait des exemples de la vie ordinaire, d'une façon claire et compréhensible.

Une fois encore, je fus surpris de constater combien le véritable enseignement réside dans l'absence de réflexion.

James Low me confia que son premier maître était Kangyur Rinpoché, le maître racine de Matthieu Ricard et de sa mère, Yahne Le Toumelin – autre forte coïncidence. Low travaille à présent en tant que psychothérapeute à Londres ; il enseigne le Dzogchen et est l'auteur de quelques livres très importants traduits dans de nombreuses langues.

Je vais juste mentionner quelques passages essentiels de l'entretien que nous avons eu sur le Dzogchen et qui plurent à Low. On peut les retrouver sur son site internet. Ils expriment d'une autre manière, et avec grande élégance, ce que j'ai esquissé plus haut.

« À PROPOS DE L'INDICIBLE : QU'EST-CE QUE LE DZOGCHEN ? » JAMES LOW[4]

La vue Dzogchen, c'est reconnaître que la base de toutes les pensées, émotions, sensations et actions est un état de

4. Extraits d'une interview de Guido Ferrari, juin 2006, Todtmoos, Allemagne.

détente ouverte, un état de présence – c'est-à-dire, le fait d'être complètement ici, totalement vivant, une conscience claire qui n'est ni ceci ni cela...

Cette conscience est en elle-même libération. Elle signifie ne pas être dans une cage, ne pas être emprisonné dans une réflexion à propos de telle ou telle chose, ne pas essayer de lui trouver un sens. Au lieu de cela, simplement accepter tout ce qui advient...

Tel que c'est, c'est bien. Ne rien faire de plus que respirer, c'est bien. C'est là le sens du Dzogchen: « D'accord. Il n'y a rien d'autre à faire. »

Ce qui demeure alors, c'est le potentiel d'ouverture. Ce qui se manifeste est toujours en transformation. La manifestation singulière est toujours en relation avec l'autre, telle une danse du devenir.

Nous sommes ici, en ce moment, libres de tout fantasme, vivants. Rien ne se passe, tout se passe. C'est très simple.

C'est une question de confiance envers la manifestation du simple fait d'être et de cesser ainsi d'être un politicien du monde intérieur.

Te voir, ton visage, me touche. Je peux ainsi devenir celui qui te rencontre, exactement là où tu es. C'est cela, la base de l'éthique.

Ces phrases synthétisent l'essentiel de ce qui constitue le chemin et le but. À l'évidence, il ne s'agit pas de conceptualiser ce qu'est l'esprit ou de tenter d'en faire usage en vue de parvenir à cet état éveillé, mais plutôt d'être pure conscience.

Quelque temps plus tard, je revis James Low à Milan et l'interviewai cette fois sur l'amour, et en particulier sur la sexualité : à coup sûr, un sujet très important pour nous, Occidentaux, un thème essentiel très peu abordé directement dans les enseignements bouddhistes.

Je me souviens que, lors de mes premiers enseignements reçus, Lama Sherab Gyaltsen Amipa nous avait dit de penser au corps humain comme à un sac empli de liquides immondes, à un assemblage voué à la décomposition. L'objectif était évidemment d'éviter de tomber dans l'attachement. Cet enseignement fait partie de la voie des Soutras. Dans le Dzogchen, tout est accepté, rien n'est rejeté. Cet enseignement m'avait alors semblé être la négation même de la dimension physique de l'amour, et j'avais été incapable de le comprendre et de l'accepter. Je me rappelle avoir ressenti le goût amer de la répression, comme cela avait été déjà le cas avec le catholicisme. Aujourd'hui, je continue de penser qu'on ne peut pas nier au corps ses plaisirs, quand ils sont source de joie. Le corps fait partie de la vie et donc du chemin spirituel.

James Low est un Occidental, il est marié et a des enfants. Il était par conséquent la personne idéale à qui poser des questions directes sur le sujet. Ce fut un entretien tout à fait spontané, très intense, extraordinaire. Il le publia immédiatement sur son site internet. Je vais juste résumer sa pensée, à laquelle j'adhère totalement. Si nous vivons dans le présent, en contact avec le monde qui nous entoure, en le laissant avoir une incidence sur notre être, en goûtant ses saveurs, en jouissant de la beauté de la nature et en interagissant avec autrui, alors l'expérience physique est un aspect de la présence et peut être vécue avec spontanéité et joie. Ceux qui se sentent coupés du monde tentent de combler le fossé en s'attachant à l'autre, en manipulant la relation. Ils cherchent à l'extérieur la réponse à leur incomplétude. Ils disent: « Rends-moi heureux ». Et cela est évidemment voué à l'échec. La seule possibilité de trouver une réponse consiste à regarder en soi. Ce n'est qu'en nous ouvrant, en vivant dans le présent, que nous pouvons vivre avec autrui. L'éducation occidentale ne nous enseigne malheureusement pas cela et elle omet même souvent d'y faire allusion. Toute l'attention est tournée vers l'extérieur et c'est l'objet de la relation qui prédomine. On constate cela facilement dans l'amour romantique qui est au cœur d'une grande partie de la littérature et des chansons.

Alors, que dit le bouddhisme à propos de l'amour ? Selon James, le bouddhisme parle d'amour en termes de compassion, et il exprime cela en deux phrases essentielles : « Puissent tous les êtres sensibles être heureux et trouver les causes du bonheur. Puissent tous les êtres sensibles être libérés de la souffrance et des causes de la souffrance. » Désirer que les êtres vivants soient heureux, c'est l'amour bouddhiste. Il est évidemment très différent de celui romantique. Il ne se focalise pas sur un être particulier, mais correspond à la qualité d'un cœur ouvert qui englobe tous les êtres : une tendresse qui permet à tout ce qui nous entoure, aux expériences vécues avec les autres, de pénétrer notre cœur. Nous participons au bonheur des autres ; nous participons à leur souffrance. Cela nous libère progressivement de la prison d'une existence presque autonome ; cela nous permet de vibrer en harmonie avec autrui.

Dans la tradition bouddhiste, dit Low, aimer signifie trouver la paix en réintégrant la base de notre existence et faire don de la connaissance de la voie à ceux qui souhaitent la suivre.

Et qu'en est-il de la relation physique ? Quelle valeur le bouddhisme accorde-t-il à l'amour sexuel ? Low l'explique très bien, en intégrant l'expérience sexuelle à la recherche de la parfaite présence. L'union sexuelle suscite en nous des sensations très intenses qui disparaissent ensuite. Il y a une forme d'abandon. « C'est une expérience de vacuité, dit James, dans laquelle nous percevons davantage notre corps et notre partenaire. Puis, nous revenons à la dualité, mais celle-ci émerge de l'immensité de la vacuité. Être présent au moment où il y a absence de contenu – où il y a seulement ce qui fait l'expérience – nous donne le goût de la présence infinie qui est la base à partir de laquelle toutes les expériences s'élèvent. »

L'union sexuelle, l'ouverture mutuelle, la présence totale, donne un sentiment d'éveil, où tout est bien, tel que c'est. On est alors ouvert à la beauté et à la souffrance du monde, sans rejet ni manipulation. On se sent chez soi dans le monde, quelle que soit la forme qu'il prend. Cela permet d'être heureux, serein.

*

Se sentir chez soi dans le monde, trouver la connexion intérieure, la source – j'en reviens toujours à ce sujet central. Il ne s'agit pas de suivre une philosophie particulière. Une telle connexion fait réellement partie de notre vraie nature.

Un couple ouvert sur le monde intérieur et vivant une véritable relation amoureuse peut entreprendre ce voyage. Au fil du temps, ce type de relation se développera naturellement. Les sentiments réciproques d'amour jouent un rôle dans l'évolution de la relation. Lorsque l'énergie circule harmonieusement à travers les corps, les partenaires ressentent du respect, de l'empathie, de l'amour, de la compassion, de la joie et de l'équanimité. Ils vivent un état de présence consciente. Leur relation sexuelle n'est pas d'ordre ordinaire ; celles ordinaires peuvent certainement être plaisantes mais n'ont rien à voir avec l'évolution spirituelle. L'ouverture mutuelle des deux partenaires et leur présence peuvent les guider sur ce cheminement naturel.

Arrive alors la vision éclairée de la réalité ; une vision qui n'est pas conditionnée par la confusion due aux poisons de l'esprit; le dépassement de l'ego peut ouvrir l'être à l'harmonie universelle.

Jack Kornfield, auteur et pratiquant bouddhiste, est l'un des principaux enseignants ayant introduit la pratique de la pleine conscience en Occident. Dans un de ces ouvrages, il a écrit qu'un cœur illuminé est empli d'amour, de compassion, de joie et d'équanimité – ce qui correspond aux quatre qualités incommensurables du bouddhisme. L'amour plutôt que l'attachement, explique-t-il. La compassion plutôt que la pitié, la joie plutôt que la jalousie, l'équanimité plutôt que l'indifférence. Avec ces qualités éclairées, nous percevons la connexion intime avec toute chose et nous voyons la complétude ou la bonté de la vie. Que nous soyons assis en méditation ou ailleurs, notre pratique spirituelle consiste à être dans cet état de conscience ouverte.

Au moment où j'écris ces lignes vient d'éclater le scandale des abus d'autorité, souvent sexuels, de certains lamas en Occident – dont quelques-uns réputés et même un à la tête de grandes organisations. Certains cas connus depuis des années n'avaient pas été pris en compte. Tout cela est très décevant, car la quête intérieure ne peut être entreprise que dans la liberté et le respect.

*

Parlons à présent de la conscience naturelle : un objectif à atteindre pour une vie heureuse. Ce sujet est évidemment au centre de la question de la mort.

Le thème de la mort a une grande importance dans le bouddhisme tibétain, car il met l'accent sur l'impermanence et la transformation de tout ce qui nous entoure. Comme je l'ai déjà écrit à plusieurs reprises, seul le corps physique meurt, pas la conscience. Non née, elle se situe hors du temps et ne meurt pas.

L'enseignement bouddhiste propose de nombreuses méthodes pour surmonter la souffrance, pour maintenir une présence consciente et pour se préparer au moment de la mort. Observer l'esprit, ne pas s'attacher aux pensées et émotions qui surgissent, être sans attente ni jugement, tel est le chemin conduisant à une présence consciente, autrement dit à la stabilité d'une conscience ouverte, d'un esprit naturel empli d'harmonie, de compassion et de joie. Dans le Dzogchen, on utilise l'image d'un miroir pour illustrer un état de conscience dans lequel tout se reflète sans nous affecter. Lorsque nous sommes ouverts et conscients, nous pouvons être ce miroir.

Ceux qui sont parvenus à la stabilité au sein de la conscience ouverte ne sont pas submergés par les expériences de la mort et de l'au-delà de la mort, et ils peuvent donc entrer dans la lumière et y demeurer. Ceux qui n'en sont pas capables entrent dans une nouvelle existence où ils peuvent continuer à pratiquer pour se libérer de l'emprise de leurs illusions.

Comme déjà mentionnée, la clé est donc la conscience ouverte qui contient toutes les qualités d'amour et de sagesse. Elle a toujours été en nous - elle est notre conscience naturelle, *rigpa*. Pas besoin de la créer, il faut seulement la dévoiler, c'est-à-dire la libérer de la confusion qui l'obstrue.

Pour la plupart d'entre nous, ces qualités sont cachées par une vision déformée de la réalité. Notre tâche, dans notre vie et dans la mort, est d'apporter de la lumière au sein de notre confusion.

Selon les enseignements bouddhistes, la vie est une succession de phases appelées « bardos », c'est-à-dire états intermédiaires. Chaque phase de transition de l'existence peut être considérée comme un bardo, mais dans la tradition bouddhiste, il est avant tout question de quatre périodes principales : le bardo de la vie qui va de la naissance à la mort ; le bardo de la mort ; le bardo de la réalité absolue, si l'on est capable de le reconnaître ; et le bardo du devenir, qui va jusqu'à la renaissance. Au cours de la vie, deux autres bardos sont souvent mentionnés : le bardo de la méditation et le bardo du rêve.

Le Livre des morts tibétain, le *Bardo Thödol,* est un manuel décrivant les expériences associées au processus de la mort. Ce livre clarifie le fait que ce que nous voyons, à la fois pendant la vie et dans la mort, est une construction de la conscience, une illusion semblable à un rêve. Nous ne devons pas nous laisser emporter par ces visions, mais plutôt rester présents et conscients.

La porte qu'il nous faut ouvrir est celle du cœur, de l'amour inconditionnel ; nous ne devons pas suivre l'esprit, avec ses illusions.

Le Livre des morts tibétain contient des enseignements précis sur le processus de la mort et de ce qui s'ensuit. Selon la tradition, le voyage au sein de la mort jusqu'à la renaissance dure quarante-neuf jours et est divisé en trois périodes, chacune étant un bardo différent.

Dans le premier bardo, celui de la mort proprement dite, l'expérience vécue est celle de la dissolution des éléments constituant le corps, avec la perte successive de la capacité de voir, d'entendre, de bouger, etc. Cela induit un manque total de points de référence, de concepts en lien avec nos organes sensoriels, éléments qui étayaient notre réalité quotidienne. Les personnes n'ayant jamais vécu cela dans leurs méditations sont incapables de comprendre ce qui se passe et cela les effraye.

Une fois que la conscience a quitté le corps, les pratiquants avancés peuvent faire l'expérience la claire lumière, qui est celle de la nature essentielle de l'esprit – union de la clarté et de la vacuité –, libre de toute limitation telle que la naissance et la mort. Ces méditants peuvent entrer dans cet état de présence consciente lucide, immédiatement après la mort.

Le Livre des morts tibétain décrit une lumière très vive accompagnée d'un son ayant la puissance d'une multitude de coups de tonnerre. Si l'on sait reconnaître qu'il s'agit de la lumière absolue, on entre dans le Nirvana. Il est par ailleurs possible pour les morts de voir une seconde lumière moins éclatante. S'ils ne la reconnaissent toujours pas en tant que claire lumière, cette phase prend fin.

Elle peut durer plusieurs jours ou être très brève. À leur mort, les grands lamas et méditants peuvent demeurer en méditation à ce stade-là pendant plusieurs jours – c'est le *tukdam* – avant d'accéder à la libération.

Si celle-ci n'est pas atteinte, on entre dans le prochain bardo, le bardo du devenir. Il est possible de rester ainsi inconscient après la mort pendant plusieurs jours, puis de se réveiller et de ne pas comprendre où l'on se trouve. Dans la plupart des cas, ceux qui sont morts comprennent qu'ils sont morts. Ils ont à présent un corps illusoire ou mental, semblable à un rêve. S'ils n'ont pas conscience de leur état, ils peuvent souhaiter reconstituer leur ancienne vie et se laisser emporter par des illusions mentales.

Poursuivant leur voyage, ils voient une nouvelle réalité, des paysages et des personnes qu'ils pensent être réels. Mais ce ne sont que des constructions mentales. *Le Livre des morts tibétain* répète une fois encore que ce qu'ils voient n'est que le reflet du contenu de leur esprit.

S'ils ne parviennent pas à se libérer – chose difficile dans le bardo du devenir –, ils éprouvent de nouveau une soif de sensations et désirent avoir « un corps de chair » et donc renaître.

Il est écrit qu'il arrive parfois que l'on se retrouve face à Yama, la divinité qui contrôle le passage d'un monde à un autre et représente la loi de l'impermanence et la puissance de la relation de cause à effet. Yama tranche des parties du corps du défunt, en boit le sang. On peut en être terrifié, mais le fait de ne pas éprouver de douleur, puisque ce corps est illusoire, est une dernière chance de comprendre que Yama et son propre corps sont eux aussi illusoires. Comme je l'expliquerai dans le chapitre suivant, cette expérience de démembrement est typique de certains voyages chamaniques dans lesquels le chamane vit la destruction du corps comme une purification et un enseignement sur le fait d'être seulement esprit.

Quand le moment de reprendre naissance approche, l'esprit du défunt voit des lumières, a des visions et est attiré par elles. Cela détermine le type de renaissance, qui est évidemment fonction du karma passé. *Le Livre des morts tibétain* explique qu'il y a six royaumes possibles dans lesquels on peut renaître : le royaume des états infernaux, celui des esprits avides, celui des animaux, celui des humains, celui des demi-dieux et celui divin. Ces six domaines sont considérés comme de véritables lieux dans les textes traditionnels, mais ils peuvent aussi être interprétés de manière symbolique. Et personne n'y reste éternellement, comme dans le nirvana.

Ceux qui voient une lumière emplie de fumée renaissent dans le royaume des états infernaux, à cause de leur karma basé sur la haine. Ceux qui voient une lumière jaune se retrouvent dans le monde des *prétas*, les esprits avides. Le karma associé est celui de la cupidité et l'avidité. L'attraction par la lumière verte correspond au monde animal, caractérisé par l'opacité mentale et la dépendance. Ceux qui sont attirés par la lumière bleue renaissent à l'état humain, caractérisé principalement par le désir-attachement. La renaissance humaine est une destinée favorable, car c'est la seule permettant de poursuivre le cheminement vers l'éveil et d'y parvenir.

Ceux attirés par la lumière rouge se dirigent vers le royaume des demi-dieux, caractérisés par l'envie et la jalousie. Enfin, on reprend naissance dans les états divins si l'on est attiré par la lumière de la lune ; on a alors le sentiment de pénétrer dans un palais. Les dieux et les dévas vivent dans la splendeur et le bonheur – mais ils finissent eux aussi par vieillir et mourir, puis chuter dans un autre royaume.

Certaines écoles du bouddhisme tibétain proposent deux autres possibilités pour faciliter le passage dans la lumière après la mort. Lors de certaines initiations, les disciples peuvent recevoir un nom secret qui les relie aux qualités de Bouddha de leur maître, si bien qu'en se souvenant de ce nom au moment de la mort, on peut entrer dans un état de conscience fait d'amour et de compassion, et ne pas tomber dans l'illusion.

Autre possibilité pour favoriser une bonne renaissance : la pratique du Bouddha Amitabha afin de renaître dans une Terre pure, où l'on est en présence de maîtres et où l'on poursuit son cheminement vers l'éveil. Je me souviens maintenant que Lama Sherab Gyaltsen Amipa, mon premier maître bouddhiste, m'avait conféré comme première initiation précisément celle d'Amitabha, le Bouddha de lumière infinie, pour m'aider à atteindre Déouatchen, la Terre de la Grande Félicité.

Les personnes ayant vécu des expériences de mort imminente, dont certaines que j'ai interviewées pour mon documentaire sur « La vie après la vie », ont pendant quelques minutes parcouru une partie de ce processus conduisant à la mort. Comme je l'ai déjà écrit, il est également possible d'entrer dans ces états de conscience en méditation.

Certaines capacités extraordinaires de la conscience qui peuvent se révéler à travers le processus de la mort, tels que la télépathie et l'accroissement de l'acuité auditive, peuvent aussi devenir manifestes pour des méditants très avancés, au cours même de leur existencc. Ils utilisent alors ces pouvoirs dans le seul but d'aider les autres.

De tels pratiquants existent dans de nombreuses traditions spirituelles. Certains chamanes, grands lamas et mystiques peuvent entrer dans ces dimensions et recevoir des enseignements de la part d'êtres de lumière. Ils savent également comment aider les mourants et les morts à accéder à ces dimensions, et ils peuvent aider les vivants.

Les êtres les plus purs accèdent à une dimension dépourvue de forme, mais de lumière seulement. L'éveil ou illumination ne connaît ni limites ni frontières.

Je souhaitais aborder le sujet de la mort en détail, parce qu'il est au cœur de chacun de nous – et parce que je suis maintenant à un âge où le grand passage est proche. Pour résumer : les illusions peuvent persister même après la mort. Pour être libéré, il faut se libérer de toute illusion. Si nous y parvenons, nous sommes libérés.

Notre vie est comme un rêve dont nous pouvons nous réveiller. Une lumière infinie est déjà présente en nous, mais nous ne la reconnaissons pas. Si nous nous y ouvrons et vivons dans la lumière d'une présence consciente, le rêve prend fin, nous ne sommes plus dans l'illusion, et nous pouvons vivre la vie telle qu'elle est, dans le moment présent.

Pour conclure ce chapitre sur la voie bouddhiste, voici une citation d'Albert Einstein :

La religion du futur sera une religion cosmique.
Elle devra transcender l'idée d'un Dieu existant
en personne et éviter les dogmes et la théologie.
Couvrant aussi bien le naturel que le spirituel,
elle devra se baser sur un sens religieux, né
de l'expérience de toutes les choses naturelles
et spirituelles, considérées comme un ensemble sensé.
S'il y avait une religion capable de répondre aux
besoins de la science moderne,
ce serait le bouddhisme.

CHAPITRE 8

La voie du chamanisme

Les chemins parcourus mènent à la source, qui est harmonie, amour. Bien que cette source ne puisse être décrite, nous savons qu'elle est en nous. Il lui arrive d'être cachée par des nuages – par la confusion, par la souffrance. Mais il y a parfois des percées lumineuses à travers la brume, le soleil apparaissant alors accompagné de sa chaude lumière dorée. Dans ces moments-là, nous ressentons la chaleur de la vie. Nous la sentons affluer en nous. Nous aimerions rester dans cet état naturel où tout se passe harmonieusement, où nous sommes en accord avec ce qui est, tel que c'est. Mais c'est évidemment difficile. Ce vécu plein de chaleur, d'une totale présence consciente, fut le but de mon cheminement.

Chaque chemin suivi me rapprocha de cet objectif final. Au détour des différentes voies qui me conduisirent à travers des plaines, des collines, des vallées et des montagnes rocheuses et enneigées, le sommet de la montagne se révéla progressivement pour que je l'entraperçoive enfin et l'atteigne peut-être un instant. Ces diverses approches me permirent de savourer l'intensité de la lumière et du soleil, de contempler l'immensité de l'horizon et du ciel dont nous faisons partie. Je pus ressentir l'harmonie qui est en nous tous, immuable et éternelle.

Le parcours psychanalytique contribua à ma réconciliation avec mes parents, et me procura les sentiments de sécurité et d'autonomie nécessaires pour avancer dans ma vie en sachant faire des choix et m'engager. Grâce à cela, je pus développer la force me permettant d'agir dans le monde.

La voie bouddhiste raffermit cette force en l'ancrant dans la dimension du cœur – en améliorant ma relation avec le monde, en stimulant la présence consciente et en me rapprochant de la source.

L'autonomie ainsi acquise me poussa à tenter de poursuivre par moi-même mon voyage en territoire inconnu. J'étais à la recherche de réponses directes et de nouvelles expériences. Je voulais entrer de nouveau dans l'obscurité, affronter ma peur, découvrir ce qu'il y avait derrière elle et trouver la lumière.

À travers mes expériences spontanées, mon travail en psychanalyse, mon vécu au Monroe Institute et ma pratique du bouddhisme, je m'étais déjà bien engagé dans la voie d'une quête spirituelle. Mais je souhaitais à présent compter sur ma propre expérience. Je voulais communiquer avec le monde intérieur, recevoir directement des enseignements, sans les filtres de la tradition, et me fier uniquement à mon intuition.

Cette approche n'est rien d'autre que celle adoptée par les grands explorateurs du domaine de l'esprit – les chamanes, les mystiques et les maîtres –, dont les enseignements furent ensuite codifiés dans les grandes traditions spirituelles, courant parfois le risque de sombrer dans le dogmatisme ou la pratique de rituels vidés de leur sens.

Je me tournai donc vers le chamanisme : la voie de l'expérience directe. Cette voie ancestrale remonte à la nuit des temps. Considérée comme la plus ancienne, elle est à la base de nombreuses grandes religions. Et c'est le chamanisme qui me permit de réagencer les divers morceaux de ma vie en une mosaïque pleine de sens. Le résultat ne fut pas la découverte d'une chose nouvelle, mais la redécouverte de quelque chose d'ancien, profondément inscrit en tout un chacun.

Parfois appelé chemin de la révélation directe, ou de la transformation, le chamanisme a pour but ultime la croissance spirituelle de l'individu et l'aide que celui-ci peut apporter à autrui et à la planète.

Dans le chamanisme, on expérimente le fait que tout est vivant, interconnecté, et doté d'une essence spirituelle. La nature, les animaux, les arbres, les rivières, les montagnes, les défunts, les ancêtres et autres êtres du passé, les esprits évolués, les divers niveaux de réalité, tout est porteur de l'esprit divin, ou de l'essence spirituelle divine, quel que soit le nom que vous voulez lui donner. Cette conception des choses s'appelle « animisme ». C'est par la présence même de cette essence spirituelle que nous pouvons nous relier à chaque élément de la création et communiquer avec lui, que nous pouvons aussi nous connecter à l'énergie présente en toute chose. En ouvrant nos cœurs et en nous reliant à la lumière des forces énergétiques qui nous entourent, nous pouvons transmettre ces énergies salutaires pour aider et guérir.

Le chamane

Grâce au chamanisme, je pus approfondir de nombreux domaines d'expériences qui avaient marqué ma vie. Je pus pénétrer plus en profondeur les expériences ayant trait à la réalité multidimensionnelle, la mort et la survie, les divers états de conscience, la dimension du cœur, la rencontre et la communication avec différentes formes de vie. Cette pratique me permit d'approfondir encore davantage mon cheminement spirituel.

Comme je l'ai déjà mentionné, le chamanisme est la voie ancestrale. On peut facilement le constater dans les peintures rupestres datant d'il y a trente mille ans, comme celles de la grotte de Lascaux en Dordogne, que j'ai visitée il y a des années. Il est d'ailleurs intéressant de noter que, tout près de cette grotte, il y a des centres bouddhistes où de grands maîtres contemporains vécurent ou vivent encore. Dilgo Khyentse Rinpoché y venait régulièrement ; Matthieu Ricard y possède un petit ermitage. Cette région est un lieu de puissante énergie naturelle qui élève la conscience.

Bien que beaucoup de choses se perdirent dans les brumes de l'histoire et que le chamanisme subit de grandes persécutions de la part des religions traditionnelles, il est toujours vivant au sein des cultures moins touchées par le monde moderne, comme dans certaines régions d'Amazonie, de Mongolie, de Sibérie, du Népal, du Tibet, d'Afrique, d'Australie, et de l'Arctique. De nos jours, le chamanisme se répand également dans les pays occidentaux : sa renaissance témoigne de la réémergence du besoin d'expérience d'ordre sacré.

*

Pour m'engager dans cette voie chamanique, je suivis l'approche appelée *core shamanism*, élaborée par l'anthropologue américain Michael Harner. Après avoir étudié et pratiqué les enseignements de nombreuses cultures chamaniques primitives, Harner se rendit compte que, malgré leurs différences culturelles, toutes avaient une méthodologie commune.

Dans le *core shamanism*, le chamane, aidé par le son rythmique d'un tambour, entre dans un état modifié de conscience – la conscience chamanique. Il peut voyager consciemment dans d'autres dimensions, rencontrer des êtres bienveillants – que les chamanes nomment esprits –, et recevoir d'eux enseignements et guérison. Ces esprits bienveillants qui vivent dans l'unité sont emplis d'amour et de compassion. Le chamane ne se déplace pas dans une dimension objective, mais dans la dimension du ressenti – un niveau subjectif qui, de par sa nature, ne peut être étudié par la science. L'expérience est toutefois considérée comme réelle par le chamane car, tout comme l'amour, elle coïncide profondément avec son vécu.

Contrairement à certaines autres pratiques chamaniques, notamment en Amérique du Sud et en Amérique centrale, le *core shamanism* ne fait pas usage de substances hallucinogènes. L'accès à la conscience chamanique s'opère en écoutant le son du tambour dont le rythme est d'environ deux cent quarante battements par minute. Ce son rythmique permet d'entrer dans un état de présence similaire à celui de la méditation et des rêves lucides.

Dans son voyage chamanique, le pratiquant entre en contact avec diverses dimensions appelées monde d'en bas, monde du milieu et monde d'en haut. Le monde

Michael Harner

d'en bas – auquel le chamane accède à travers un endroit relevant du monde naturel connu, une grotte ou un trou dans un arbre, par exemple – est le monde de l'énergie primordiale qui se manifeste dans la nature : l'énergie des animaux, des arbres, des montagnes. Le terme « monde d'en bas » n'a pas de connotations négatives dans le chamanisme.

Le chamane entre alors en contact avec cette énergie, qui se présente à lui sous la forme d'un animal spécifique, d'un arbre, d'une montagne, etc. ; il peut alors interagir avec cette énergie bienveillante qui est l'expression d'une dimension d'unité, d'un monde situé en dehors de l'espace-temps. Cette connexion est possible puisqu'à l'origine, les humains et la nature n'étant pas séparés, l'énergie circulait librement et il était donc possible de communiquer directement. Il n'y avait pas le filtre d'un esprit qui conceptualise, analyse et crée la dualité. De nos jours, nous pouvons accéder à ce lien direct à travers l'intuition et en entrant intentionnellement dans un état de conscience chamanique.

Grâce au contact avec cette énergie originelle, avec cette unité du monde primordial, les chamanes reçoivent la force qui leur manque, et cela leur permet de retrouver progressivement l'unité perdue, et donc de guérir. Avant chaque voyage, le chamane pose une question et demande qu'une réponse lui soit donnée ; ce faisant, il clarifie son intention et oriente le voyage à venir. L'aide qu'il reçoit est une force qui se traduit de diverses façons. Elle nourrit son évolution intérieure et sa faculté de guérir.

Le monde du milieu est le monde dans lequel nous nous trouvons, plongés dans la dualité avec notre corps physique et nos problèmes. Même les défunts qui ont perdu leur corps physique, mais qui restent reliés à la dimension terrestre vivent dans ce monde ; souvent, ils n'ont même pas conscience d'être morts et n'ont pas poursuivi leur cheminement spirituel.

Le monde d'en haut - auquel le chamane accède en s'élevant vers le ciel - est celui où vivent les maîtres, c'est-à-dire ceux qui sont allés beaucoup plus loin, qui ont effectué un grand parcours spirituel et qui, parvenus à l'unité, viennent en aide aux êtres en quête de lumière.

Nous, humains, pouvons recevoir de l'aide du monde d'en bas et du monde d'en haut en nous reliant à l'énergie de l'amour et de la compassion. Les morts et les ancêtres qui demeurent dans le monde du milieu peuvent eux aussi proposer leur aide, mais comme ils ne sont pas dans l'unité, ils demandent parfois une compensation sous des formes diverses et peuvent s'avérer nuisibles.

Comme je l'ai déjà dit, les chamanes voyagent dans ces mondes de façon totalement consciente pour évoluer spirituellement, et pour guérir et aider ceux qui le demandent. Ils conservent pleinement leur liberté de jugement et peuvent donc évaluer librement la qualité des enseignements reçus.

J'ai pour ma part suivi le parcours complet de la formation *core shamanism*, basée sur un certain nombre de séminaires et un cycle final de trois ans. Les enseignements portent sur les méthodes permettant à chacun de faire ses propres expériences ; le contenu de ces expériences n'est pas abordé, précisément parce que celles-ci sont d'ordre purement individuel. Il ne s'agit donc pas d'un enseignement dogmatique ou religieux. Les interprétations que je donne de mes expériences me sont totalement personnelles et n'émanent pas du *core shamanism*.

*

Avant d'expliquer davantage ce qu'est le *core shamanism*, je voudrais évoquer certaines expériences qui m'incitèrent à m'engager sur cette voie. Elles étaient, je m'en rends compte aujourd'hui, de véritables signaux.

Je me souviens que, enfant, j'avais très peur de l'espace situé sous l'escalier en colimaçon qui descendait à la cave. Il était très sombre et, tout au bout, son plafond touchait le sol. J'imaginais que les marches continuaient à s'enfoncer secrètement sous terre, comme le ferait un tire-bouchon. Il y avait là, pour moi, une entrée dans un autre monde : un monde fascinant mais mystérieux et dangereux. Aujourd'hui, je le perçois comme un accès au monde d'en bas des chamanes.

Un après-midi, quand j'avais 5 ans, j'étais allé pique-niquer pas très loin de chez moi avec ma sœur et ses amis, dans une petite vallée où coulait une rivière. J'étais resté longtemps à jouer avec des pierres dans l'eau. Deux jeunes inconnus très gentils étaient avec moi, je me souviens qu'ils étaient blonds. Plus tard, en parlant d'eux avec ma sœur, elle me dit qu'elle ne les avait pas vus, que j'avais été seul. Peut-être étaient-ils des êtres du monde du milieu ou d'en haut.

Lorsque j'étais à l'université et que je vivais dans un logement pour étudiant, je traversais une période difficile intérieurement. Un jour, comme je l'ai déjà décrit, je vis soudain sur mon bureau un hibou, qui me regardait en bougeant les yeux. Il semblait tout à fait réel. Mais il n'était pas physique, c'était une vision appartenant à une autre dimension.

Aujourd'hui, je dirais que c'était un animal de pouvoir, provenant du monde d'en bas : un esprit bienveillant et aidant. C'était un appel à entrer dans le monde chamanique, à voir au-delà des yeux physiques – un appel fréquent, bien connu de ceux qui étudient le chamanisme.

Me revient à présent le souvenir d'un rêve très réel, vécu durant les années où je suivais une psychanalyse : je marchais dans un long tunnel sombre qui débouchait sur une vallée verdoyante comportant quelques villages. À l'époque, la signification de ce rêve m'était restée obscure. Je comprends maintenant que cela correspondait à un voyage chamanique dans le monde d'en bas, pour lequel il faut emprunter un long couloir – une description classique.

Bien des années plus tard, alors que je travaillais déjà comme journaliste et réalisateur, j'étais parti aux États-Unis pour étudier la langue. J'en avais aussi profité pour visiter des villes, des parcs nationaux et des régions particulièrement pittoresques. Je m'étais également rendu au Nouveau-Mexique pour visiter entre autres Taos Pueblo, un ancien site amérindien. Une fois sur place, une sensation d'étouffement m'avait envahi et j'avais soudain vu de jeunes Indiens à cheval galopant vers moi. J'avais dû me jeter sur le côté pour éviter d'être écrasé. Mais ce n'était qu'une vision. Je pense que c'étaient des morts qui étaient encore présents dans le monde du milieu. J'avais eu très peur et m'étais longtemps assis sur un banc sans parler, près de deux vieux Indiens habitant le village.

Peu de temps après avoir réalisé un long film sur les visions de saint Nicolas de Flüe à Sachseln, en Suisse, et dans les environs, j'étais allé à Lungern, un village voisin, rendre visite à Silvia Wallimann, une médium et visionnaire. Notre entretien avait été très inspirant, direct et spontané. Silvia était une femme très gentille et pleine d'empathie. Elle méditait souvent, m'avait-elle confié, en tournant son esprit vers saint Nicolas et en le voyant. Comme déjà mentionné, j'avais déjà entendu la voix de Nicolas, et Silvia m'avait donc incité à me rendre dans le monde d'en haut et d'y rencontrer ce saint. Puis elle m'avait dit aussi qu'il y avait à côté de moi un très vieil homme tenant un enfant par la main. J'avais compris que c'était Demetrio, mon grand-père paternel, en compagnie du petit frère de ma mère, Guido, mort très jeune. Ils étaient dans le monde du milieu et me protégeaient.

Plus tard, lors d'un stage de méditation auquel Silvia Walliman m'avait invité, je me sentis attiré par son énergie qui fit office de passage en direction du ciel, au-delà des nuages, où je fis la rencontre de jeunes personnes inconnues qui me conseillèrent. Je me souviens avoir vu des Égyptiens de l'Antiquité qui m'installèrent sous une petite pyramide faite de tubes en métal – une pratique de soin dont j'ignorais tout à l'époque. C'était une vision du monde d'en haut.

Autre souvenir. J'étais en France et tournais un documentaire sur les lieux à forte énergie. En compagnie d'un grand expert en la matière, je visitais des églises et des lieux saints remontant à l'époque des Templiers. Un soir, j'eus une vision qui me laissa sans voix. Je vis le visage de l'expert et, dans ses yeux, il y avait des prismes de couleurs formant un mandala : la porte d'entrée vers le monde des Templiers. Attiré par cette porte, je la franchis et me retrouvai à l'intérieur d'un château du Moyen Âge, avec de jeunes chevaliers et des dames élégamment vêtues. Ils étaient restés dans le monde du milieu. Rien n'avait changé ; les morts continuaient à vivre dans leur propre monde.

Pour un autre documentaire, portant sur la psychophonie, je me trouvais cette fois dans une petite ville du nord de l'Italie en compagnie du médium Marcello Bacci. Cet homme pouvait entrer en contact avec les morts en ayant recours à un vieux poste de radio à tubes. Grâce à Bacci, on entendait leurs voix - légèrement déformées mais intelligibles -, et on pouvait poser des questions. Les défunts communiquaient verbalement, parfois même dans des langues diverses que Bacci et ses amis ne connaissaient absolument pas. Le phénomène se produisait aussi lorsqu'on retirait les tubes de la radio.

Le « cas Bacci » fut étudié avec grande attention sans qu'aucun élément n'ait pu faire douter de son authenticité. Bacci ne pouvait fournir aucune explication à ce phénomène : il disait simplement que cela relevait de la médiumnité et je n'eus aucune raison de ne pas le croire.

Durant ces séances, deux voix intervinrent souvent, s'adressant à moi en vieil allemand - je parle couramment l'allemand. Elles faisaient référence à mon activité et me donnaient des conseils : « Nous suivons votre travail avec intérêt depuis longtemps. Contentez-vous de ce que vous avez. Évaluez bien ce que vous entreprenez. Faites-le bien. » Peu de mots, mais des paroles essentielles : ne t'attache pas aux choses ; vis avec amour. Ceux qui me

Marcello Bacci

parlaient ainsi appartenaient probablement, selon la tradition chamanique, au monde d'en haut.

Beaucoup de parents ayant perdu un enfant participaient à ces séances de transcommunication. À travers cette radio, leurs êtres chers leur parlaient clairement, avec des références précises à leur vie passée. Toujours selon la vision chamanique, ces proches défunts se trouvaient dans le monde du milieu.

Mon ami Ervin Laszlo, philosophe des sciences, participa un soir à une session avec Bacci. Des voix le saluèrent et s'adressèrent à lui en hongrois.

Le psychiatre Stanislav Grof est un être dont les recherches m'ont toujours fasciné. Comme je l'ai déjà évoqué, je l'avais rencontré et interviewé à Davos lors de la conférence de l'Association for Transpersonal Psychology en 1984. À Prague, il étudiait les effets du LSD sur les personnes atteintes de psychose, les malades du cancer et les individus en fin de vie. Sa conclusion était que le LSD, administré à des doses personnalisées et dans un contexte sécurisé, avait des effets bénéfiques.

À l'arrivée du communisme, Grof s'était réfugié aux États-Unis où, entre-temps, le LSD avait été interdit, son utilisation en tant que drogue s'étant très largement généralisée. Grof le remplaça par une respiration fortement accélérée – la respiration holotropique –, accompagnée de musique et de manipulation corporelle. Ceux qui participaient à ces séances de groupe parlaient d'expériences très fortes et particulières, que Grof reliait aussi au fait de revivre des moments de présence dans l'utérus maternel, à différents stades de la grossesse et de la naissance, associée à des sentiments d'oppression, de mort et de renaissance, de persécution, etc. : éléments que l'on retrouve souvent dans les troubles mentaux. Revivre ces expériences au cours de ces sessions avec Grof et libérer ces puissantes émotions induisent une guérison cathartique. Grof notait que, dans cet état de conscience particulier causé par la respiration holotropique, certaines personnes faisaient également des expériences similaires à celles des phases vécues au moment de mort, ou d'autres semblables à celles relevant de la mythologie, de la fusion avec des animaux, et bien plus encore.

Je participai à trois séminaires de respiration holotropique, les deux premiers dirigés par des assistants et le troisième par Grof en personne. Aujourd'hui, je peux dire que les expériences de respiration holotropique ressemblent aux voyages chamaniques. Elles me permirent, entre autres, de vivre intensément un fort afflux d'énergie dans mon corps et l'élargissement de mon aura, allant jusqu'à me donner la possibilité de toucher à distance les murs de la pièce ; je pris alors conscience d'être beaucoup plus que mon simple corps physique.

Je me souviens surtout avoir vu, à la fin du premier stage, un vieux chamane entrer par la fenêtre et s'asseoir devant moi. Sur son visage imposant, de grosses rides descendaient de ses yeux noirs vers son menton. Il m'avait regardé, puis d'une voix ferme et amicale, comme un père peut parler à son fils, m'avait rappelé qu'à une époque j'avais voulu être chamane. Je ne m'en souvenais pas et cela m'avait fait peur. J'ignorais ce que tout cela pouvait signifier. Aujourd'hui, je pense que c'était un appel. On cite souvent des cas de ce genre dans les ouvrages portant sur le chamanisme.

Je vécus d'autres expériences particulièrement marquantes lors de ces séances de respiration holotropique : une mort de vieillesse dans un village africain où, consciemment et en douceur, je m'abandonnais à mon destin ; une autre mort lente et paisible sur une montagne d'où j'admirais une rivière sinueuse se faufilant dans les vallées, le soleil se reflétant vivement dans l'eau, puis prenant une teinte dorée en se couchant juste avant que la nuit tombe.

Je revois avec beaucoup d'émotion une expérience qui me fit pleurer. Je me trouvais dans une forêt tropicale, face à un grand poteau blanc. Autour de moi, il y avait beaucoup de monde : des individus à la peau sombre, le corps couvert de cendres, pleuraient et chantaient une litanie pleine d'amour. C'était les funérailles d'un jeune homme. Je compris que j'étais une vieille femme qui, jeune fille, avait aussi vécu ce deuil déchirant et se lamentait encore pour son fils mort bien des années auparavant. Je percevais sa douleur, sa tendresse pour son fils, son amour doux et charnel pour son compagnon. C'était une belle leçon sur la nécessité d'accéder à l'amour sans attachement, l'amour qui ne retient pas mais englobe tout dans sa chaleur. Quelques jours plus tard, j'entendis par hasard un chant pygmée à la radio et je ne pus retenir mes larmes. Il me rappelait la litanie d'amour des gens de la forêt ; il me rappelait cette mère.

Il y a quelques années, je participai à un autre séminaire de trois jours, dirigé cette fois par Stan Grof. Après quelques conférences en guise d'introduction vinrent les séances de respiration holotropique. Chacune des soixante personnes présentes vécut une expérience qui lui était propre : certaines étaient silencieuses, d'autres s'accompagnaient de larmes et de lamentations, d'autres encore relevaient de l'extase. Pour moi, ce fut la sérénité. Je fis un voyage chamanique au cours duquel je rencontrai des animaux de pouvoir et des maîtres. Puis une lumière bleue emplit soudain tout mon champ de vision et mon corps. De nombreux visages amicaux en émergèrent, dont ceux de certains défunts. Ensuite, je vis d'autres visages de couleur brune et verte ; en les regardant, je sentis leur inimitié et les laissai simplement partir. Le voyage s'acheva par la vision d'un lever de soleil sur des montagnes, accompagnée d'un fort sentiment de joie. Tout au long de cette expérience, j'étais dans un état de présence consciente qui me permettait de ne pas me laisser emporter par l'émotion, mais de demeurer établi dans une harmonie intérieure. Par la suite, je lus que, au terme d'une séance holotropique avec Grof, Jack Kornfield, grand enseignant bouddhiste contemporain, avait dit que la pratique de la présence consciente lui avait permis de vivre cette expérience dans la paix et la tranquillité.

Ces pratiques de respiration holotropique me menèrent donc dans les trois mondes du *core shamanism* – le bas, le milieu et le haut –, ainsi que dans des souvenirs anciens. Ces expériences sont porteuses d'enseignements précieux indiquant que le corps n'est pas seulement physique mais énergétique ; d'enseignements précieux sur la mort et la façon de s'abandonner à ce passage, en pleine conscience ; d'enseignements précieux sur l'amour inconditionnel. Elles nous montrent que le seul moyen de ne pas être emporté par les émotions est la présence consciente –

non seulement lors de la respiration holotropique, mais à chaque instant.

*

Comme déjà mentionné, le chamane est aussi un guérisseur. Avant de m'initier au *core shamanism*, mes documentaires m'avaient déjà amené à rencontrer des guérisseurs et à assister à leurs interventions. J'avais filmé un guérisseur philippin qui, après une longue prière et avec l'aide de Dieu - disait-il - extrayait des filaments et des masses charnues du ventre d'une patiente, le tout suivi d'un grand soupir de soulagement et d'un cri de libération de la part de cette femme. Les éléments extraits représentaient le mal dont elle souffrait; le guérisseur avait visualisé ce mal sous la forme de corps impurs à extraire.

Je ne peux pas affirmer que sa main entra réellement dans le corps de la patiente, car il y avait beaucoup de liquide couleur sang dans le creux créé par la pression de la main du guérisseur. Mais les éléments extraits s'étaient vraiment matérialisés sur place, sans aucun trucage: l'homme opérait à bras nus devant nous - le caméraman, l'ingénieur du son et moi - tandis que nous filmions une séquence sans pause à quelques centimètres de lui. Ce guérisseur savait comment demander de l'aide au monde d'en haut et devenir l'instrument de ces forces de guérison. Après une dizaine de minutes, ce qu'il avait extrait disparut: c'était un ectoplasme, substance bien connue des séances médiumniques.

À Bâle, j'eus l'occasion de filmer le guérisseur brésilien Edson Queiroz. Devant un public d'un millier de spectateurs, après de longues prières, il entra dans une transe profonde qui permit l'incorporation d'un chirurgien allemand décédé, le Dr Fritz, connu de nombreux médiums brésiliens. À l'aide d'un scalpel, Queiroz préleva un lipome du sein d'une femme et du bras d'un homme, sans anesthésie ni asepsie. Les patients étaient lucides et ne ressentirent aucune douleur. Je pus filmer ces patients avant, pendant et après l'opération, accompagné d'une femme docteur en médecine en guise de témoin, qui ne remarqua pas quoi que ce soit de suspect. En termes chamaniques, Edson Quiroz avait incorporé l'esprit du Dr Fritz, qui était encore probablement dans le monde du milieu et pouvait ainsi agir sur la matière.

Il y a quelques années, je réalisai un documentaire intitulé *Culture et soins,* portant sur les problèmes posés par des patients issus de cultures traditionnelles et hospitalisés en Suisse. Pour illustrer mon propos, je me rendis au Mexique où la médecine traditionnelle est encore largement pratiquée, même en partie dans les hôpitaux modernes. J'allai également à Huautla de Jiménez dans la Sierra Mazateca, village devenu célèbre parce que la chamane Maria Sabina, une pauvre paysanne analphabète, y avait vécu quelques années auparavant. C'est elle qui initia le mycologue américain Robert Gordon Wasson aux secrets des champignons psychédéliques, utilisés depuis des millénaires dans le traitement de maladies et la divination. Ces champignons contiennent de la psilocybine, que le chimiste suisse Albert Hofmann synthétisa en laboratoire – c'est également lui qui synthétisa le LSD.

Les champignons permettent aux *sabios* – les sages – d'entrer en communication avec le divin, celui-ci pouvant se présenter sous la forme de dieux anciens, de Jésus, de Marie ou de saints chrétiens. Les *sabios* guérissent leurs patients grâce à un chant capable de chasser la maladie et de permettre ainsi à l'esprit du malade de réintégrer son corps. Typiquement chamanique, cette méthode de soin est pratiquée sous des formes diverses dans de nombreuses cultures. Les patients peuvent eux aussi manger ces champignons et avoir un contact direct avec les esprits qui les guérissent.

Avec mon équipe, nous pûmes donc filmer le rituel de la « chair des dieux » – tel est le nom que l'on donne à ces champignons : de longues prières face à un autel entouré de centaines de bougies et l'administration de champignons à un jeune patient en deuil, très éprouvé par la mort de son père. Grâce à sa longue expérience, le *sabio*, c'est-à-dire le chamane, entra directement dans un état modifié de conscience sans consommer le moindre champignon ; il put ainsi suivre le cheminement intérieur du jeune homme et lui venir en aide, tandis que le patient décrivait à haute voix ce qu'il vivait.

L'expérience de ce jeune homme me rappela celles de mort imminente vécues par certaines personnes que j'avais interviewées antérieurement : comme elles, il vit à l'horizon une lumière vive vers laquelle il s'envola rapidement. Entré dans la lumière, il y rencontra son père récemment décédé et ses autres ancêtres, auxquels il posa les questions existentielles qui lui tenaient à cœur. Telle fut sa guérison : se reconnecter avec son flux vital, que la mort de son père avait interrompu. Assister à ce

Don Crecencio,
le chamane de la Sierra Mazateca

La guérisseuse Donna Hermilla et l'auteur

rituel fut pour moi aussi une expérience très forte et bénéfique.

Pour ces populations, l'absorption de ces champignons est un rituel sacré qui est précédé d'une longue période de purification. Elle constitue la pratique de soin suprême, effectuée après celles, traditionnelles, de purification par les herbes et l'encens, et du *temazcal*, procédé similaire à celui de la hutte de sudation des Indiens d'Amérique du Nord.

L'utilisation de champignons et d'autres substances hallucinogènes a malheureusement été détournée vers d'autres fins par de nombreuses personnes qui confondent d'une part le voyage intérieur – visant à accéder à une nouvelle vision consciente, responsable et tolérante du monde –, et d'autre part l'exploration de mondes parallèles souvent dangereux. Dès lors, ces voyages ne correspondent plus à une quête spirituelle, ils deviennent simplement du « tourisme spirituel ».

Toujours au cours de ce périple au Mexique, j'eus la chance de rencontrer un groupe de personnes appartenant à une ethnie de la région d'Oaxaca, qui viennent tous les ans vivre quelques mois à Mexico City pour y vendre leur artisanat. Je me rendis dans leur petit quartier : un ensemble de cabanes provisoires entouré d'une enceinte protectrice en vieilles tôles. Mon but était de découvrir et de filmer leurs soins traditionnels. Et comme je le fis souvent, dans la mesure du possible, je suivis un traitement.

Pour commencer, une vieille femme aux cheveux blancs et au regard très vif me soumit à une *limpia*, à savoir une purification effectuée en passant des rameaux sur mon corps, le tout accompagné de prières. Puis elle fit de même

La chamane Dona Flora, Mexico City

avec un œuf cru, pour éliminer les dernières impuretés. Ensuite, elle cassa l'œuf devant moi et me montra avec un grand sourire, et à ma grande surprise, des caillots noirs. Après s'être recueillie quelques instants en prière, accroupie sur le sol en béton, elle se leva, me demanda d'enlever ma chemise, et me souffla avec force sur le torse et les épaules une liqueur jaune qu'elle avait bue dans une petite bouteille. Une fois ces purifications terminées, elle me dit d'aller me reposer.

Lorsque plus tard elle revint me trouver, elle m'expliqua qu'elle ne voyait aucun problème particulier dans ma vie et que je pouvais continuer ainsi. Par contre, à l'un des membres de mon équipe, elle parla des difficultés qu'il rencontrait dans sa recherche d'un nouvel appartement et de la façon dont il pourrait résoudre le problème. Tout cela correspondait à une réalité vécue. Finalement, elle prit congé de moi en me conseillant de retourner dans mon hôtel, de me laver et de me reposer. Ce fut à ce moment-là seulement que je pris conscience des heures qui s'étaient écoulées : j'avais perdu toute notion de temps. Cette vieille femme m'avait emmené dans sa dimension hors de l'espace et du temps. C'était une vraie chamane !

Autre souvenir. Il y a de nombreuses années, j'étais allé rencontrer au Népal un vieux guérisseur ayurvédique qui m'avait parlé de mon passé, de mon présent et de mon avenir et cela m'avait laissé sans voix, tellement ce qu'il avait dit du passé et du présent était extrêmement précis, à propos de ma famille, de mon enfance, de mes maladies. Il m'avait avoué ne pas comprendre vraiment quel était mon métier mais il savait que tout le monde entendait parler des conversations que j'avais avec des gens – une bonne description de l'activité de journaliste et réalisateur de télévision ! J'avais donc écouté avec une grande attention ses prédictions concernant mon futur et celles-ci se sont révélées exactes jusqu'à présent. Il m'avait même précisé à quel âge je mourrai. Vu que, selon lui, il me reste encore de nombreuses années, j'ai envie de le croire !

Pour pratiquer sa divination, il avait prié, examiné attentivement mes mains et lancé quelques osselets et de petits coquillages sur un tissu représentant de nombreuses cases porteuses de symboles. Il avait ensuite feuilleté un vieux livre et, après un long moment, m'avait parlé, les yeux clos.

Toujours pour mon travail, je me trouvais un jour dans une oasis, au Niger, désireux d'en rencontrer le marabout – le sage – et de lui demander une divination. On me répondit qu'il ne reviendrait que le soir et que je devais l'attendre à proximité de l'oasis. Au coucher du soleil, un petit groupe de dromadaires et d'individus apparut soudain du désert. Parmi eux, le marabout, un vieil homme maigre.

Il étala devant moi une couverture chargée de nombreux symboles et y lança des petits dés. Après avoir examiné leur configuration, il se mit à me parler de ma santé, de ma famille et de mon travail. Ses informations n'étaient pas très précises, peut-être était-ce également dû à la traduction. Ce qui me frappa fut ce qu'il répéta à plusieurs reprises à propos de mon travail : quelqu'un avait mis sa cuillère dans ma casserole et je devais la protéger. Il ne me fallut pas longtemps pour comprendre que la métaphore faisait référence au monde de la télévision et à ma relation avec certains collègues. Ce monde était aussi présent dans l'oasis, aux confins du Sahara !

À gauche, le chamane népalais Bhola Banstola

Lors d'un récent voyage au Népal, organisé par mon ami chamane népalais, Bhola Banstola, je pus assister au travail de certains de ses confrères pratiquant la divination et la guérison.

J'eus ainsi la grande chance de prendre part aux pratiques d'Aama Bambo, la « mère chamane », également appelée Buddhi Maya Lama. Cette femme vit dans une petite maison près du grand stoupa de Boudhanath, en périphérie de Katmandou. Son père était un célèbre chamane. À l'adolescence, certains troubles psychiques s'étant soudain manifestés, elle avait failli être internée dans un service de psychiatrie. Un grand lama lui avait rendu visite et expliqué que tout cela était dû au fait que l'esprit de son père défunt lui demandait de pouvoir œuvrer à travers elle. Aama avait alors accepté de consacrer sa vie au chamanisme et s'était vite rétablie. Au Bhoutan, j'avais eu, bien des années auparavant, l'occasion de filmer un jeune chamane ayant vécu un problème similaire. Il était moine dans un monastère et, durant ses méditations, il était possédé par un esprit que ses maîtres reconnaissaient comme étant un chamane décédé désireux de poursuivre son activité à travers lui. Ils avaient dit au jeune homme de ne pas s'opposer à cette demande, sous peine de folie.

Connue dans le monde entier, Aama Bambo s'occupe de personnes de tout âge et de toute classe sociale, des plus pauvres jusqu'aux ministres. Le précédent roi, aujourd'hui défunt, la consultait. Elle fait partie des Grandmothers Council of the World, un groupe de femmes âgées, sages et célèbres, appartenant à diverses traditions, qui offrent leurs prières et leurs conseils au monde afin de le guérir.

À l'aube, Aama Bambo se recueille en méditation, tournant son esprit vers le Bouddha. Puis, chaque jour, du petit matin jusqu'à tard le soir, elle aide les individus qui viennent s'asseoir devant elle en sollicitant son aide. En général, chacun fait don d'un petit sac de riz et d'un peu d'argent, mais ce n'est pas une obligation. Aama demande le nom de la personne et la raison de sa visite, puis elle prend deux poignées de riz provenant du sac et les lance sur un plat en métal rutilant et interprète le dessin ainsi formé. Après quelques instants, elle indique au malade la cause de sa maladie, la façon dont il doit se nourrir et la divinité qu'il doit prier. Ensuite, elle invite la personne à prier avec elle, lui propose un peu de lait à boire et lui souffle sur le visage. Puis le patient s'en va.

Elle pratique ainsi une divination et une guérison par la prière, faisant aussi appel au lait qui purifie et nourrit, et au souffle qui transmet l'énergie et la vie.

Le jour où je m'assis devant Aama Bambo, je lui expliquai que je souffrais de vertige depuis quelque temps. Elle me donna des conseils portant sur la nutrition et le sommeil. Puis elle me dit qu'il y avait en moi une énergie étrangère qui se comportait comme un parasite. Elle m'indiqua des pratiques de purification à faire et nettoya mon aura avec une sorte de petit balai végétal.

Le lendemain, je me rendis à Thamel, le quartier commerçant de Katmandou bien connu des touristes. Là, j'y rencontrai la guérisseuse Harati Ma ; c'est le nom que lui donne la population : le nom de la déesse de l'amour inconditionnel. Harati Ma est considérée comme une sainte.

Et de fait, depuis quarante ans, de six heures du matin à onze heures du soir, elle reçoit des gens, sans faire de

La chamane népalaise Aama Bambo

La chamane népalaise Harati Ma

pause ni manger ou boire. Lorsque je la rencontrai, elle avait soixante-quinze ans et était assise en lotus, le dos droit, drapée dans un châle ne laissant entrevoir que sa main droite égrenant sans cesse les perles d'un *mala* (un rosaire bouddhiste). Constamment en prière, elle dispensait soins et guérisons. Sa façon d'opérer était similaire à celle d'Aama Bambo.

Assis en face de Harati Ma, je lui fis part de ma sensation de vertige (diagnostiquée la veille). Elle m'expliqua qu'un défunt me perturbait, qu'il s'agissait d'un être suicidaire et que je devais donc tourner mon esprit vers un dieu de ma culture, ou la divinité traditionnellement chargée de venir en aide à ces malheureux symboliquement représentés par un pendu. Je fus surpris par ses dires, car je n'avais aucun souvenir d'un suicide dans mon entourage. Le lendemain, je confiai à la chamane suisse Ulla Strässle – qui accompagnait notre petit groupe de personnes intéressées par le chamanisme – que Harati Ma, tout comme Aama Bambo expliquait ma sensation de vertige par la présence d'une énergie parasite.

Ulla Strässle, qui anime depuis de nombreuses années en Europe les stages en français de la Fondation pour les études chamaniques, me demanda si je souhaitais être aidé. Je répondis oui. Avec son tambour, elle accéda à l'état de conscience chamanique et me libéra de cette énergie. Elle m'expliqua par la suite qu'elle avait vu un jeune homme à côté de moi, probablement un toxicomane, qui s'était suicidé. La mère de celui-ci faisait aussi partie de sa vision et elle les avait aidés tous deux à poursuivre leur voyage après la mort, en s'éloignant de moi. Ce fut alors seulement que je me rappelai la tragédie vécue par un très jeune voisin qui avait retrouvé sa mère morte, échoué dans ses études, puis sombré dans la drogue et le désespoir, et fini par se suicider. À l'époque, ce drame m'avait profondément touché et, pendant longtemps, je m'étais demandé si j'aurais pu l'aider.

Au cours de ce voyage d'études au Népal, je fis la connaissance de deux autres chamanes.

À Nagarkot, petit village de montagne non loin de Katmandou, je pus assister au long rituel de guérison d'un chamane traditionnel, entouré de trois de ses élèves. Vêtus de leur traditionnel habit blanc et portant divers colliers, ils frappèrent pendant longtemps leur tambour en chantant et entrèrent peu à peu en transe. Les yeux révulsés, ils furent alors pris de violents tremblements : le divin était maintenant en eux, sous la forme de Shiva, la divinité hindoue. Ils demandèrent aux personnes désireuses d'être guéries de s'asseoir devant le vieux chamane. Avec un petit balai, celui-ci nettoya l'aura de chaque patient et les soigna par son souffle. La cérémonie s'acheva par des chants de gratitude et de remerciements. Ce rituel, typiquement chamanique, était pratiqué à l'identique depuis des siècles dans les villages népalais.

Dans les environs de Katmandou, je fus témoin d'une guérison selon un mode pour le moins non conventionnel. Dans sa jeunesse, le chamane Guruji avait été comptable au palais royal. Un rêve lui avait révélé qu'il deviendrait guérisseur, et lui en avait transmis le don.

Après avoir acheté du riz et des œufs le matin, nous nous rendîmes l'après-midi chez Guruji. Je m'assis en face de lui et il prit mon sac contenant le riz, les œufs et un peu d'argent. Après avoir passé les œufs sur mon corps, il les cassa et en sortit à ma grande surprise de longues bande-

L'auteur et Ulla Strässle

Chamanes népalais

lettes colorées, en me disant qu'il m'avait débarrassé de mes énergies perturbatrices, quelles qu'en soient leurs causes. À d'autres personnes présentes, il enleva une sorte de toile qu'il examina très attentivement. Il donna à une jeune femme une statuette de Shiva, la divinité protectrice à laquelle il s'identifiait pour guérir. Ce chamane me rappela la vieille femme de Mexico qui avait passé un œuf sur mon corps et montré ensuite qu'il contenait des caillots noirs, mes impuretés ; et aussi le guérisseur philippin qui extrayait des malades des filaments et éléments charnus représentant la maladie.

À Bali, j'assistai à un grand rituel chamanique de guérison et de divination, grâce à l'invitation de mon ami Kevin Turner, chercheur et chamane, auteur de *Chamanes célestes,* un ouvrage de référence. J'avais fait sa connaissance au Monroe Institute en Virginie, où il dirigeait des stages. Il est maintenant responsable pour l'Asie de la Foundation for Shamanic Studies, fondée par Michael Harner.

Lorsque nous nous rendîmes dans un centre spirituel en pleine campagne, à une vingtaine de kilomètres d'Ubud, il faisait déjà nuit. Hormis nous six, étrangers, la soixantaine de personnes présentes faisaient toutes partie de la population locale. Après un long silence et quelques moments de musique sacrée jouée avec des instruments traditionnels balinais, une femme d'une cinquantaine d'années, élégamment vêtue de blanc, pénétra dans la grande salle et commença à prier devant un autel couvert d'offrandes de nourriture et de fleurs destinées aux divinités. Bien vite, elle tomba en transe : un esprit protecteur était entré en elle. À ses côtés, deux assistants veillaient à ce qu'elle ne se fasse pas mal en tombant. Elle s'adressa aux personnes

Guruji, chamane népalais

Kevin Turner

présentes, puis une longue file de gens défila devant elle, en quête de guérison. La prêtresse pratiqua pour chaque individu une divination, exposant les causes de sa maladie puis le touchant pour lui transmettre l'énergie de guérison. Pendant tout ce temps, un petit orchestre joua une musique lente et répétitive et bon nombre de participants se levèrent et se mirent à danser en transe, s'abandonnant à la force canalisée par la prêtresse.

En nous ramenant à Ubud, le chauffeur de taxi, qui avait également participé au rituel, était très ému d'avoir ressenti «l'énergie des dieux», nous dit-il, et de l'avoir laissée circuler à travers son corps en dansant. Il nous confia avoir été guéri de douleurs qui le tourmentaient depuis un certain temps.

À Bali, ces traditions ancestrales sont encore bien vivantes. Pour chaque moment de l'existence, des offrandes et des sacrifices sont faits aux dieux. On voit partout de petits autels couverts d'offrandes. Il y a également de grandes fêtes au cours desquelles des statues en papier mâché, représentant des esprits maléfiques, sont brûlées. Les représentations théâtrales et les danses traditionnelles immortalisent la rencontre avec les esprits et le divin. C'est cette expérience balinaise, ainsi que les conversations ultérieures avec Kevin Turner et ses encouragements, qui m'incita quelque temps après à suivre une formation chamanique.

*

Je viens de décrire un certain nombre de mes expériences chamaniques vécues dans des pays lointains, mais ce serait une erreur de penser que ces pratiques de guérison n'existent pas dans notre culture occidentale contemporaine. Preuve en est le documentaire intitulé *Guérisseurs locaux* que je réalisai sur ce sujet dans ma région du Tessin, en Suisse.

Ici, les divinations et guérisons sont pratiquées en invoquant principalement l'aide de Jésus, de Marie ou des saints. On vient par exemple à bout du feu de saint Antoine, c'est-à-dire l'herpès zoster, grâce à la bénédiction résultant d'un rituel basé sur la récitation d'une prière telle que le *Notre Père* ou le *Credo des Apôtres,* ou encore la répétition de formules secrètes. La sciatique et bien d'autres douleurs sont traitées de la même manière. Certaines interventions peuvent également s'opérer à distance, comme dans le cas d'une inflammation au niveau des bras chez les bergers qui traient les vaches en été dans les alpages. Depuis sa maison située en contrebas dans la vallée, le guérisseur récite des prières puis trace des croix sur sa table comme s'il signait le bras du patient. Il peut aussi prendre un bout de tissu, le charger en énergie et le donner à son patient en guise de protection. Il est important de noter que le pouvoir de guérison est souvent transmis de parent à enfant ou à petit-enfant.

Une autre forme d'activité chamanique consiste à libérer les personnes possédées par des démons ou par l'esprit de défunts. Dans nos contrées, cette pratique est principalement effectuée par des exorcistes formés et nommés par l'Église catholique.

Ainsi, dans notre monde moderne, technologique et scientifique, les vieux modes de guérison, basés sur une vision très ancienne, continuent d'être pratiqués et nous assistons actuellement à un regain d'intérêt pour cette approche holistique de l'humanité et de la nature.

*

Venons-en maintenant à mon apprentissage sur la voie chamanique.

C'est auprès de Daniela Rupp, enseignante membre de la Foundation for Shamanic Studies dirigée par Michael Harner, que j'abordai dans un premier temps cette formation. Je la complétai par la suite en suivant le programme de trois ans proposé par cette même fondation dont le président pour l'Europe était Roland Urban. C'est lui qui était en charge de ce cours plus avancé. Plus tard, Ulla Strässle, membre du corps professoral de la fondation, me forma au conseil chamanique, et Laurent Huguelit, également enseignant à la fondation, m'initia à sa méthodologie personnelle : les huit circuits de conscience.

Daniela Rupp est un être spécial : très déterminée, elle est en même temps douce et pleine d'empathie, dotée d'une forte capacité sensitive. Fondé sur trente années d'expérience, son enseignement vise à faciliter pour ses étudiants les expériences directes, en respectant le vécu de chacun. Chaque individu doit trouver et suivre son propre chemin. L'enseignement verbal est réduit au strict minimum.

Je lui dois le fait d'avoir retrouvé mes racines : d'être parvenu à accéder à mon monde intérieur sans médiation, à communiquer avec d'autres dimensions, à redécouvrir

Daniela Rupp, Roland Urban, Laurent Huguelit

ma mélodie intérieure qui, pour un temps, s'était enveloppée de mystère.

Daniela Rupp affirme que nous sommes des esprits dans un corps humain et que notre tâche consiste à trouver en nous l'unité qui se manifeste en tant que bonheur et santé. La souffrance et la maladie sont, dit-elle, l'expression du manque d'harmonie. Il est possible de remédier à ce manque avec l'aide d'êtres bienveillants, ou esprits, vivant dans le monde d'en bas ou le monde d'en haut. Le chamane sait comment entrer en connexion avec eux, comment leur demander de l'aide et la transmettre à la personne qui est dans le besoin, ainsi qu'à soi-même. Ce n'est donc pas le chamane qui guérit, mais l'esprit. Le chamane n'est qu'un intermédiaire.

Grâce à la forte présence de Daniela Rupp, je pus immédiatement entrer dans un vécu où tout semblait naturel et fiable, même si, bien sûr, l'intellect tente d'intervenir avec sa dose de scepticisme et de doute. L'expérience me fit du bien : je sentis que j'étais vraiment présent et que ce que je vivais était bien réel.

Le chamane a recours à la sagesse de l'univers. L'expérience est certes subjective, mais le monde non ordinaire dans lequel évolue le chamane est perçu comme réel – et c'est cela qui importe. Comme je l'ai déjà dit, quand vous éprouvez de l'amour, vous savez que vous le ressentez, et c'est cela qui compte. Vous ne recourez pas à des explications soi-disant rationnelles, qui sont incapables d'expliquer un sentiment qui est et reste avant tout subjectif. Le chamane se base sur ce dont il fait l'expérience et non pas sur des concepts rationnels quant à la réalité du vécu.

Le voyage chamanique part d'une intention, d'un but et d'une question. C'est cela qui établit la connexion avec l'univers. La réponse obtenue indique ce qui nous manque et ce qui doit être comblé. La question et la réponse sont en essence une énergie, ou une force, qui se traduit ensuite en images, symboles, couleurs, chaleur, ou faisant aussi appel à nos vécus. Elles nous connectent au divin.

Ces voyages amènent le pratiquant à transformer sa perception du monde, et à s'ouvrir à une harmonie qui, reflétant l'unité, nous permet de vivre avec équilibre et joie, sans nous laisser emporter par les problèmes de la vie courante. Notre présence relève alors de l'éternel ; ce que nous percevons sont des formes de la création qui apparaissent et disparaissent. On retrouve là les propos tenus lorsqu'il était question du bouddhisme, et en particulier de *rigpa*, la conscience ouverte.

*

Dans le *core shamanism*, la première descente dans le monde d'en bas, destinée à rencontrer notre animal de pouvoir et recevoir son aide, est une expérience que l'on n'oublie pas. Je me revois entrant dans un trou dans le sol, et me retrouvant dans une vallée verdoyante où coulait une jolie rivière. Un gros ours brun était venu vers moi, m'avait accueilli avec joie et avait dansé avec moi. Lorsque je lui avais demandé s'il était mon animal de pouvoir et quel était son nom, il m'avait répondu que c'était le cas et qu'il s'appelait Grässli, c'est-à-dire Petite herbe ! Tout cela était très joyeux. Ensuitc, j'avais aperçu une cabane en bois à proximité et j'étais entré. Elle était meublée et accueillante. J'aurais pu y vivre. Un ours plus petit m'avait alors demandé de le suivre. Nous avions alors rencontré mon fils qui, dans ce voyage, ne devait pas avoir plus de dix ans. Avec grand bonheur, nous avions tous dansé ensemble, en nous roulant dans l'herbe.

Ce premier voyage chamanique s'était déroulé très facilement, sous l'égide d'une régie apparemment très compétente. Le gros ours et le petit ne m'avaient pas fait peur; ils étaient au contraire amicaux et m'avaient transmis force, équilibre et joie. On m'avait dit d'associer mon fils à ce bonheur – un bon conseil à donner à un père.

Par la suite, j'appris à poser des questions précises à mon animal de pouvoir et à recevoir ses réponses sous des formes diverses – images, voix, couleurs, sons, énergie qui pénètre le corps. La sensation ressentie suggère l'interprétation du message. Nous devons laisser agir l'intuition et ne pas écouter le mental, c'est-à-dire le raisonnement. Il s'agit par conséquent d'être dans un état de présence consciente, d'unité – ce que Harner appelle la « conscience chamanique ». Le voyage chamanique s'accomplit dans cet état de conscience et on y accède en écoutant le battement du tambour.

L'enseignement de notre animal de pouvoir nous amène toujours à nous rapprocher d'un sentiment d'unité, donc de joie et d'harmonie. C'est en dépassant toute notion de séparation que nous guérissons d'une blessure ancienne qui, jusque-là, nous empêchait de nous sentir connectés à tout, à chaque être vivant. Ma rencontre avec l'ours, le fait de sentir son énergie et la joie de l'union, tout cela indique qu'il fut un temps où nous étions unis, que nous étions en harmonie et que nous, humains, sommes aussi des animaux. Cela signifie également qu'un très vieux dessein sous-tend ces expériences : elles correspondent à des chemins anciens menant à l'harmonie originelle.

Divers animaux se manifestent pour nous guider sur la voie, en fonction de ce qui nous fait défaut. La rencontre peut spontanément se transformer en fusion. Nous sentons alors l'animal entrer en nous, et sa puissante énergie envahir tout notre corps. Nous conservons notre identité, mais nous vivons les caractéristiques de l'animal et faisons de nouvelles expériences. Je me souviens de la fusion spontanée avec un ours : je me sentais très grand et fort, mon acuité visuelle était puissante et j'étais prêt à affronter la vie.

Un autre phénomène très surprenant a fait couler beaucoup d'encre parmi les anthropologues. Il arrive parfois que l'animal de pouvoir vous dévore complètement. Mais ce n'est ni effrayant ni douloureux, car vous n'êtes pas dans votre corps physique mais dans une sorte de corps onirique. Une fois dévoré, celui-ci se reconstitue avec une chair jeune et la vie poursuit son cours. Ce phénomène appelé « démembrement » est une simple transformation : l'effacement d'anciennes souffrances et de vieux souvenirs inscrits dans l'ancien corps remplacé par un nouveau. Il s'agit d'un processus de purification ou de régénération, à travers une mort et une renaissance. C'est aussi un grand enseignement : le corps meurt, mais pas la conscience qui fait l'expérience de ce processus, car l'esprit continue de vivre.

Je me souviens qu'au cours d'un voyage, un ours énorme m'avait frappé de ses puissantes pattes, qui déchiraient mon corps. Vers la fin de cette vision, j'avais vu mes os brûlés et calcinés. Puis j'avais senti de l'air frais entrer dans mes poumons. J'avais un corps neuf, fort et jeune.

La fusion avec l'animal de pouvoir et le démembrement sont deux processus naturels conduisant à l'unité. Ce sont deux précieux cadeaux.

Dans certains rituels, le pratiquant porte le masque d'un animal - comme ceux, magnifiques, de gazelle en Afrique - pour faciliter sa fusion avec lui. Dans d'autres cas, comme lors des danses traditionnelles tibétaines, un moine portant le masque d'un animal coupe avec une épée une figurine représentant un corps humain symbolisant l'ego à détruire - accomplissant par là même à la fois une fusion et un démembrement symboliques.

*

Quant au voyage dans le monde d'en haut - au-dessus du ciel, dans une dimension éthérée -, il s'accomplit avec l'intention de rencontrer des êtres bienveillants pour bénéficier de leur sagesse et de leur aide. Ces êtres se présentent presque toujours sous une forme humaine. Le voyage débute, par exemple, au sommet d'une montagne que vous connaissez, en suivant un léger brin de fumée s'élevant dans le ciel. Le voyageur a l'impression de traverser une membrane et se retrouve en présence d'un maître. Certains identifient ce maître comme étant un mystérieux être de lumière, un ancêtre éclairé, un saint ou une divinité.

D'autres rencontrent Bouddha, Jésus ou Mahomet. Ces affirmations peuvent paraître absurdes, mais elles reflètent les expériences de milliers de personnes qui pratiquent aujourd'hui le *core shamanism*. Dans son livre *Caverne et cosmos : Rencontres chamaniques,* Michael Harner rend compte de multiples témoignages de ce genre. Et il ne s'agit pas de personnes appartenant à une religion particulière : certaines n'ont d'ailleurs aucune affiliation religieuse et d'autres sont des scientifiques. Ces expériences de contact direct avec des êtres vivant à des niveaux supérieurs, toutes les grandes traditions spirituelles en parlent.

Lors d'une de mes premières ascensions dans le monde d'en haut, je m'étais retrouvé au pied d'une très haute montagne. Au sommet, il y avait un vieux temple bouddhiste et en un clin d'œil j'étais parvenu devant l'entrée. Je revois l'intérieur du temple et me souviens de l'odeur d'encens et des grandes statues situées de chaque côté et au fond de la grande salle. Puis j'avais entraperçu un moine assis ; sa présence vivante m'avait surpris et ému.

Lors de voyages ultérieurs, je pus communiquer avec ce maître et avec d'autres qui m'apparurent. J'eus la possibilité de poser des questions et d'obtenir des réponses. Cette aide se manifeste de diverses manières – à travers une intuition soudaine, un message télépathique, une vision symbolique, un chant, des couleurs, de la chaleur et d'autres choses encore.

Parfois, une fusion spontanée avec le maître s'opère. Il est alors possible d'expérimenter ce qu'il perçoit et d'apprendre directement à partir de son expérience. C'est pour le pratiquant un cadeau extraordinaire. De nombreuses pratiques spirituelles visent à parvenir à cette fusion. Dans le guru-yoga du bouddhisme tibétain, les méditants se relient à un être éveillé, comme le Bouddha, ou à leur propre maître afin de reconnaître la nature ultime commune à tous les êtres. Dans le christianisme, les exercices spirituels enseignés par Ignace de Loyola, par exemple, mènent à la joie vécue d'être en Christ. Certains érudits considèrent l'Eucharistie comme une forme ancienne de « repas sacré » permettant de ressentir le divin en nous.

Dans les voyages chamaniques, des maîtres interviennent parfois spontanément pour démembrer le corps illusoire du voyageur. Ils en extraient un élément étranger ou détruisent toute l'enveloppe corporelle avant de la régénérer. Ce processus est le même que celui vécu avec un animal de pouvoir. Les rituels de démembrement et de renaissance sont donc présents dans de nombreuses traditions. Dans le bouddhisme tibétain et l'hindouisme, il existe une foule de divinités représentées avec une épée, des têtes de mort ou du sang, illustrant le processus de la mort et de la renaissance. Leur signification a souvent été mal comprise en Occident. Dans le bouddhisme tibétain, elles symbolisent le processus de destruction de l'ego et, dans l'hindouisme les principes de création, de préservation et de destruction.

*

Mes expériences de fusion m'impressionnèrent grandement et m'aidèrent énormément. Je me souviens de l'une d'elles, vécue spontanément lors d'un séminaire avec Daniela Rupp. J'étais seul, assis sur un banc devant un vieux chalet, en train de regarder une vallée. Soudain était apparue devant moi la tête d'un grand serpent dont l'un des yeux me fixait. Je n'avais pas ressenti de peur, mais un émerveillement. Tout me paraissait parfaitement naturel.

Puis j'avais eu la sensation de me fondre lentement avec ce serpent. Il remplissait complètement mon être. Il m'est difficile de décrire quel était mon état d'esprit : un sentiment de force attentive et avisée, de clarté, de lucidité, de ferme attention concentrée. J'avais ensuite senti mon corps envahi de petits serpents, comme pour me signifier que ce nouvel état d'esprit resterait présent en moi : un don de force ou, comme le disent les chamanes, la récupération de l'âme que j'avais perdue, restaurant ainsi un sens d'unité avec toute chose.

Au terme de cette fusion, j'étais de nouveau en train de regarder la vallée en contrebas et d'écouter le vent qui secouait avec force les branches tordues d'un vieux pommier. J'avais alors pensé au nombre d'hivers que cet arbre avait vécu sur cette pente, en attendant le retour du printemps, conscient d'être déjà porteur des fruits à venir.

Autre expérience de fusion avec un maître, qui me marqua beaucoup et fut un formidable enseignement. C'était lors de ma formation de trois ans ; j'étais assis sur un muret en pleine campagne. Notre groupe avait joué du tambour pendant un long moment et j'étais dans un profond état de conscience chamanique. Mon corps s'était mis à trembler. J'avais senti la présence d'un vieux yogi tibétain pénétrer en moi : un yogi des montagnes, grand et maigre, aux vêtements usés. À travers ses yeux, je regardais l'orée de la forêt, située à quelques centaines de mètres devant moi, et je fus témoin de sa vision. Petit à petit, des chevreuils et d'autres animaux sortirent de la forêt. Ce n'étaient pas des animaux de pouvoir, mais de simples animaux du monde du milieu, encore prisonniers de la souffrance et de la confusion.

Le yogi les regardait avec tendresse et inspirait leur énergie de souffrance qui se purifiait aussitôt en lui en une lumière bleue. Puis il exhalait une force nouvelle, en soufflant légèrement sur les animaux. Il s'agissait là d'une pratique de purification similaire à celle connue dans le bouddhisme tibétain sous le nom de tonglen - prendre sur soi la souffrance des autres avec l'inspiration, et faire don de tout ce qui leur sera bénéfique à travers l'expiration: une pratique de l'amour compatissant dépourvu d'égocentrisme, une pratique du don de soi.

La respiration joue un rôle très important dans de nombreuses traditions spirituelles. Le souffle rend la vie possible, il transmet la vie. Le yogi, comme le chamane, transmet son souffle vital sur la personne qui souffre.

D'après moi, c'est ce même yogi qui, lors d'un autre voyage, opéra mon démembrement. J'avais demandé à être guéri d'un certain problème. Le yogi m'avait d'abord montré en riant qu'avec son poing il pouvait traverser mon corps, que celui-ci n'était pas solide mais illusoire. Puis il m'avait coupé les pieds, les mains, la cage thoracique, les yeux et la tête et les avait offerts aux animaux qui s'étaient rassemblés. Mon corps avait ensuite été reconstitué avec une nouvelle matière et j'avais ressenti une agréable chaleur dans ma poitrine. On m'avait dit que maintenant, mon corps ayant été purifié, je pourrais fusionner avec le maître.

Dans la tradition bön et dans certaines écoles du bouddhisme tibétain, l'offrande de son corps est un rituel sacré, appelé tchöd. Dans la pratique de tchöd, qui signifie trancher la saisie de l'ego, les méditants font face à la peur, souvent au cours de rituels se déroulant dans des cimetières ou d'autres endroits effrayants. Ils se visualisent en train de découper leur corps, qui symbolise l'ego auquel nous nous accrochons, et d'en offrir les morceaux en nourriture aux êtres dans le besoin - ce qui favorise la compréhension de la nature ultime, libre de tout attachement.

Lors d'un autre voyage, je vis dans la pénombre le yogi ouvrir un côté de ma cage thoracique et découper quelque chose à l'aide d'un pourba, un poignard rituel triangulaire dont les trois côtés tranchants symbolisent la capacité à transformer les trois poisons - colère, attachement, ignorance - en énergies positives. Puis, afin de reconstituer l'unité en moi, il passa sur ma blessure une statue yabyum - une divinité masculine en union avec sa consort, représentant l'union de la sagesse et de la compassion.

La fusion avec le maître est une grande source d'enseignement. Je me souviens d'un voyage au cours duquel un grand maître tibétain m'était apparu. Au début du processus de fusion, comme je ne m'en sentais pas digne, le maître s'était mis à rire puis m'avait dit que je ne devais pas penser mais juste lui faire confiance ; que je devais l'appeler, fusionner avec lui, et qu'il m'aiderait, me donnerait de la force.

J'avais alors senti de la chaleur dans mon plexus solaire et compris que c'était là le signe que j'étais bien sur la bonne voie ; que je prenais conscience du fait que les mots et la pensée peuvent constituer un obstacle, que la vraie compréhension s'opère par un contact direct et profond, et que de la fusion, naissent les intuitions, les visions, les éclairs de clarté et les fulgurances de bonheur.

Lors d'un autre voyage, après m'être longtemps élevé vers le monde d'en haut, je rencontrai de nouveau le même maître. Ce fut comme rencontrer un père. Je sentis soudain la fusion avoir lieu. J'avais son visage et son grand corps et j'étais conscient que ce corps était vide, que j'étais au sein d'une grande nuit silencieuse et mystérieuse, un espace que je connaissais déjà. Je perçus que le maître demeurait dans une dimension de très haute réalisation, dépourvue de forme : pure conscience et amour. Même si ces mots ne peuvent pas rendre compte d'une telle expérience.

Ce maître est le célèbre yogi tibétain Dilgo Khyentse Rinpoché (1910-1991), que je n'ai jamais connu de son vivant, que Matthieu Ricard a servi pendant vingt ans, et dont j'ai déjà parlé.

*

Je souhaite à présent évoquer une belle expérience qui fut un nouveau tournant dans ma vie. Je la décris non pas par fierté mais parce qu'elle peut être d'une certaine utilité pour des lecteurs.

Comme déjà mentionné, Michael Harner affirme dans son livre *Caverne et Cosmos* que, lors de stages, des milliers d'individus ont vécu l'expérience de la rencontre avec des maîtres chamaniques, des saints et des divinités. Ce dont parlent les textes sacrés des grandes religions se produit encore de nos jours et est accessible à de nombreuses personnes.

Voici ce que Harner a écrit: « Après avoir personnellement pratiqué le chamanisme, la guérison chamanique, le voyage chamanique pendant plus d'un demi-siècle, je peux dire que je n'ai jamais rien lu dans les témoignages spirituels de saints, prophètes, expérimentateurs psychédéliques, survivants d'expériences de mort imminente, avatars et autres mystiques qui ne soit pas le reflet de ce qui est vécu lors de voyages chamaniques accomplis en suivant les méthodes classiques et avec l'aide du tambour. »

En 2017, lors d'un séminaire de la Foundation for Shamanic Studies, je fis un voyage axé sur la mort et la résurrection. Comme toujours au cours de ces stages, rien ne nous est suggéré, chacun doit essayer de vivre librement sa propre expérience.

Je me souviens que tout devint sombre et que je sentis mon corps s'alourdir. Puis j'entrai dans un étroit tunnel dans lequel j'eus la sensation d'être écrasé. Au bout d'un moment, le tunnel s'élargit et, après une longue pause, je vis une personne qui me regardait avec émerveillement et vint me toucher, bientôt suivie par d'autres. Je compris qu'il s'agissait de morts. Ensuite, je vis de nouveau devant moi un autre tunnel sombre, avec au fond une lumière. J'y pénétrai et, une fois ressorti de l'autre côté, j'étais sur le flanc d'une montagne, admirant autour de moi les cimes enneigées. Un vieil homme était à mes côtés. Je restai là à contempler le paysage puis aperçus de nouveau un tunnel que je traversai et au bout duquel il y avait une nuit de pleine lune.

Puis il y eut une lumière violette dans laquelle je pénétrai ; le beau visage d'un homme m'y regardait avec beaucoup d'amour. Je pensai immédiatement : « C'est Jésus ! » Âgé d'environ 35 ou 40 ans, il avait une barbe d'un blond un peu roux, des cheveux assez longs, des traits harmonieux et un air dynamique. Comme c'est souvent le cas dans les contacts médiumniques pour faciliter la reconnaissance, je le vis de face puis de profil. De tout son être enveloppé d'une douce lumière rouge émanait une chaleur puissante et agréable. Je sentis cette chaleur pénétrer en moi et éprouvai un fort sentiment d'amour intense ; j'étais submergé par l'émotion.

Après cette expérience, ces émotions m'habitèrent longtemps ; je les laissai agir en moi en essayant de ne pas interférer. J'avais du mal à accepter que Jésus me soit apparu et venu en aide ! Je ne m'en sentais pas digne. Ce fut pourtant une expérience absolument réelle.

Peu à peu, je pris conscience d'avoir trouvé la réponse à une foule de doutes, et un sentiment de sécurité grandit en moi. Je me dis que Jésus était donc bien un personnage historique qui était mort, ressuscité. Encore présent dans les hautes sphères, il est toujours un grand enseignant plein d'amour et de compassion qui nous vient en aide. Cette expérience, qui fut pour moi une grande révélation et une grande révolution intérieure, m'accompagne chaque jour. Elle me permit également de mieux comprendre mes racines chrétiennes et fut une nouvelle confirmation du fait que ces grands maîtres – Jésus, Bouddha et les autres – sont bien vivants et nous guident.

Je sais que, pour certains, ces déclarations peuvent sembler non seulement incroyables mais même blasphématoires. Pourtant ce que j'ai vécu et ressenti était bien réel, ce n'était pas une illusion. La personnalité de Jésus et les guérisons qu'il accomplit sont interprétées par certains chercheurs comme étant celles d'un grand chamane. Pieter F. Craffert, auteur de *The Life of a Galilean Shaman: Jesus of Nazareth in Anthropological-Historical Perspective*, a notamment effectué des recherches en ce sens. En termes chamaniques, Jésus va dans le monde d'en haut, communique avec Dieu le Père et, en fusionnant avec lui, guérit et accomplit des miracles.

Par la suite, j'allais retrouver dans l'iconographie un visage de Jésus ressemblant fortement à celui que j'avais vu : il fut peint en se basant sur les indications fournies par sœur Faustina Kowalska qui en eut elle-même la vision. Le visage imposant, le regard exprimant l'empathie et la détermination, le corps robuste dénotent la présence d'un guerrier de la vérité, un guerrier de la lumière. Dans ma ville de Lugano, je découvris aussi une autre similitude dans le tableau reproduit ci-contre.

Ma vision de Jésus me permit également de faire le lien entre sa résurrection et le corps d'arc-en-ciel ou corps de lumière des grands maîtres spirituels bouddhistes. Le livre récent du père Francis V. Tiso, *Rainbow Body and*

Jésus, église de Sainte-Marie l'Immaculée, Lugano

Resurrection, se penche sur les racines historiques de cette perspective.

*

Comme nous l'avons vu, les chamanes sont aussi des guérisseurs. Dans ce but, ils demandent l'aide des animaux de pouvoir ou des maîtres, et peuvent d'ailleurs chercher à fusionner avec eux. Ils reçoivent des instructions sur la façon de soigner. Diverses choses peuvent alors se passer : la transmission d'une force à leur patient, l'extraction d'énergies dérangeantes, le démembrement du corps de la personne en souffrance, la récupération de l'énergie perdue à la suite d'un traumatisme. Les esprits interviennent pour rétablir l'harmonie du malade, pour le reconnecter à la source, pour l'aider à retrouver son identité. Souvent, les chamanes voient les esprits intervenir au moment où ils agissent.

Un chamane peut également aider les personnes mourantes au cours de leur transition, ainsi que celles qui sont déjà mortes et dans la confusion par rapport à la suite de leur parcours. Ces derniers peuvent d'ailleurs perturber les vivants lorsqu'ils essayent de continuer à vivre à travers eux: c'est ce qu'on appelle les cas de possession. Le chamane intervient alors pour montrer le chemin aux défunts et libérer ainsi les vivants.

Pour ma part, le chamanisme fut avant tout un moyen d'étendre mon évolution intérieure. Je peux faciliter les voyages chamaniques mais je ne pratique pas spécialement la guérison, même si j'ai reçu une formation complète de conseiller chamanique, en suivant les cours d'Ulla Strässle.

De nombreux exercices de guérison sont évidemment effectués lors des stages d'apprentissage et il m'arrive parfois de soigner au sein d'un petit cercle chamanique, un groupe de tambours, constitué de quatre pratiquants qui se réunissent avec moi une fois par mois. Lors de ces séances – dont l'objectif est avant tout le développement intérieur et parfois la guérison –, chacun formule librement le but de son voyage, puis en décrit tout aussi librement son contenu. L'interprétation appartient à l'individu, les autres personnes se contentent de poser des questions et de communiquer éventuellement de quelle manière ce qu'ils ont entendu a fait écho en eux.

Les réponses aux questions conduisent – souvent à travers des images symboliques, des scènes à teneur mythologique, mais aussi une histoire familiale – à une vérité profonde, à la paix, à la joie et à l'amour, à l'unité originelle. Chaque voyage est un enseignement et le cheminement de chacun enrichit les autres. Il nous arrive aussi d'effectuer des voyages de guérison pour aider les personnes présentes. Parfois, nous opérons une guérison à distance, si quelqu'un en a fait la demande.

Par respect pour les membres du groupe, je m'abstiens de partager les détails de ces expériences. Je peux seulement dire qu'en y participant, j'ai souvent vu l'intervention d'animaux puissants qui effectuaient des purifications et transmettaient de l'énergie ; l'intervention également de guérisseurs spirituels qui, par exemple, plaçaient des décoctions d'herbes sur le ventre d'un participant et chantaient des mélodies de guérison ; l'intervention de figures maternelles qui étreignaient les individus souffrants ; la prise en commun de repas rituels ; et bien d'autres choses encore. Au fil des différents voyages effectués par les membres du groupe, on voit se profiler un cheminement intérieur de compréhension, de pardon et de gratitude.

Pour pratiquer le conseil chamanique, une méthode spécifique est enseignée de manière à éviter de suggérer des interprétations qui interféreraient avec une expérience personnelle. Le client décrit à haute voix ce qu'il est en train de vivre et on l'enregistre pour qu'il puisse réécouter ses propos. La narration faite sur le vif et à voix haute amplifie l'état de conscience chamanique de la personne et permet au conseiller de mieux l'accompagner. Cette façon d'expérimenter le voyage touche souvent profondément les individus. Lorsqu'ils retrouvent leur vie quotidienne, leur regard, leur expression faciale et leurs émotions ont changé. Ils ont souvent du mal à parler de leur expérience, tant leur émotion est forte. La plupart du temps, leur visage exprime clairement un état d'ouverture et de joie, et non pas de peur, de souffrance ou de tristesse. Le voyage et le message les ont mis en contact avec une dimension secrète d'harmonie.

Ce don d'énergie provoque une transformation progressive, « cachée » puisqu'elle s'opère à un niveau inconscient. Au fil du temps, la personne prend toutefois conscience du changement qui a eu lieu. Elle se sent plus calme, plus en sécurité, dans une relation plus harmonieuse avec la vie.

J'aimerais à présent évoquer le voyage vers le monde d'en haut que fit une personne que j'accompagnai en tant que conseil chamanique : elle avait posé à son guide spirituel une question portant sur les moyens de faciliter son évolution intérieure. Pour commencer, elle sentit son corps se fondre dans la lumière, tandis qu'elle-même restait pleinement consciente. Puis elle vit son guide : une femme qui lui avait déjà dit que, pour la rencontrer, elle devait permettre à son corps de se fondre. Cette guide lui désigna alors un vieux sage qui transmettait énergie et conseils sous forme de lumière et d'amour. Il lui montra comment en recevant cette énergie, beaucoup d'êtres avaient évolué sur une spirale de croissance. La personne se vit ensuite confié un agneau blanc avec une cloche et reçut pour instruction d'agir et d'intégrer maintenant l'enseignement dans sa vie. Au terme de ce voyage, elle était émue aux larmes et sans paroles. Sans faire de commentaire, je la laissai alors seule avec ses précieuses émotions.

J'avais été témoin d'une expérience mystique : après avoir quitté son corps et être devenue esprit, cette personne avait rencontré un vieux sage qui lui avait montré comment vivre avec l'énergie de l'amour pouvait devenir une spirale évolutive. L'agneau qu'elle avait reçu était un symbole de pureté qu'il fallait protéger et nourrir. Pour finir, le vieux sage lui avait montré son cœur, rouge, palpitant d'amour. Être témoin d'une expérience aussi profonde est un grand privilège et un enseignement extraordinaire. On est toujours émerveillé par la sagesse et le mode de communication de la source !

*

Je voudrais également témoigner d'une expérience de récupération de l'âme. Je considère cet épisode très important car il touche à l'un des points centraux de ma vie émotionnelle, dont j'ai déjà parlé : le traumatisme subi dans mon enfance à la suite d'une grave maladie qui m'avait conduit jusqu'aux portes de la mort. Admis à l'hôpital, j'avais éprouvé un fort sentiment d'abandon de la part de ma mère, une blessure qui constituait une perte d'âme. La récupération de l'âme est une guérison chamanique très ancienne. Selon cette tradition, un traumatisme peut rester « encapsulé » toute une vie, maintenu à distance par des défenses mentales érigées à cet effet. Le chamane, avec l'aide d'esprits aidants, voyage dans le passé du patient pour déceler la présence d'un éventuel traumatisme et, si tel est le cas, il a recours à divers moyens pour supprimer cette énergie négative et la remplacer par une positive.

Daniela Rupp, mon professeur et guérisseur, parcourut ainsi mon passé. Ma mère, déjà morte depuis des années, lui apparut tenant dans ses bras un petit enfant maigre et malade. C'était moi, le petit Guido. Ma mère lui tendit alors l'enfant pour qu'elle l'aide, en lui disant qu'elle attendait depuis longtemps ce moment.

Bien que pratiquant la guérison chamanique depuis plus de trente ans, Daniela Rupp fut choquée par cette apparition soudaine et tragique. Elle prit l'enfant dans ses bras et ma mère disparut aussitôt : elle poursuivit son propre voyage, libérée de son fardeau.

Daniela Rupp demanda alors le soutien de ses esprits aidants pour guérir le petit Guido. Sa vieille nourrice lui apparut, elle lui confia l'enfant en la priant de le soigner et de le rendre ensuite au Guido adulte et vivant. Ce qui fut fait. On avait récupéré pour moi cette vieille partie de mon être qui avait été perdue dans un sentiment d'abandon et qui était à présent guérie !

Daniela Rupp m'expliqua que je devrais, quelques jours plus tard, pratiquer un rituel pour intégrer dans mon plan de réalité ce qui s'était passé sur un plan subtil : je devrais offrir une rose au courant d'un ruisseau, pour exprimer mon amour et ma gratitude à ma mère. Ce que je fis. À ma grande surprise, la rose fut prise dans un tourbillon et conduite en douceur sous un gros rocher où elle disparut dans l'obscurité. C'était la réponse de l'univers.

Daniela me précisa également que l'effet de la récupération de mon âme deviendrait manifeste au fil des semaines, voire des mois. Et effectivement, un processus de transformation s'opéra peu à peu en moi. Progressivement, je me rendis compte que ma façon de percevoir la vie changeait. Des sentiments de douceur, d'empathie, de bien-être intérieur remplaçaient l'insatisfaction, la fermeture, le malaise et l'insécurité. Je nouais un lien plus profond avec la mère éternelle.

Après avoir été traité en psychanalyse et au Monroe Institute, mon vieux traumatisme l'avait été une nouvelle fois. Ces soins successifs agirent comme si on avait enlevé une à une les différentes couches d'un oignon. La récupération de l'âme mit fin, je crois, au lien de souffrance entre ma mère et moi ; elle me redonna de la joie et permit à ma mère de poursuivre sa route.

Je sais que ce que je viens d'écrire peut paraître fou. J'aurais pensé la même chose autrefois, mais c'est pourtant l'expérience que j'ai vécue. Elle est d'ordre subjectif, bien sûr, mais je la crois authentique et c'est ce qui compte. Je remercie Daniela Rupp et les chamanes qui depuis l'Antiquité ont accès à ces connaissances et les transmettent.

Ces expériences chamaniques se déroulent toujours en pleine conscience et cet état de présence vigilante est empathique et accueillant. Il permet de voir la vie telle qu'elle est et de la vivre. C'est à cela que doivent mener les voyages. Sinon, ils relèvent du tourisme spirituel. Les expériences doivent conduire à la redécouverte de l'état naturel qui a toujours été présent, mais que nous enfouissons sous nos concepts et réactions subjectives à la vie.

Ce qui est émouvant et rassurant, c'est de découvrir qu'il existe un dessein secret, sous-jacent aux expériences souvent déroutantes et difficiles. Je ne cesserai jamais de répéter qu'il existe profondément en nous une harmonie secrète et naturelle, un refuge, un abri où nous aimerions toujours être. C'est là notre vraie demeure. Selon moi, la voie du Dzogchen et celle du chamanisme, en tant qu'évolution, mènent au même sommet de la montagne.

*

Je voudrais à présent essayer d'intégrer ce que j'ai écrit à propos du chamanisme dans le modèle multidimensionnel d'une réalité en lien avec la conscience, tel que je l'ai progressivement perçu à travers mes explorations.

Les mondes d'en haut, du milieu et d'en bas ont été visités et décrits de la même manière par des milliers et des milliers de chamanes. On peut donc affirmer qu'ils existent sur le plan subtil. S'ils constituent le réceptacle, le contenu varie, lui, d'une personne à une autre. Chacun vit les expériences qui correspondent à sa propre histoire, à ses sentiments au sein de ces trois mondes.

Dans le chamanisme, le voyage se déroule dans une dimension qui est en dehors de l'espace et du temps. De ce fait, il est possible de voyager aussi bien dans le présent que dans le passé ou le futur – mais également dans d'autres dimensions. Le chamane se rend généralement dans les trois mondes chamaniques uniquement pour guérir et aider les humains. Et pour ce faire, il est nécessaire de poser les bonnes questions et d'être établi dans une conscience chamanique profonde et stable, comme après une longue période de battement du tambour au sein d'un groupe.

Le voyage chamanique est semblable à la vision à distance enseignée par Robert Monroe : dans le chamanisme, le voyage est induit par le son du tambour et, pour la vision à distance, par le son Hemi-Sync.

En tant qu'humains, nous sommes automatiquement en phase avec la dimension terrestre. Nous nous basons sur les coordonnées et les informations qui régissent la réalité humaine dans toute sa complexité. Le voyage chamanique est lui aussi toujours lié à la réalité humaine, même si on voyage dans les mondes d'en haut, du milieu et d'en bas.

Si nous voulons maintenant sortir de cette réalité humaine, c'est-à-dire aller au-delà du voyage chamanique, nous nous mettons en relation avec d'autres types de réalité, d'autres dimensions. Nous entrons en contact avec des réalités certes différentes mais au moyen d'aspects que nous avons en commun permettant cette ouverture.

L'accès à des dimensions différentes s'opère grâce à des tunnels interdimensionnels. On pénètre alors dans d'autres lieux de l'espace-temps. Si nous sommes dans un état de présence consciente, c'est-à-dire dans un éternel présent, si nous nous sommes réveillés et donc libérés du monde onirique des illusions, nous comprenons que les mondes multidimensionnels sont des étapes vers la source suprême, vers l'unité qui se manifeste de mille façons ou, comme le dit le bouddhisme, en « dix mille choses ».

Nous pouvons établir ici un parallèle avec le modèle des Védas, évoqué dans le chapitre « Réalité multidimensionnelle ». Les Védas affirment que l'univers se compose de quatorze dimensions correspondant aux degrés de conscience du divin. La Terre se situe au milieu et, de ce fait, les forces positives et négatives y sont actives. Les humains ont le libre arbitre d'agir sur la Terre, de choisir entre le bien et le mal.

*

Je voudrais maintenant m'intéresser au chemin qui m'attend : il m'a été indiqué par des éclairs d'intuition lors d'un cours chamanique conçu et animé par Laurent Huguelit qui, auteur des *Huit Circuits de conscience,* enseigne à la Foundation for Shamanic Studies.

Le stage portait sur les circuits de la conscience, c'est-à-dire sur les passages que nous traversons de la naissance à la mort, de l'immersion dans la matière à la connexion spirituelle.

Au cours de ce séminaire, un premier voyage avait pour thème la relation entre l'univers, la Terre et nous. Deux divinités très grandes, presque filiformes, m'apparurent, l'une masculine et l'autre féminine. Je les vis générer la Terre – que je perçus bleue, entre les deux personnages, au sein d'un immense espace noir – avec toutes ses créatures. Cet enseignement me disait : tout provient de la même source, tout est constitué de la même substance, tout est un. Nous devons respecter la Terre qui fait partie de nous, et toutes les créatures qui sont nos sœurs et nos frères. La maltraiter revient à se maltraiter soi-même. Nous abusons de la Terre parce que nous ne savons pas nous aimer. Au lieu de nous transformer, nous manipulons le monde extérieur, la Terre et toutes ses créatures. Nous devons nous aimer nous-mêmes et aimer toutes les créatures, comme nous devons aimer la Terre.

Cette expérience m'en rappelle une autre, vécue au Monroe Institute des années auparavant, où je sentis la Terre située au milieu de ma poitrine et fusionnant avec mon cœur. Notre cœur bat avec la Terre ; nous sommes la Terre ; la Terre est en nous. Tout est en nous – la Terre et toutes les créatures, toute la création. Tout est vécu dans notre conscience. Nous sommes le tout. Si on ne ressent pas cela, notre vision de la réalité reste partielle et forcément on réifie : on concrétise la réalité, on lui donne une valeur matérielle, une fixité dans le temps qu'elle n'a pas.

C'est là une indication importante pour mon chemin. Elle correspond aux enseignements anciens sur l'unité, et à la vision holistique moderne de la physique quantique. Elle coïncide avec le concept d'« écologie profonde » développé par le philosophe norvégien Arne Næss, qui en parla pour la première fois en 1972. L'écologie profonde considère la Terre comme étant l'organisme dont nous faisons partie et lui reconnaît son caractère sacré, tout en soulignant la nécessité d'une approche systémique.

Durant ce même séminaire, le thème d'un autre voyage fut celui de la création. Je vis un espace sans frontières et débordant de vie à l'état de particules et d'ondes. Un cristal énorme y prit forme. Je pénétrai à l'intérieur en marchant: c'était le souvenir de la création, de toutes les potentialités, de l'harmonie originelle qui s'exprime avec bonheur. C'était la mémoire de l'unité. Je vis que chacun de nous, humains, a un cristal en lui mais qu'il l'a oublié. Dans notre vie terrestre, nous devons parcourir le chemin du retour à l'unité. Nous devons être en quête du bonheur qui est en nous afin de pouvoir l'offrir aux autres en une danse d'harmonie avec l'univers. Ce message de la mémoire des origines, de l'amour et du bonheur, est lui aussi une indication du chemin qui doit être le mien.

Au cours de ce stage avec Laurent Huguelit, nous avons exploré les différents circuits de la conscience, les différents cycles de la vie dans lesquels nous devons progressivement trouver l'harmonie. Nous avons parcouru chacun d'eux à la recherche de notre symbole d'harmonie.

Dans le premier circuit de conscience, dédié au corps et au rapport à la nature, une divinité m'apparut: elle ressemblait à la Mère archaïque, avec de gros seins et un ventre imposant. Elle me réchauffa et me nourrit, telle une mère nourricière dont la générosité n'est pas possessive.

Dans le deuxième circuit, axé sur la relation au monde et sur le dépassement de l'égocentrisme, je vis un homme noir à forte carrure, l'air confiant et honnête, qui faisait usage de sa force de façon positive et non pas vindicative: un être juste.

Dans le troisième, ayant trait à la conscience intellectuelle et conceptuelle, c'est Einstein qui m'apparut.

Lui qui était capable de combiner la raison et le cœur était également un grand mystique.

Dans le quatrième, relatif à la société, Nelson Mandela se présenta à moi : un homme juste qui sut unifier une société extrêmement conflictuelle, et qui ne cessa de lutter pour faire triompher la justice et l'égalité.

À ce stade advint alors la phase de transition où l'on passe d'une conscience terrestre à une conscience supra-terrestre. Et c'est le Dalaï-Lama qui se manifesta en tant que grand passeur.

Pour le cinquième circuit, associé à la conscience corporelle et notamment au plaisir sexuel, la silhouette transparente d'une femme asiatique m'apparut et une puissante sensation de fusion avec elle m'envahit, accompagnée d'un sentiment de grande ouverture et de chaleur au niveau du plexus solaire.

Dans le sixième circuit, dédié à la conscience multidimensionnelle et aux pouvoirs psychiques, je me retrouvai en présence du grand lama tibétain Dilgo Khyentse Rinpoché.

Dans le septième, relatif à la dimension mystico-religieuse, à la conscience universelle et à la reconnexion avec le divin, c'est une colombe qui m'apparut, associée à une lumière rouge au centre d'un grand cercle.

Dans le huitième et dernier circuit, dédié à la création, je vis ce même cercle que je perçus comme étant l'espace d'où tout émerge et où tout disparaît – le lieu même de la création. Cette fois encore, la colombe était présente.

Dans les deux derniers circuits, j'eus le sentiment d'être très grand et sans corps matériel. Et lorsque, depuis cette perspective, je contemplai en bas mon corps, il était petit et je pus voir l'intérieur de ma cage thoracique et mes os. J'étais esprit.

Contrairement aux autres symboles qui apparurent, la colombe était pour moi une manifestation nouvelle. Ayant immédiatement compris qu'elle était porteuse d'un important message pour ma vie, je tentai de me connecter avec elle, de sentir sa présence en moi. Cette colombe m'apprit que, pour recevoir le pouvoir de la lumière infinie – pour être connecté avec la conscience universelle, avec le divin –, il fallait être pur comme une colombe. Cela signifie aussi que seul un être pur comme la colombe est capable de créer en exprimant le divin, d'être co-créateur du divin.

*

Le chapitre précédent s'était refermé sur une citation d'Albert Einstein disant que, de nos jours, l'humanité a besoin d'une religion cosmique dépassant l'idée d'un Dieu personnel et évitant le dogme et la théologie : besoin d'une religion basée sur l'expérience. Selon Einstein, parmi les différentes religions actuelles, c'est le bouddhisme qui répond à ces critères.

Le chamanisme est précisément un chemin d'expérience personnelle. Il est sous-jacent à de nombreuses traditions religieuses et propose des méthodes rapides qui, contrairement à de nombreuses pratiques méditatives assez complexes, permettent une expérience spirituelle directe du sacré.

Je pense que le chamanisme peut beaucoup contribuer à satisfaire le besoin actuellement grandissant de sacré, et à redynamiser la spiritualité.

CHAPITRE 9

Ici et maintenant

J'ai parcouru un long chemin et le sentier se poursuit devant moi.

Je me souviens avoir lu l'histoire d'un disciple très assidu pratiquant le bouddhisme qui se sentait de plus en plus déprimé. Lorsqu'il avait demandé conseil à son lama, celui-ci lui avait répondu: « Tu as développé une dépendance par rapport au fait de parvenir à de grandes réalisations et plus encore. Demeure présent à ce que tu vis. C'est cela qui rend heureux, c'est cela le but ! »

J'ai eu beaucoup de chance de pouvoir vivre autant d'expériences qui ont suscité de nouvelles questions en moi. La quête de réponses a été le moteur qui m'a sans cesse poussé à aller plus loin dans ma recherche intérieure. Et ce que j'ai toujours recherché, c'est le bonheur, le moyen de surmonter la souffrance.

Ma rencontre avec Lama Sherab Gyaltsen Amipa a été le véritable élément déclencheur. Les nombreuses personnes rencontrées par la suite ont élargi ma compréhension. Les expériences vécues dans différents états de conscience, le parcours psychanalytique, la voie bouddhiste et l'approche chamanique m'ont aidé à progresser dans ma compréhension du grand mystère dans lequel nous sommes plongés.

La découverte essentielle de tout mon voyage spirituel est certainement celle de la présence consciente, ou conscience ouverte. J'ai appris qu'en faire l'expérience nous permet de voir que tous les phénomènes apparaissent puis disparaissent, et que notre vraie nature se situe au-delà du changement. Ce qui s'élève puis disparaît se manifeste en un certain lieu et à un certain moment, c'est-à-dire dans l'espace-temps. Quand nous en sommes conscients et que nous voyons avec clarté, nous sommes dans une autre dimension, nous sommes hors de l'espace-temps, nous sommes dans l'éternel maintenant : dans un état de conscience qui ne meurt pas. Nous sommes dans l'unité.

Nous comprenons que nous avons vécu dans un rêve et qu'à présent nous nous sommes éveillés. Tant que nous n'avons pas accès à cette présence, nous demeurons pris dans l'illusion que les choses durent, qu'elles ne disparaissent pas. De ce fait, nous les désirons, nous nous accrochons à elles ou nous les repoussons, et cela nous amène à souffrir. Nous sommes dans la dualité.

Notre façon de percevoir le monde – tout ce que nous voyons, entendons, expérimentons – est presque toujours l'expression d'un esprit confus. Lorsque nous sommes dans un état de pleine conscience, notre esprit n'est plus confus mais lucide : il est dans son état naturel et nous faisons alors l'expérience de l'harmonie, l'empathie, la compassion, l'équanimité. C'est précisément pour cela qu'il est dit que nous sommes alors dans la dimension du cœur.

Demeurer dans cet espace d'harmonie, d'unité, de cœur, donne la possibilité d'avoir accès à une conscience cosmique totale, une conscience complète de notre vraie nature. Le soleil, la lune, les étoiles, tout est en nous et vient de cette conscience spacieuse et ouverte. Rien n'existe indépendamment, rien n'existe de par lui-même.

Notre tâche est de vivre dans cette conscience-là, d'en faire notre demeure. Y parvenir, atteindre l'éternel, est le but de ma vie. C'est un objectif certes difficile, mais si l'on se fie aux intuitions qui découlent de cet état, et si l'on vit avec courage et présence d'esprit, le chemin est clairement indiqué. Atteindre cet objectif ne signifie pas renoncer aux plaisirs de l'existence : il faut apprécier la vie. Ce qu'il faut éviter, c'est ce qui nous fait souffrir ; et ce qui nous fait souffrir, c'est le fait de vivre dans l'illusion.

L'esprit essaye de trouver des réponses au mystère de la mort, mais il sait qu'il ne peut pas la comprendre. La seule réponse à la question de la mort est de développer une paix intérieure, basée sur la vie vécue au présent avec une conscience ouverte.

Ainsi établis dans le moment présent, nous sommes disposés à faire tout ce que nous pouvons pour aider les autres et, au moment de la mort, nous avons la capacité de rester dans la conscience ouverte, dans l'éternel présent.

Si nous mourons dans cet état de totale présence, nous demeurons dans l'éternel, dans la parfaite harmonie. Après la mort, certains reviennent afin d'aider les êtres dans la confusion : ce sont les bodhisattvas.

Si au moment de la mort, ou parfois après, nous n'avons pas accédé à la pure conscience, nous allons renaître et entamer une nouvelle histoire basée sur le devenir, l'impermanence, et donc la souffrance. Nos actes et attitudes non résolues se retrouveront dans notre prochaine vie.

Généralement, nous vivons l'esprit tourné vers le passé ou le futur, et ressentons de l'attachement, de l'aversion, de l'ignorance. Mais lorsque nous sommes pleinement conscients, nous vivons uniquement dans l'ici et maintenant. Cela ne veut pas dire qu'il faut penser à vivre dans le présent; cela signifie vraiment vivre le moment présent. En fait, lorsqu'on pense au présent, il est déjà passé. Vivre dans le présent, c'est vivre dans l'éternel présent, sans la conception d'un temps futur ou passé.

Tout ce que l'on vit devrait contribuer à la redécouverte de l'état naturel – une conscience claire où se produisent des manifestations spontanées d'amour, d'empathie et de compassion : être présent et conscient, voir la vie telle qu'elle est et la vivre avec joie. Si notre vie n'est pas vécue selon cette perspective, elle risque de devenir matérialiste, consumériste et encline au tourisme spirituel.

Ce qui est vraiment touchant et rassurant, c'est de découvrir qu'il existe un dessein secret qui est sous-jacent aux épreuves que nous vivons et qui peuvent sembler dénuées de sens et déroutantes. Sous la surface règne une harmonie naturelle, un espace refuge où nous aimerions toujours être. C'est notre vraie demeure, au-delà de l'espace et du temps.

Lors d'une interview, Ervin Laszlo m'avait dit : « Le monde est comme une symphonie, il est harmonieux. Dans la spiritualité, nous parlons d'harmonie cosmique ; dans la science moderne, de cohérence. Être cohérent, c'est être connecté à tout, être un avec tout. Le sentiment qui nous relie est l'amour. »

*

Derniers souvenirs en guise de conclusion.

Un jour, lors d'un voyage chamanique, je rencontrai un grand aigle magnifique. Il me transporta sur son dos. Depuis le ciel, j'admirai le paysage des montagnes, des plaines et des rivières. Elles semblaient représenter ma vie. Vues d'en haut et sous cet angle, elles étaient les traces de mon passé. Je les regardai avec détachement puis m'envolai dans une nuit immense, noire et lumineuse, dans le silence et la beauté. J'étais ce ciel immense. C'était mon vrai moi.

Récemment, je passai deux jours sur le Monte Lema, une montagne surplombant un paysage allant du lac de Lugano jusqu'à la chaîne des Alpes. Ce panorama m'émerveille toujours. Je restai des heures à observer ainsi la nature et le ciel bleu. Rien ne semblait bouger. Puis je commençai lentement à comprendre que ma perception, ma conscience, avait changé. Il y avait en moi un grand calme, un grand espace intérieur, une sensation d'harmonie. Je vis les montagnes et le ciel différemment, sous un jour nouveau.

J'étais dans ma vraie demeure ; j'allais bien. Je contemplais les montagnes et le ciel tout en restant libre par rapport à ce que je voyais. Je ressentis de la stupéfaction et de la joie, comme lorsque j'étais enfant. J'étais dans mon espace intérieur, ma vraie nature.

Dans cet état de présence, de prise de conscience ouverte, je me mis à regarder ma vie et éprouvai un profond sentiment de liberté. J'étais connecté au cœur. J'étais dans le présent éternel.

Tel est le chemin, le chemin de la joie. Un chemin parcouru par des millions de personnes.

Le grand maître bouddhiste Tilopa (988-1069) a écrit :

Semblable à l'espace, l'esprit transcende la pensée.
Établis-le à l'aise dans sa propre nature,
sans attraction ni rejet.
Quand l'esprit est vide de tout contenu objectif,
il est Mahamoudra.
En se familiarisant à cela, le suprême éveil s'accomplit.

Telle est la voie qui est devant moi.

REMERCIEMENTS

Un grand merci à Dominique Thomas qui a traduit ce livre avec beaucoup de compétence et de gentillesse. J'ai eu la chance de travailler avec un chercheur du monde intérieur qui connaît aussi très bien l'italien et l'anglais, les deux langues dans lesquelles le livre avait été publié.

Bon nombre de mes expériences sont en lien avec mon activité de journaliste et de réalisateur et je remercie donc la télévision nationale suisse (Swiss Broadcasting Corporation) de m'avoir permis de réaliser des documentaires sur des sujets divers et intéressants et de parcourir le monde.

Un grand merci à Géshé Tenzin Wangyal Rinpoché de m'avoir autorisé à publier la transcription de l'exposé portant sur «l'éveil de l'esprit lumineux», qu'il fit lors du colloque « Science and Nonduality » en 2016, à San Jose, Californie.

Merci également à Matthieu Ricard de m'avoir permis de publier sa célèbre photographie de Dilgo Khyentse Rinpoché, et à Manuel Bauer pour sa merveilleuse photo de Nuden, la réincarnation de Shantideva.

Mes remerciements vont également aux nombreuses personnes qui m'ont tant appris et avec lesquelles j'ai la chance de rester en contact : Ervin Laszlo, Tenzin Wangyal

Rinpoché, Matthieu Ricard, James Low, Vito Mancuso, Skip Atwater, Daniela Rupp, Ulla Strässle, Roland Urban, Kevin Turner, Laurent Huguelit et Bhola Banstola. Sans oublier bien sûr celles et ceux qui m'ont tant aidé dans mon évolution intérieure et qui ont déjà quitté ce monde, mais resteront toujours présents dans mon esprit : Lama Sherab Gyaltsen Amipa, Dilgo Khyentse Rinpoché, Erich Fromm, Elisabeth Kübler-Ross, Marie-Louise von Franz, Eugène Ionesco, Simon Wiesenthal et Bob Monroe.

À PROPOS DE L'AUTEUR

Journaliste, réalisateur et explorateur dans le domaine spirituel, Guido Ferrari est diplômé en économie et sciences sociales de l'Université de Berne et a également une formation en psychanalyse et en chamanisme.

En tant que journaliste, réalisateur et producteur pour la télévision nationale suisse, puis documentariste indépendant, il a réalisé de nombreuses interviews et le portrait d'un grand nombre de personnalités célèbres, ainsi que des documentaires ayant pour thème la spiritualité et l'Histoire.

Parmi les personnes interviewées figurent le Dalaï-Lama, Erich Fromm, Karl Popper, Marie-Louise von Franz, Eugène Ionesco, Ervin Laszlo, Claude Lévi Strauss, Simon Wiesenthal, Elisabeth Kübler-Ross, Robert Monroe, Matthieu Ricard, James Low, Tenzin Wangyal Rinpoché et Tulku Thondup.

Ses documentaires traitent de sujets très divers allant de la vie après la mort, la réincarnation, les voyages de la conscience et divers aspects du bouddhisme, jusqu'aux OVNIS, aux guérisseurs spirituels et aux lieux de pouvoir. Guido Ferrari s'est par ailleurs intéressé à des thèmes historiques tels la Suisse et la Seconde Guerre mondiale, la Suisse et les Juifs, et la capitulation allemande dans le nord de l'Italie.

Les titres de ses principales œuvres sont disponibles sur www.guidoferrari.jimdo.com, et certains de ses documentaires sont disponibles sur sa chaîne YouTube : www.youtube.com/channel/UCQtpz4dSNlosPTKy71eCWEQ.

INDEX

Symboles

2001 : L'Odyssée de l'espace 176
œcuménisme 125

A

Aama Bambo 342-345
ADN 70, 219
Afrique 173, 319, 358
Akasha 132
Alaska 173
Alert Bay 207, 208
Alessandria 209
Alexander, John 219-221
alien 203
Allemagne 138, 300
âme 29, 79, 86, 100, 101, 111, 112, 125, 151, 237, 239, 361, 373, 374
Amérindien 257, 325
Amérique du Sud 320
amour 23, 28, 30-32, 34, 36, 38, 48, 50, 57-59, 68, 81, 90, 91, 104, 111, 124, 126, 128, 130, 138, 149, 152, 156, 167, 169, 198, 210, 236, 247, 263, 286, 301-305, 307, 308, 311, 315, 320, 323, 327, 331, 332, 343, 354, 362, 364, 366, 370, 372, 374, 379, 386, 387
ange 103-105, 210
Angleterre 135, 138, 182
animal 84, 86, 91, 120, 151, 191, 210, 220, 293, 310, 317, 322, 325, 330, 332, 355-358, 360, 362, 369, 370
  de pouvoir 86, 91, 325, 332, 355-358, 360, 362, 369
animisme 317
anthropologue 90, 320, 357
Arche de l'Alliance 216
archétype 234, 237, 243
Arctique 319
Army Intelligence 144
art 79, 92, 126, 157, 238
Asie 256, 277, 348
Association transpersonnelle internationale (ITA) 89
atome 129, 190
Atwater, Skip 145, 161, 163, 177, 180, 190, 219, 390
aura 56, 61, 246, 294, 295, 330, 343, 346
Australie 173, 319
autobiographie 3, 5, 25, 429, 430, 431
autonomie 77, 81, 201, 230,

231, 237, 238, 256, 316

B

Bacci, Marcello 327-329
Baggio, Roberto 250
Bahá'u'lláh 177
Bâle 54, 135, 139, 183, 333
Bali 348, 350
Banstola, Bhola 341, 342, 390
Bardo 307
Berne 79, 82, 83, 86, 242, 393
Bhoutan 258, 270, 342
Biglino, Mauro 219
Birmanie 91
blocage 22, 97
Blumenthal, Ralph 222
Blum, Ernst 82, 84, 86, 232, 242
Bodhgaya 269
Bodhisattva 248
Bodnath 261
Bolzano 210
bonheur 17, 22, 76, 78, 126, 132, 175, 260-262, 266, 268, 278, 280, 284, 303, 311, 354, 356, 364, 379, 383
Bouddha 18, 49, 50, 60, 61, 210, 245, 249, 250, 263, 269, 277, 286, 311, 343, 359, 360, 367
bouddhisme 14, 30, 35, 53, 54, 56, 58, 62, 72, 78, 83, 89, 109, 154, 174, 229, 239, 243, 245-248, 253, 258, 260-263, 268, 273, 276, 277, 280, 283, 285, 295, 298, 303-306, 311, 313, 316, 355, 360, 362, 363, 377, 381, 383, 393, 411
Boylan, Richard 176
Braun, Wernher von 214
Brisgovie 300
Bruno, Giordano 9
Budapest 15, 97

C

Calcutta 95
Californie 287, 389
Calligaris, Giuseppe 107, 108, 161
Cambodge 120
cancer 95, 97, 253, 292, 329
Cantique des cantiques 111
Captain of My Ship, Master of My Soul: Living with Guidance 180
Cavallo, Maurizio 209
Caverne et cosmos : Rencontres chamaniques 359
Cecina 258, 260
cérémonie 207, 250, 269, 346
chamane 20, 35, 86, 143, 149, 151, 153, 161, 172, 189, 196, 198, 205, 218, 310, 312, 316, 318, 320, 322-324, 330, 333-336, 338, 339, 341, 342, 344-349, 354, 361, 362, 367, 369, 373, 375, 376, 430
Chamanes célestes 348
chamanisme 14, 71, 72, 86, 90, 91, 92, 106, 212, 219, 239, 243, 244, 268, 295, 315, 317, 319, 322, 325, 330, 342, 345, 365, 369, 375, 376, 381, 393, 411, 431
champignon psychédélique 334
channel 140, 394
Charlottesville 140, 164

Chiasso 119
Chine 92, 254-257
Chirac, Jacques 184
chrétien 91, 101, 124, 128, 296, 335, 367
Christ 101, 360
CIA 144, 161
ciel 10, 17, 22, 33-35, 60-62, 70, 112, 138, 157, 172, 173, 178, 183, 194-196, 207, 213, 220, 230, 237, 264, 266, 284, 290, 316, 323, 326, 358, 367, 387
clairvoyance 144
clinique 200, 261
clone 214
cohérence 63, 82, 84, 128, 130, 149, 234, 386
colère 20, 32, 33, 36, 47, 63, 65, 66, 81, 82, 156, 230, 231, 363
Colombie Britannique 207
compassion 30, 50, 60, 66, 73, 90, 126, 263, 272, 278, 303, 305, 306, 311, 320, 323, 363, 366, 384, 386
complétude 35, 60, 305
confusion 18, 40, 44, 45, 52, 60, 61, 64, 65, 106, 157, 171, 188, 209, 262, 272, 293, 305, 307, 315, 362, 369, 385
conscience 14, 15, 18, 19, 21, 22, 29, 31, 34, 35, 38, 39, 42-44, 47, 48, 50, 54, 57, 60, 62, 63, 65, 69-71, 73, 76, 81, 83, 85, 87, 90, 98, 100, 101, 107, 120, 122, 126, 128, 130, 133, 135-137, 139, 141, 143, 148-156, 159, 160, 164, 165, 172, 175, 176, 178, 180, 183, 190, 192-194, 196, 198, 203, 206, 229, 230, 232, 235, 236, 239, 242, 243, 254, 262-265, 272, 274, 276, 280-282, 284, 286-290, 292-294, 296-298, 301, 305-309, 311, 319, 320, 322, 323, 330, 332, 335, 339, 345, 352, 355-357, 361, 364, 366, 371, 375-381, 383-387, 393, 430
Conseil de l'Europe 53
Cooper, Helene 222
core shamanism 320, 323, 324, 332, 333, 355, 359
corps 10, 17, 18, 20-22, 28-31, 39, 41-44, 54, 56, 60-63, 66, 68, 69-71, 76, 80, 81, 92, 94, 97, 105-108, 118, 138, 140, 141, 143, 150, 151, 155, 156, 159, 161, 164, 167, 171, 173, 174, 188, 189, 191, 192, 194, 196, 198, 205, 212, 214, 236, 239, 240, 253, 254, 264, 278, 280, 288-292, 302, 304-306, 308-310, 322, 323, 330-333, 335, 337, 346, 348, 350, 352, 354, 356-358, 360-365, 367, 369, 372, 379, 380
  subtil 69
Corso, Philip 182, 213-215
Craffert, Pieter F. 367
crop circles 182, 193

croyance 43, 124, 182
culture 47, 100, 128, 256, 258, 292, 345, 351
Culture et soins 334
curanderos 198

D

Dachau 118
dakini 174, 175
Dalaï-Lama 29, 52-56, 68, 69, 89, 90, 246-250, 253, 255, 256, 258, 260, 261, 271, 274, 277, 278, 380, 393
damarou 278
danse 18, 19, 92, 137, 143, 155, 301, 350, 358, 379
Darjeeling 272
Davos 20, 89, 94, 97, 103-105, 329
Day After Roswell, The 214, 216
Defense Intelligence Agency 144
Delhi 68, 69
Demandre, Raphaèle 270
démembrement 212, 310, 357, 358, 360, 362, 369
déportation 117, 118
Desjardins, Arnaud 260
Dharamsala 255-257
dialogue interreligieux 56, 91, 297
Diaz, Carlos 195-197
Dibitonto, Giorgio 210, 212
Dieu 75, 76, 94, 98, 101, 128, 129, 130, 313, 333, 367, 381
Dini, Dino 181, 187
DMT (diméthyltryptamine) 189
documentaire 19, 21, 27-30, 36, 53, 56, 73, 87, 88, 90, 92, 94, 95, 98, 100, 101, 104, 108, 118-120, 124, 128, 140, 145, 161, 181, 182, 187, 194, 198, 204, 206, 212, 221, 235, 248, 255, 257, 260, 261, 266, 270, 295, 311, 326, 327, 333, 334, 351, 389, 393, 394
dogmatisme 121, 124, 317
Dolan, Richard 182
don 9, 59, 60, 170, 240, 303, 343, 346, 361, 362, 371, 429
Dordogne 319
douleur 21-23, 27, 28, 95, 97, 115, 117, 160, 161, 165, 292, 309, 331, 334, 350, 351
dualité 70, 149, 154, 168, 263, 272, 287, 291, 293, 304, 322, 384
Dzogchen 65, 70, 149, 154, 172, 277, 280, 283-285, 296, 300-302, 306, 375

E

écologie 378
ectoplasme 333
Église 75, 124, 128, 295, 351
ego 64, 165, 177, 192, 236, 278, 287, 291, 294, 296, 305, 358, 360, 363
Égypte 152, 158, 159
Einstein, Albert 9, 73, 214, 312, 379, 381
Eliade, Mircea 114
Elizondo, Lou 226, 227

émotion 19, 31, 35, 38-40, 44, 54, 58, 59, 64, 68, 70, 73, 81, 90, 95, 104, 153, 160, 165, 171, 172, 194, 205, 214, 234, 239, 253, 256, 262, 263, 270, 276, 285, 296, 300, 306, 330-332, 366, 371, 372
empathie 34, 175, 230, 231, 236, 263, 305, 326, 352, 367, 374, 384, 386
énergie 22, 31, 33, 56, 62-64, 66, 68, 70, 71, 81, 85, 129, 130, 141, 153, 155, 157, 164, 174, 192, 209, 214, 221, 262, 268, 269, 278, 282, 286, 305, 317, 319, 322, 323, 326, 330, 343, 345, 348, 350, 351, 355-357, 362, 363, 369-373
enfance 21, 22, 51, 101, 119, 165, 167, 169, 339, 373
Engadine 184
enlèvement 187, 200, 201, 203, 205, 207, 208
Enlevés par les extraterrestres 203
ennéagramme 91
Enomiya-Lassalle, père 90, 91
enseignement 19, 30, 31, 38-40, 45, 48, 52, 54, 56, 57, 59-61, 65, 70, 72, 75, 91, 149, 154, 175, 177, 198, 219, 232, 236, 243, 246-248, 254, 258, 269, 272, 276-278, 280, 282-285, 287, 288, 294-296, 300-302, 306-308, 310, 312, 316, 320, 323, 324, 332, 352, 356, 357, 361, 363, 370, 372, 378
entité 128, 137, 140, 141, 157, 286
Entrée dans la pratique du Bodhisattva, L' 248
équanimité 305, 384
équilibre 18, 35, 60, 62, 92, 150, 172, 355, 356
espace 23, 28, 33-35, 38, 40, 41, 43, 44, 48, 51, 60, 62, 64, 68-70, 73, 90, 92, 103, 129, 130, 135-137, 141, 148, 149, 151, 154, 155, 157, 159, 168, 171, 175, 176, 178, 185, 187, 189, 190, 191, 196, 225, 226, 238, 280, 282, 285, 286, 289-293, 296, 322, 324, 339, 364, 376-380, 384-388
esprit 9, 17, 19, 22, 23, 32, 34, 35, 38-40, 42-45, 52, 54, 56, 59, 63-66, 68, 76, 84, 100, 105, 107, 137, 138, 143, 145, 148, 150, 151, 153, 156, 159, 167, 180, 183, 189, 192, 194, 196, 204, 206, 240, 246, 262-264, 266, 268, 272, 280-285, 287-291, 293-295, 297, 298, 301, 305, 306, 308-310, 316, 317, 320, 322, 325, 326, 334, 335, 342, 343, 345, 348, 350, 351, 354, 357, 361, 369, 372, 373, 381, 384-386, 388-390
état modifié de conscience 90, 136, 159, 160, 196, 320, 335
États-Unis 91, 95, 97, 135, 182, 185, 210, 216, 219, 221, 224, 225, 258, 274, 276,

277, 325, 329
euthanasie 27
éveil 61, 172, 269, 281, 286, 295, 304, 310-312, 388, 389
exopolitique 216
expérience de mort imminente 14, 21, 28, 36, 69, 92, 94, 155, 167, 189, 191, 219, 236, 311, 365
extraterrestre 173, 184, 18-190, 192-194, 198, 200, 201, 203, 205, 207, 213, 214, 220, 224-226

F

Faber 164
Fin de la souffrance, La 149
Fire in the Sky 209
Flüe, Nicolas de 98, 100-103, 235, 326
foi 124
folklore 183, 190
Fondation pour les études chamaniques 345
Foundation for Shamanic Studies 348, 352, 365, 377, 430, 431
Fra Angelico 103
France 2, 29, 184, 326, 432
Francfort 86
Franz, Marie-Louise von 90, 98-101, 103, 235, 390, 393
Freixedo, Salvador 194
Freud, Sigmund 82, 200
Fribourg 300
Fritz, Dr 334
Fromm, Erich 108-111, 390, 393
futur 17, 34, 139, 146, 148, 191, 192, 214, 216, 264, 282, 287, 313, 340, 376, 386

G

Garde, lac de 117, 140, 145
gardien 203
Gateway Voyage 150, 155
Goenka, S. N. 21
gourou yoga 54, 268, 283
grâce 34, 103, 104, 125
Grandmothers Council of the World 342
Grof, Stanislav 90, 97, 99, 329-332
guérison 40, 101, 153, 291, 292, 320, 330, 333, 335, 342, 343, 346, 348, 350, 351, 365, 369, 370, 371, 373
guérisseur 135, 160, 172, 198, 333, 336, 339, 343, 346, 348, 351, 369, 370, 373, 393
Guerra, Stefano 183
guerre 20, 106, 115, 118, 119, 194, 219
Guruji 346, 349

H

hallucinogène 84, 189, 320, 337
Han 256
Harati Ma 343-345
harmonie 17-19, 23, 25, 35, 44, 48, 54, 59, 62, 68, 70, 104, 112, 124, 126, 128-130, 137, 149, 152, 154-156, 168, 192, 232, 237, 238, 240, 241, 253, 260, 263, 272, 278, 282, 284-287, 303, 305, 306, 315, 316,

332, 354-357, 369, 371, 375, 379, 384-387, 429
Harner, Michael 90, 91, 320, 321, 348, 352, 356, 359, 365
Harvard 200, 225
Hastings, Robert 187
Haute-Savoie 29
Hemi-Sync 150-152, 158, 161, 164, 376
hibou 85, 86, 242, 243, 325
Himalaya 98, 260
hindouisme 360
Histoire 101, 120, 258, 393
Holocauste 114, 118
Hopkins, Budd 182, 201-204
Houston 187
Howe, Linda Moulton 213
Huang, Chungliang « Al » 90, 92, 93
Huguelit, Laurent 352, 353, 377, 379, 390, 431
Huit Circuits de conscience, Les 377
hypnothérapeute 176

I

ICER (International Council for Extraterrestrial Research) 226
illusion 43, 44, 47, 52, 73, 156, 169, 196, 262, 286, 287, 307-309, 311, 312, 367, 377, 384, 385
impermanence 78, 306, 309, 385
impur 333
inconscient collectif 237
Inde 68, 170, 249, 255, 257, 258, 260, 269, 276, 277
Indien 86, 207, 220, 325, 337
individuation 98, 100
Institut Max-Planck 86
intuition 17, 38, 48, 82, 84, 85, 100, 104, 126, 136, 153, 154, 176, 232, 238, 241, 268, 316, 322, 356, 359, 364, 377, 385
Ionesco, Eugène 111-113, 120, 390, 393
Italie 108, 133, 140, 145, 181, 209, 258, 277, 327, 393

J

Jaggi, Friederich 82
Jésus 111, 119, 210, 335, 351, 359, 366-368
jeûne 143
joie 17, 18, 22, 23, 27, 33, 40, 43, 54, 59, 63, 65, 68, 75, 76, 240, 247, 264, 283, 284, 287, 302, 305, 306, 332, 355, 356, 360, 370, 371, 374, 386-388, 431
Jona 248, 252, 253
Jones, C.B. Scott 216, 218
Jospin, Lionel 184
Juif 115, 118, 120, 393
Jung, Karl 82, 89, 90, 98, 200, 235, 237, 243

K

Kaaba 176
Kabat-Zinn, John 274, 294
Kagyupa, école 35
Kalachakra 54, 56, 60, 250
Kalff, Dora 90

Karma Ling 29
Karmapa 35, 273
Katmandou 261, 269, 270, 342, 343, 346
Kaufmann, Frank 212, 213
Kean, Leslie 204, 222
Kelleher, Colm 221
Khmer 120
Knapp, George 221
Kornfield, Jack 90, 305, 332
Kosmologie der altindischen Schriften, Ältesten Analysen des ufo-Phänomens, Die 193
Kowalska, Faustina 367
Kübler-Ross, Elisabeth 28, 90, 92, 95, 96, 155, 390, 393
Kuttolsheim 40, 45, 52, 61

L

lama 13, 29, 32-34, 39-41, 45, 48, 51, 52, 54, 56, 58-61, 63, 65, 66, 72, 106, 246, 258, 261, 269, 273, 276, 277, 305, 309, 312, 342, 380, 383
lamdré 61
Lao Tseu 18
Lascaux (grottes de) 319
Las Vegas 222, 225
Laszlo, Ervin 5, 15, 128-134, 148, 150, 329, 386, 389, 393
Le Moine et le Philosophe 260
Lhassa 254, 255
liberté 35, 72, 77, 111, 114, 119, 124, 125, 149, 160, 247, 285, 306, 323, 388
libre arbitre 193, 201, 377
Life of a Galilean Shaman: Jesus of Nazareth in Anthropological-Historical Perspective, The 367
Ligmincha International 280
Livre des morts tibétain, Le 29, 298, 307-310
Livre rouge, Le 243
Loeb, Avi 225
Longchenpa 10, 265, 266
lotus 18, 32, 41, 57, 58, 345
Louvain 181
Low, James 298-304, 389, 393, 431
Loyola, Ignace de 360
LSD 97, 329, 334
Ludwiger, Illobrand von 188, 189
Lugano 21, 29, 39, 86, 95, 108, 115, 118, 183, 234, 367, 368, 387
Lumière 284, 288
Lungern 326

M

Mack, John 182, 199, 200, 203, 210
Madrid 150, 155, 159-162
Mahamoudra 65, 388
Mahomet 359
maladie 20, 27, 76, 95, 97, 128, 170, 174, 234, 292, 334, 335, 339, 343, 348, 350, 354, 373
Mancuso, Vito 124, 125, 127, 128, 389, 430
mandala 35, 250, 272, 327
Mandela, Nelson 380
mantra 40, 41, 143, 283

marabout 340
Marazzi, Franco 87
Marcuse, Herbert 109
Martini, Carlo Maria 124
Maussan, Jaime 195
Mauthausen 115
MBSR 274
McMoneagle, Joseph 179, 180
médecine holistique 105
méditation 21, 32, 33, 36, 38, 39, 41, 48, 51, 52, 56, 57, 61, 62, 90-92, 143, 146, 151, 153, 165, 174, 191, 208, 252-254, 260, 266, 268, 272, 274, 276, 277, 280, 282-284, 289, 293, 294, 297, 305, 307-309, 311, 320, 326, 342, 343
médium 135, 138, 144, 146, 173, 180, 326, 327, 334
médiumnité 132, 135, 138, 327
Meesen, August 181
mémoire cosmique 132, 149
mental 47, 64, 75, 84, 104, 126, 159, 176, 238, 309, 356
mère 20, 22-24, 31, 32, 51, 75-78, 80, 82, 95, 104, 126, 152, 167-171, 187, 231, 232, 235, 237, 249, 253, 273, 289, 300, 326, 331, 342, 345, 373, 374, 379
  suprême 126, 169
mère Teresa 95
Mexico 146, 195, 337, 338, 348
Mexique 182, 195, 325, 334, 337
Milan 108, 119, 301
Mind and Life Institute 274
moi 262, 287
monastère 29, 38, 51, 52, 57, 65, 249, 250, 252-255, 261, 269, 276, 342
monde d'en bas 320, 322-325, 354, 355
monde d'en haut 212, 320, 323, 326, 329, 333, 354, 358, 359, 364, 367, 371
monde du milieu 320, 322-327, 329, 334, 362
Mongolie 319
monolithe 175-177
Monroe Institute 20, 139, 140, 144, 145, 150, 161, 164, 166, 167, 169, 173, 177, 178, 180, 190, 205, 219, 243, 281, 282, 316, 348, 374, 378
Monroe, Robert (Bob) 20, 138, 139-145, 150, 151, 158, 161, 164, 166, 167, 169, 173, 177, 178, 180, 190, 205, 219, 243, 281, 282, 316, 348, 374, 376, 378, 390, 393
mort 14, 18, 20, 21, 27-29, 36, 39, 43, 50, 60, 62, 69, 70, 76, 80, 90, 92, 94, 95, 97, 98, 101, 106, 107, 114, 117, 119, 139, 141, 151, 155-158, 161, 165, 167, 168, 171, 189, 191, 194, 203, 204, 212, 213, 219, 233, 234, 236, 240, 253, 254, 257, 260, 264, 270, 286, 298, 306-312, 319, 323, 325-327, 329-332, 335, 345, 357, 360, 365, 366, 373, 377, 385, 393

Moyen-Orient 216, 233
Muñoz, Daniel 195
Muralto 108, 125
Mysore 249
mystique 91, 112, 125, 130, 149, 151, 172, 177, 239, 296, 297, 312, 316, 365, 372, 380

N

Nagarjuna 9
Nagarkot 346
Naranjo, Claudio 90, 91
NASA 187
National Institute for Discovery Science (NIDS) 220
nazisme 114, 181
Népal 257, 258, 260, 319, 339, 342, 346
neurosciences 183, 262, 274
Nevada 213
New Age 91
Newton, Isaac 121
New York 139, 141, 144, 152, 185, 201, 218, 222, 223
Nibiru 218, 219
Niger 340
non-localité 130, 148
Norbu, Namkhai 277
Nouveau-Mexique 182, 325
nucléaire 111, 118
Nuden 248-254, 273, 389

O

Oaxaca 337
Occident 72, 258, 261, 288, 294, 295, 305, 360
oiseau 85, 158, 177
orbe 178, 220
OTAN 187
OVNI 14, 181-196, 198, 204, 208-210, 212-214, 216, 219-222, 224, 225, 226, 393
OVNIS – *Des généraux, des pilotes et des officiels parlent* 204

P

Padmasambhava 246
paix 15, 40, 65, 90, 125, 133, 157, 247, 253, 256, 282, 303, 332, 370, 385
parapsychologie 88, 135, 144
passé 17, 31, 32, 34, 41, 44, 51, 52, 75, 84, 97, 107, 139, 145, 152, 157-159, 170, 177, 181, 184, 207, 212, 218, 219, 222, 236, 264, 282, 287, 289, 297, 310, 317, 339, 346, 348, 373, 374, 376, 386, 387, 429
Passeport pour le Cosmos : Transformation humaine et rencontres alien 203
peau 107, 331
Pentagone 185, 186, 214, 222, 225, 226
père 21, 76, 80, 81, 90, 91, 120, 124, 132, 145, 165, 216, 229, 230, 231, 233, 234, 237, 249, 253, 260, 269, 326, 330, 335, 342, 356, 364, 367
physique 38, 39, 41, 62, 108, 128, 130, 133, 143, 148, 151, 155, 162, 169, 174,

181, 183, 190, 191, 203, 254, 286, 292, 302, 304, 306, 322, 323, 325, 330, 332, 357, 378
quantique 39, 128, 130, 148, 183, 286, 378
Pinotti, Roberto 195
Pise 181, 187
pleine conscience 14, 19, 43, 71, 154, 263, 274, 286, 294, 305, 332, 375, 384
Pomaia 106, 258
Popper, Karl 121-123, 393
possession 59, 369
présent 17, 18, 32, 34, 35, 38, 40, 42, 44, 54, 56, 58, 61, 64, 69, 72, 86, 98, 108, 132, 153, 158, 170, 171, 180, 188, 191, 192, 198, 201, 206, 212, 218, 225, 226, 229, 240-242, 254, 256, 257, 263, 264, 272, 273, 282, 286, 287, 291, 296, 300, 302-304, 306, 309, 312, 316, 325, 339, 340, 354, 361, 364, 366, 371, 374-377, 383-386, 388
Price, Pat 173
prière 33, 40-42, 51, 56, 58, 103, 165, 195, 250, 252, 269, 280, 283, 333-335, 337, 339, 342, 343, 345, 351
projet Galileo 225
psilocybine 334
psychanalyse 14, 20, 72, 82, 83, 229, 231, 232, 238-243, 316, 325, 374, 393, 411
psychanalyste 98, 108, 231, 235
psychologie transpersonnelle 89
psychophonie 327
pureté 36, 58, 60, 176, 372
purification 36, 310, 337, 343, 357, 362
Puthoff, Hal 144, 222, 223, 225
Pyrénées 173

Q

Queiroz, Edson 333, 334
Questions du roi Milinda 109
quête spirituelle 316, 337

R

Rainbow Body and Resurrection 367
Rajasthan 68
Rapperswil 273
rapport cometa 184, 185, 204
réalité 14, 17, 29, 34-36, 42-44, 47, 71, 73, 83, 89, 90, 106, 114, 122, 125, 130, 133, 141, 156, 160, 172, 175, 180, 181, 183, 188, 191-193, 220, 230, 241, 242, 247, 262, 270, 286, 305, 307-309, 317, 319, 339, 354, 374-376, 378
multidimensionnelle 14, 188, 191, 192, 319
Reich, Wilhelm 108
réincarnation 42, 45, 47, 248, 251, 252, 269, 270, 273, 389, 393
religion 91, 111, 130, 238, 256, 277, 313, 317, 319, 359,

365, 381
Remote Viewing 144
renaissance 29, 60, 153, 212, 240, 307, 308, 310, 311, 319, 329, 357, 360
respiration holotropique 97, 329-333
résurrection 365, 367
rêve 20, 25, 34, 51, 52, 81, 83, 85, 86, 152, 159, 171, 174, 175, 193, 198, 232-236, 240-242, 281, 285, 307, 309, 312, 320, 325, 346, 384
Revel, Jean-François 260
Ricard, Matthieu 258-260, 265, 266, 269, 274-276, 300, 319, 364, 389, 393, 429
rigpa 293, 296, 297, 307, 355
Rikon 29, 30, 38, 51, 54, 56, 57, 59, 63, 65, 278
Rinpoché, Dilgo Khyentse 260, 265-269, 272, 319, 364, 380, 389, 390
Rinpoché, Dilgo Khyentse Yangsi 269-271
Rinpoché, Dzogchen Ponlop 70
Rinpoché, Nyoshul Khenpo 264
Rinpoché, Patrul 266
Rinpoché, Ringu Tulku 270, 272
Rinpoché, Shechen Rabjam 269
Rinpoché, Sherab Gyaltsen Amipa 29, 229
Rinpoché, Trulshik 261, 269
Risi, Armin 193
Rizzi, Walter 210, 211
Roi se meurt, Le 112
Rossellini, Roberto 109
Roswell 182, 185, 212-214, 216
Rumi 9, 91, 169
Rupp, Daniela 20, 352-354, 361, 373-375, 390

S

Sabik, Carol 173
Sabina, Maria 334
sabio 335
Sachen Kunga Nyingpo 45, 46
sacré 9, 42, 56, 72, 114, 146, 176, 177, 207, 245, 272, 283, 289, 291, 292, 319, 337, 348, 360, 363, 365, 378, 381, 429, 430
sage 14, 23, 78, 125, 126, 268, 335, 340, 342, 372, 431
sagesse 18, 30, 45, 50, 60, 70, 86, 101, 124, 149, 152, 176, 210, 232, 237, 263, 264, 272, 278, 290, 291, 294, 307, 354, 358, 363, 372, 430, 431
Sahara 340
Saint-Marin 181, 214, 226
Sakya Trizin 45, 61, 66-69, 246, 247, 278
Samantabhadra 49, 50
samsara 264
San Bernardino 33
San Jose 287, 389
santé 80, 252, 284, 340, 354
Sarnen 98
Schaller, Christian 105
science 15, 18, 39, 47, 79, 121, 122, 128-130, 132, 133,

141, 145, 148, 187, 203, 221, 260, 261, 276, 287, 313, 320, 329, 386, 393
Science confrontée à l'inexpliqué, La 221
Science et l'histoire sur le fil des souvenirs, La 122
scientisme 29, 121
Seconde Guerre mondiale 117, 120, 181, 214, 393
serpent 106, 361
sexualité 301
Shantidéva 248, 249, 251, 252
Sheldrake, Rupert 70
Sherman Ranch 220
Shiva 346, 348
Sibérie 319
sida 95
Sierra Mazateca 334, 336
silence 10, 20, 126, 136, 164, 206, 231, 290-292, 296, 348, 387
Sitchin, Zecharia 182, 217, 218
souffle 296, 343, 346, 362
souffrance 17, 18, 27, 44, 87, 149, 156, 157, 231, 238, 239, 255, 262, 263, 272, 303, 304, 306, 315, 354, 362, 369, 371, 374, 383, 386
soufi 90, 91, 177
Source 134, 241, 243
Soutras 302
souvenir 17, 20-22, 25, 31, 38, 52, 56, 59, 63, 81, 100, 107, 117-120, 122, 132, 148, 157, 160, 178, 204, 206, 208, 236, 249, 255, 257, 270, 325, 326, 332, 339, 345, 357, 379, 387
spiritualité 72, 75, 88, 124, 128, 130, 149, 294, 381, 386, 393
Spitzer, Federica 118
Stanford Research Institute 144, 145, 149
Stargate Project 145, 146, 180
Stevenson, Ian 270
Strasbourg 40, 52, 53, 278
Strässle, Ulla 345, 347, 352, 370, 390
Strassman, Rick 189
stress 274
Strieber, Whitley 207, 208
suicide 27, 345
Suisse 20, 29, 75, 98, 108, 119, 120, 183, 184, 204, 212, 248, 249, 258, 273, 326, 334, 351, 393
Swann, Ingo 144
synchronicité 25, 273

T

tai-chi 92
tambour 91, 143, 151, 189, 243, 250, 278, 320, 345, 346, 356, 361, 365, 370, 376
Tao 18, 130
taoïsme 90, 92, 126
Taos Pueblo 325
Targ, Russell 144-150
tchöd 363
technologie 143
télépathie 170, 188, 312
temps 18, 25, 28, 34, 35, 44, 47, 48, 54, 57, 60, 61, 64, 66, 69, 73, 78, 88, 89, 92, 103, 107, 109, 112, 117,

118, 124, 130, 133, 135, 13-141, 143, 148, 149, 151, 160, 170, 171, 174, 178, 181, 184, 185, 189, 190, 191, 193, 195, 196, 203, 204, 206, 207, 216, 226, 234-236, 252, 253, 257, 264, 272, 273, 282, 286, 287, 294, 297, 298, 301, 304, 306, 317, 322, 326, 329, 339, 343, 350, 352, 354, 356, 371, 376-378, 384, 386
Tepoztlán 194, 196, 198
Tesla, Nicolas 108
Tessin 86, 120, 351
Texas 277
Theresienstadt 118
Tibet 120, 252, 254-258, 260, 270, 272, 277, 287, 319
Tilopa 19, 298, 388
Tiso, Francis père 367
Todtmoos 300
tourisme spirituel 337, 375, 386
tradition 29, 56, 61, 66, 71, 72, 86, 89, 101, 104, 111, 125, 128, 132, 133, 174, 177, 183, 189, 203, 245, 247, 252, 258, 261, 276, 277, 283, 285, 287, 291-297, 303, 307, 308, 312, 316, 317, 329, 342, 350, 359, 360, 362, 363, 373, 381, 429-431
  bön 276, 277, 283, 285, 363
transcendance 82
transe 334, 346, 348, 350
traumatisme 51, 77, 117, 168, 169, 171, 236, 369, 373, 374
Tsering, Lahsang 256
tulku 249, 269
tunnel 28, 35, 92, 94, 152, 171, 180, 189, 191, 203, 325, 365, 366, 376
Turner, Kevin B. 348-350, 390, 430

U

Ubud 348, 350
Udine 108
ufologue 195
UFOS and Nukes 187
UFOS: Myths, Conspiracies, and Realities 219
Uhouse, Bill 213
unité 19, 23, 25, 50, 70, 81, 98, 128, 145, 151, 154-156, 168, 169, 172, 194, 263, 272, 287, 320, 322, 323, 354-356, 358, 361, 363, 370, 377-379, 384, 385
Urban, Roland 352, 353, 390, 431

V

vacuité 172, 262, 281, 285, 304, 308
Vajradhara 49, 50, 61
Vallée, Jacques 190, 194
Vancouver 206, 207
Védas 193, 377
Viamala 184
vie intérieure 108
Vienne 82, 117
Vipassana 90

Virginie 20, 138-141, 145, 161, 164, 166, 270, 280, 348
vision 44, 47, 50, 51, 58, 60, 63, 70, 71, 84, 86, 89, 91, 100, 101, 103, 104, 111, 125, 130, 133, 135, 138, 140, 144, 145, 149, 160, 161, 162, 170, 172, 173, 175-177, 180, 188, 192, 198, 208, 210, 219, 221, 231, 239, 241, 242, 281, 305, 307, 325, 326, 329, 332, 337, 345, 352, 358, 359, 362, 367, 376, 378
voie spirituelle 109, 429
voyage 13, 14, 18, 19, 30, 34, 36, 38, 80, 83, 86, 88, 92, 97, 112, 119, 139-141, 144, 152-154, 156, 158-160, 164, 168-170, 172-174, 177, 178, 180, 182, 191, 196, 208, 212, 214, 219, 230, 232, 240, 243, 284, 304, 308-310, 316, 320, 322, 325, 330, 332, 337, 342, 345, 346, 355, 356, 358-360, 362-365, 369-373, 375-377, 379, 384, 387, 393, 429, 430, 431

W

Wallimann, Silvia 103, 326
Walton, Travis 208, 209, 212
Washington, D.C. 185, 216
Wessbecher, Harald 135-140, 158
Wiesenthal, Simon 114-117, 390, 393
Winterthur 51
Wisconsin 274, 275

Y

yoga 54, 143, 268, 283, 360
yogi 254, 293, 361-364

Z

zen 10, 90, 91, 151
Zurich 29, 98, 104, 196, 200, 218, 278

SOMMAIRE

Préface ... 13
Introduction ... 17

CHAPITRE 1
Le tournant ... 27

CHAPITRE 2
Flash-back ... 75

CHAPITRE 3
Rencontres ... 89

CHAPITRE 4
Voyages intérieurs ... 135

CHAPITRE 5
Réalité multidimensionnelle ... 181

CHAPITRE 6
La voie de la psychanalyse ... 229

CHAPITRE 7
La voie du bouddhisme ... 245

CHAPITRE 8
La voie du chamanisme ... 315

CHAPITRE 9
Ici et maintenant ... 383

Remerciements ... 389
À propos de l'auteur ... 393

Index 395
Éloges 429

CHEZ LE MÊME ÉDITEUR

COLLECTION CHAMANISMES
LES CLASSIQUES D'AUJOURD'HUI ET DE DEMAIN

Mère
L'Enseignement spirituel de la forêt amazonienne
Laurent Huguelit
(Préface de Matthieu Ricard,
illustrations d'Angéline Bichon)

« J'ai des choses à dire à mes enfants... » Invité par la forêt amazonienne à lui prêter sa plume, Laurent Huguelit nous fait découvrir l'enseignement de ce grand esprit que les peuplades indigènes appellent « Madre » – la Mère.

Ciel blanc, Ciel noir
Une initiation au chamanisme mongol
Brigitte Pietrzak
(Préface d'Audrey Fella)

Une chamane française remonte aux sources du chamanisme mongol. Quand magie rime avec lucidité, et pouvoir avec clarté.

Chamanes célestes
Rencontres avec les grands guérisseurs de Mongolie
Kevin Turner
(Préface de Laurent Huguelit)

Initiations, actes magiques, secrets révélés – les chamanes de Mongolie se livrent à Kevin Turner. Une aventure dont la portée spirituelle changera votre vision du monde. (Prix du meilleur livre chamanique.)

Femmes chamanes
Rencontres initiatiques
Audrey Fella

Une immersion éclairante au cœur du chamanisme féminin et occidental d'aujourd'hui.
Avec Maud Séjournant, Claire Barré, Lorenza Garcia, Myriam Beaugendre, Brigitte Pietrzak et Sandra Ingerman.
(Prix ALEF des Libraires Mieux-être et Spiritualité.)

Voyages chamaniques & Rencontres remarquables

Brigitte Pietrzak
(Préface de Lilou Macé)

L'autrice raconte les moments forts de son apprentissage auprès de ses alliés du monde invisible et nous révèle les précieux enseignements reçus.

Fusion

Bouddhisme & chamanisme, un cœur à cœur spirituel
Laurent Huguelit
(Illustrations d'Angéline Bichon)

Lâcher-prise, acceptation et bienveillance – telles sont les intentions du voyage dans lequel nous emmène cet ouvrage qui allie théorie, pratique, et poésie. Bienvenue au cœur de la nature profonde...

Les Huit Circuits de conscience

Chamanisme cybernétique & pouvoir créateur
Laurent Huguelit
(Préface d'Ervin Laszlo)

Défrichant le futur, Laurent Huguelit nous fait découvrir une cartographie de la psyché qui offre un outil précieux pour un monde en pleine transformation. Un livre audacieux et d'une grande clarté, qui marie chamanisme traditionnel, psychologie et channeling.

Le Chamane & le Psy

Un dialogue entre deux mondes
Laurent Huguelit, Dr Olivier Chambon
(Préface de Michael Harner)

Réalité des esprits, plantes rituelles, substances psychédéliques, vie après la mort, rapports entre chamanismes et psychothérapies sont au cœur de cette conversation éclairante. Un dialogue d'avant-garde.

Caverne et Cosmos

Rencontres chamaniques avec une autre réalité
Michael Harner (Préface de Laurent Huguelit)

Trente ans après son grand classique *La Voie du chamane*, Michael Harner nous livre *Caverne et Cosmos*, un livre déjà culte. Incontournable pour tous ceux qui s'intéressent au chamanisme, mais aussi à la spiritualité, aux expériences de mort imminente, à la conscience ou encore au channeling.

La Voie du chamane

Un manuel de pouvoir & de guérison
Michael Harner
(Préface de Laurent Huguelit)

Un manuel irremplaçable qui permet de comprendre et de pratiquer la transe chamanique sans plantes, avec pour seule aide un tambour. Une référence mondiale, entièrement mise à jour par Laurent Huguelit, auteur des *Huit Circuits de conscience*.

Deux Plantes enseignantes

Le Tabac & l'Ayahuasca
Jeremy Narby, Rafael Chanchari Pizuri

Deux éclairages visionnaires et complémentaires sur les « plantes maîtresses ».

Plantes & Chamanisme

Conversations autour de l'ayahuasca & de l'iboga
Jan Kounen, Jeremy Narby, Vincent Ravalec

Réunis une première fois il y a dix ans pour partager leurs points de vue sur l'expérience des plantes sacrées, les trois auteurs se retrouvent aujourd'hui pour confronter leurs impressions face à l'évolution de ces pratiques. (Nouvelle édition enrichie.)

COLLECTION MUTATIONS
VIVRE LE NOUVEAU PARADIGME

La Voie du souffle
Manuel de méditation
Laurent Huguelit
(Préface d'Aurélie Godefroy)

Un guide complet pour apprendre à méditer, approfondir sa technique, et réaliser les états de conscience les plus raffinés selon les enseignements du bouddhisme historique.

Manifeste paradisiaque
Jardinage, permaculture & spiritualité
Laurent Huguelit
(Illustrations d'Angéline Bichon)

En trente-six propositions, Laurent Huguelit nous invite à considérer le jardin comme un espace préservé dans lequel intégrité, respect et écoute sont cultivés au même titre que de bons légumes, des fruits juteux, et un univers de biodiversité.

Debout
La force de s'incarner
Marie-Pierre Dillenseger
(Préface de Fabrice Midal)

« S'incarner, c'est arriver, au fil d'une vie, à lisser les aspérités qui se nichent entre l'âme et le corps. » Marie-Pierre Dillensenger nous donne des outils puissants et inédits pour relever ce défi.

Oser s'accomplir
12 clés pour être soi
Marie-Pierre Dillenseger

Une approche intemporelle et singulière pour atteindre son plein potentiel.

Consciences animales

Communiquer avec le vivant
Peggy Reboul
(Préface de Roland de Miller)

Un témoignage bouleversant, qui transforme notre rapport aux animaux et à l'ensemble du vivant.

Bâton de parole

Un chemin vers la paix
Guide pratique
Stephan V. Beyer

Ce manuel permet d'améliorer et de renforcer le lien avec les autres, grâce à la technique ancestrale du bâton de parole.

Le Chant des abeilles

Restaurer notre alliance avec l'abondance
Jacqueline Freeman
(Préface de Pierre Aucante)

Le premier livre qui nous place au cœur de la spiritualité des abeilles. Une nouvelle vision du monde naturel. *BeeScope* inclus (annuaire d'adresses utiles).

L'École de la liberté

Un modèle d'éducation autonome et démocratique
Daniel Greenberg
(Postface de Mimsy Sadofsky)

Le récit d'une expérience qui révolutionne l'école et place l'élève aux commandes de son apprentissage.

COLLECTION TÉMOIGNAGES

DES PARCOURS AUX FRONTIÈRES DE L'EXTRAORDINAIRE

Sainte-Anne, Bénarès

De la folie au sacré
Marie de la Tour
(Préface du Dr Jacques Vigne)

Quel rapport peut-il y avoir entre l'hôpital Sainte-Anne à Paris et Bénarès, haut lieu de la spiritualité indienne ? C'est entre ces lieux emblématiques que s'articule le chemin initiatique de Marie de la Tour.

Un long voyage

Une autobiographie spirituelle
Guido Ferrari
(Préface d'Ervin Laszlo)

Un parcours de vie riche d'explorations et de rencontres avec certains des plus grands maîtres spirituels.

Nourritures célestes

L'éveil d'un pionnier de la restauration
Alain Cojean
(Préface d'Alexandre Mars, Postface d'Henry Vignaud)

Un entrepreneur visionnaire raconte sans tabou son aventure professionnelle hors norme, son ouverture à la spiritualité et sa découverte de la communication avec l'au-delà.

Les Couches de l'oignon

Du traumatisme à la résilience, un chemin spirituel
Célia Rombaut
(Préface d'Agnès Stevenin)

Dans ce témoignage intime et sensible sur les conséquences psychiques des viols qu'elle a subis dans un réseau pédophile, Célia Rombaut, devenue thérapeute, nous emmène sur le chemin de sa reconstruction, couche par couche.

Dans le silence de l'amour

Agnès Stevenin

Plus qu'un témoignage intime, ce troisième volet autobiographique d'Agnès Stevenin est une transmission qui agit par les mots, mais aussi par l'énergie vibratoire qu'elle diffuse. L'autrice nous accompagne dans la pacification de notre être, grâce à sa familiarité avec une autre réalité.

Ma peau d'un autre monde

Voyage initiatique en terres aborigènes

Vanessa Escalante

Une plongée dans les secrets de la plus ancienne culture du monde, au fil d'un témoignage intime et immersif.

La grande dame du cannabis se dévoile

Michka

(Préface de Catherine Deneuve)

Une guerrière pacifique – un récit kaléidoscopique qui, subtilement, fait du bien.

[re]vivre

Mon expérience de mort imminente en Irak

Natalie Sudman

Toute fin est un commencement.
Le récit d'une époustouflante plongée dans l'au-delà.

Une psy parle aux esprits
Martine Gercault
(Préface de Stanislav Grof,
Postface de Sandra Ingerman)

Découvrir de nouvelles voies d'accès à l'inconscient pour évoluer vers le plaisir d'être.

Splendeur des âmes blessées
Libération
Agnès Stevenin
(Préface de Stéphane Allix)

Après la révélation de son livre *De la douleur à la douceur*, Agnès Stevenin signe un nouveau témoignage qui nous dévoile un univers aussi mystérieux que bienfaisant.

De la douleur à la douceur
Transmutation
Agnès Stevenin

Comment passer de la souffrance à la paix ? L'inspirant parcours d'une guérisseuse hors pair nous ouvre les portes d'une autre perception.

Lorsque j'étais quelqu'un d'autre
Stéphane Allix

Partir à la découverte de soi-même peut mener sur d'étranges chemins. Pour se ressourcer et faire le point sur sa vie, Stéphane Allix entame une retraite en forêt. Il ignore qu'il va se confronter à l'impensable.

De la main gauche

Une autobiographie

Livres 1, 2 & 3

Michka

Ce récit éminemment féminin, audacieux et captivant, qui traite des drogues et du sexe sans aucun tabou, nous fait découvrir un parcours débordant de vie. Une stimulante philosophie de l'existence.

De l'ombre à la lumière

Voyages d'un guérisseur chez les chamanes

Metsa (Préface de Jan Kounen)

Ayant découvert le chamanisme à la suite d'une expérience de mort imminente, François Demange, alias Metsa, nous livre le récit captivant d'une initiation hors du commun. Adopté comme apprenti par des guérisseurs reconnus en Amazonie et en Amérique du Nord, ce Français s'immerge dans ces cultures traditionnelles et devient chamane.

Carnets de voyages intérieurs

Ayahuasca medicina, un manuel

Jan Kounen (Préface d'Alejandro Jodorowsky)

Cinéaste frappadingue et infatigable explorateur de la psyché, Jan Kounen nous livre les différentes facettes de sa personnalité hors norme dans ces carnets intimes, sincères et téméraires, doublés du premier guide d'approche de la médecine traditionnelle de l'ayahuasca en Amazonie.

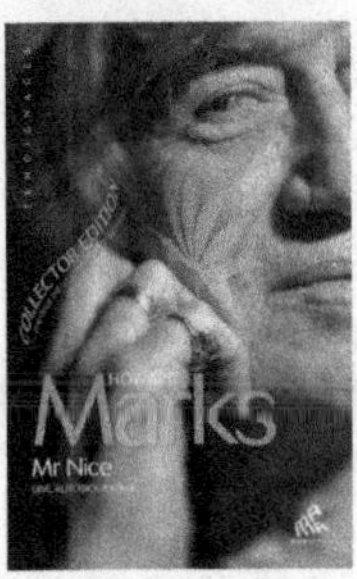

Mr Nice

Une autobiographie

Éditions Collector & poche

Howard Marks

Recherché par toutes les polices, puis star internationale, Howard Marks, le contrebandier de hasch devenu héros d'un film, raconte. Confessions d'un trafiquant de légende.

COLLECTION CARTES & LIVRET
DE LA CONNAISSANCE À LA RÉALISATION

Le Chamanisme (Coffret 1)
par Laurent Huguelit

Une introduction destinée aux débutants. Pour découvrir la spiritualité chamanique, ses liens avec le monde moderne, les esprits et la nature.

Ouvrage de référence :
Le Chamane & le Psy

INCLUS DANS LE COFFRET
- Un jeu de 101 cartes
- Un livret de 120 pages
- Un plateau recto verso

Le Soin
par Agnès Stevenin

Découvrez la thérapie énergétique autrement, ses liens avec le corps, l'esprit et l'invisible.
Un outil complet pour stimuler la guérison, développer le bien-être et mettre en pratique de nouvelles perceptions.

Ouvrage de référence :
De la douleur à la douceur

INCLUS DANS LE COFFRET
- Un jeu de 101 cartes
- Un livret de 120 pages
- Un plateau recto verso

L'Alignement
par Marie-Pierre Dillenseger

Découvrez la pensée chinoise autrement, ses liens avec la société contemporaine, notre être profond et notre chemin personnel. Un outil complet pour s'accomplir, passer à l'action et mettre en pratique une sagesse millénaire.

Ouvrage de référence :
Oser s'accomplir

INCLUS DANS LE COFFRET
- Un jeu de 150 cartes
- Un livret de 176 pages
- Un plateau recto verso

L'Oracle de la chamane
par Brigitte Pietrzak

Découvrez la divination chamanique autrement, l'accès aux esprits, les animaux de pouvoir et la force de l'invisible. Un outil pratique pour stimuler la vision intérieure, développer les sens subtils, et interpréter les messages délivrés par les guides.

INCLUS DANS LE COFFRET
- Un jeu de 52 cartes
- Un livret de 72 pages
- Un plateau recto verso

Les Mémos de l'accouchement

par Eve Aschour

Ces 156 fiches pratiques et illustrées vous offriront une préparation à la naissance claire et concise. Réparties en sept thèmes différents et consultables individuellement, elles vous accompagneront et vous guideront de la grossesse jusqu'au postnatal.

Ouvrage de référence :
Les Mémos illustrés de l'accouchement

INCLUS DANS LE COFFRET
- Un jeu de 156 fiches
- Un livret de 36 pages
- Un plateau recto verso

L'Être

par Agnès Stevenin

Avec ces cartes de sagesse, découvrez autrement la pratique du soin énergétique. Un outil pour comprendre les liens entre le corps et l'esprit et le processus complexe de réparation des âmes blessées.

Ouvrage de référence :
Spendeur des âmes blessées

INCLUS DANS LE COFFRET
- Un jeu de 101 cartes
- Un livret de 120 pages
- Un plateau recto verso

LES INITIATIQUES

DES HISTOIRES POUR S'OUVRIR AUX MONDES

Shaman, La trilogie
Tome I - La Quête
Tigran (Préface de Claire Barré)

La Quête est le récit d'un jeune Français parti s'initier au chamanisme en Mongolie.
Une aventure spirituelle et amoureuse parsemée d'épreuves, à cheval entre deux mondes... pour que la flamme soit ravivée et le feu partagé.

Shaman, La trilogie
Tome II - La Vision
Tigran (Préface de Laurent Huguelit)

La Vision est le récit d'un jeune Français parti s'initier au chamanisme en Mongolie.
La poursuite d'une transmission qui se déploie au cœur d'une aventure spirituelle et amoureuse parsemée d'épreuves, à la lisière de l'invisible... pour que la connaissance soit sauvegardée et sa portée révélée.

Shaman, La trilogie
Tome III - L'Appel
Tigran (Préface de Priscilla Telmon)

L'Appel est le récit d'un jeune Français parti s'initier au chamanisme en Mongolie.
L'accomplissement d'une quête spirituelle et amoureuse au centre d'une passation de savoirs entre plusieurs dimensions... pour que la magie soit déployée et ses pouvoirs maîtrisés.

ÉLOGES

Plus qu'un roman ou un traité philosophique abstrait, l'autobiographie *Un long voyage* est une mine de connaissances intuitives qui nous en apprend beaucoup sur l'expérience humaine. Guido Ferrari nous emmène dans une exploration, intime et inspirante, de la découverte intérieure qui embellit la vie.

Matthieu Ricard
Moine et enseignant bouddhiste, auteur et photographe

Guido Ferrari a passé sa vie à explorer la dimension sacrée qui est présente en nous tous, et à s'y relier. Ce livre est un don à tous ceux qui souhaitent se connaître réellement. Il relate l'histoire d'un homme, mais celle-ci est universelle. C'est un ouvrage précieux pour tout étudiant d'une voie spirituelle, quelle que soit sa tradition.

Géshé Tenzin Wangyal Rinpoché
Enseignant bouddhiste et auteur tibétain

Un livre sincère et courageux en quête du grand secret dont nous sommes porteurs : l'indestructible harmonie présente en tout un chacun. Loin d'être un ouvrage théorique, cette autobiographie riche et stimulante est source d'inspiration pour nous tous, quelle que soit notre tradition spirituelle.

Vito Mancuso
Théologien, philosophe et auteur

Écrit avec élégance, humilité, sagesse et goût de l'aventure, le livre du journaliste et chercheur spirituel Guido Ferrari est un autoportrait réconfortant, qui rend compte d'une vie faite de rencontres avec des chercheurs de vérité. En sa compagnie, le lecteur découvre le parcours intérieur et sacré d'un homme, ainsi que ses aventures à travers le monde. Avec lui, il passe des dures réalités politiques aux visions spirituelles auprès des chamanes et à la conscience transcendante des maîtres tibétains. Le voyage inspirant, authentique et fascinant de Guido Ferrari est à la fois très humain et lumineux.

Kevin B. Turner
Enseignant,
directeur de la Foundation for Shamanic Studies Asia

Guido Ferrari a condensé dans ce livre une vie de recherche consacrée aux facteurs qui nous rapprochent toujours plus du mystère de la vie. Son style d'écriture très entraînant amène le lecteur à mettre immédiatement ce qu'il lit en résonance avec sa propre expérience. Suivre Guido Ferrari dans son voyage, c'est s'éveiller à de nouvelles facettes de notre propre cheminement.

James Low
Enseignant et auteur bouddhiste

Dans son autobiographie lumineuse, Guido Ferrari nous emmène à travers l'immensité d'une vie consacrée à l'écoute, la réflexion et l'expérience. Avec une générosité venue du cœur, il relate les rencontres intimes et approfondies qu'il a eues avec les plus grandes traditions spirituelles et leurs plus grands maîtres. *Un long voyage* est un trésor de compréhension, de sagesse et de joie.

Laurent Huguelit
Enseignant et auteur,
membre de la Foundation for Shamanic Studies

Guido Ferrari décrit avec brio le rite de passage qui, d'étudiant curieux des traditions spirituelles, l'a mené à la pratique du chamanisme. Dans ce livre, il se raconte tel que j'ai appris à le connaître et à l'apprécier au cours de divers ateliers : un chercheur courageux et curieux, en quête de savoir ; un homme de cœur, d'une douceur et d'une générosité authentiques – un aîné ancien, au sens le plus noble du terme, riche de nombreuses histoires vécues, qu'il serait sage d'écouter.

Roland Urban
Enseignant,
directeur de la Foundation for Shamanic Studies Europe

Première édition originale, premier tirage

Conception graphique : Philippe Fourquet

Achevé d'imprimer en juin 2022
sur les presses de l'imprimerie Sepec à Péronnas (France)
pour le compte de Mama Éditions.

Ce livre est issu de forêts gérées durablement
et de sources contrôlées.

ISBN 978-2-84594-431-2
Dépôt légal juin 2022
N° d'imprimeur N05915220304

L'imprimerie Sepec est titulaire des labels :